KB081017

타임라인 M

한국 근현대 군사사 프로젝트 타임라인M 제 2권
2023년 12월 15일 초판 1쇄 발행

글 김기윤
그림 우용곡, 금수, 초초혼, 판처
기획 원종우
편집 박관형, 정성학
디자인 김애린
마케팅 이수빈

발행인 원종우
발행처 블루픽
주소 경기도 과천시 뒷골로 26, 2층
전화 02-6447-9000
팩스 02-6447-9009
메일 edit@bluepic.kr
홈페이지 https://bluepic.kr

[텀블벅 한정판] **ISBN** 979-11-6769-243-6 04910 • **정가** 30,000원
[서점용 일반판] **ISBN** 979-11-6769-242-9 04910 • **정가** 27,000원

한국 근현대 군사사 프로젝트

타임라인 02

目次

목차

contents

1894/1895

1896 1897 1898 1901 1903

발간사 006

추천사 007

1. 경복궁 쿠데타 009
일본군의 범궐과 조선군의 저항

2. 청일전쟁 029
육지와 바다에서

3. 제2차 동학농민운동
일본 통제하의 조선군 재무장 069

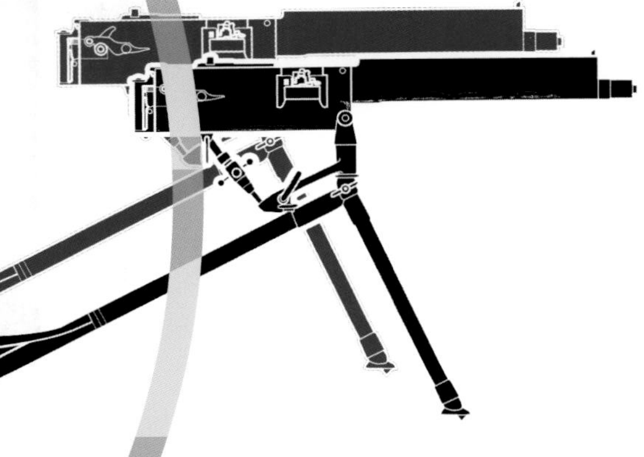

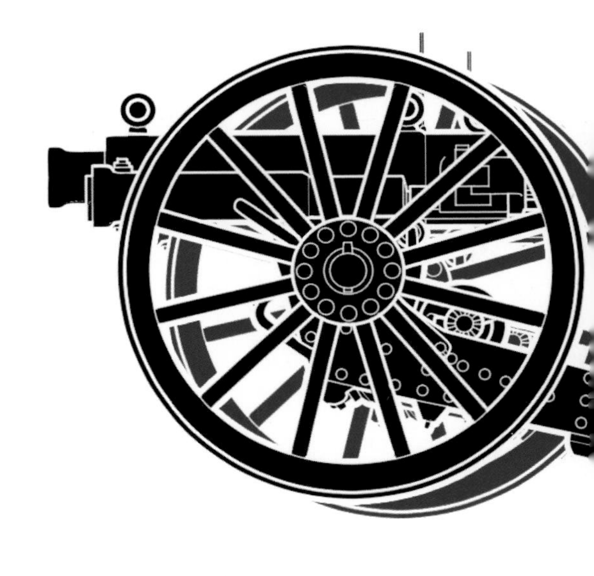

4. 을미사변과 아관파천 091
을미의병의 봉기와 중앙군 재건

5. 대한제국 성립과 원수부 115
원수부의 역할과 문민통제

6. 대한제국의 군비증강 135
청과의 국경충돌

7. 근대해군 창설 노력 161
조선의 군비 점검

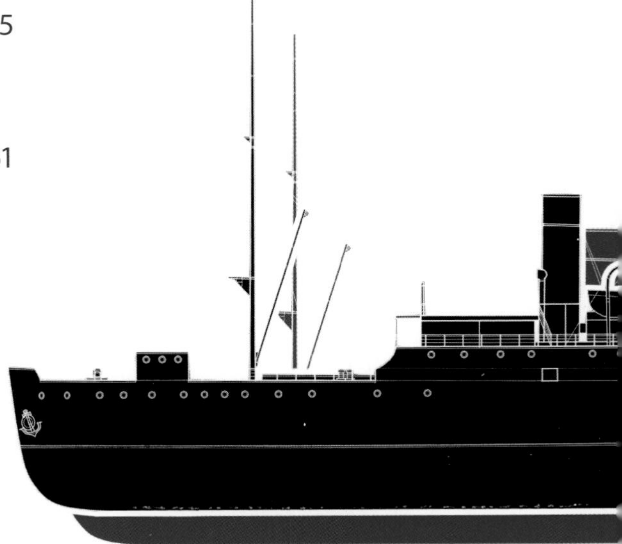

發刊辭

발간사

오룬란_김기윤

역사라는 학문은 한없이 넓은 바다처럼 시간과 공간을 제공하며 수많은 것을 담아낸다. 그리고 그 시간과 공간을 통해 무언가를 공유할 수 있다는 것은 엄청난 행운이다. 과거의 누군가가 숨쉬며 마주했던 사건들을 통하여 우리가 그 뿌리를 찾는다. 그리고 그를 통해 과거와 미래를 이어가며 현재를 배워간다.

거창한 주제를 두고 이 책을 쓴 것은 아니었다. 2019년 7월, 우용곡 님과 의기투합해서 내놓은 작은 회지 〈Twilight of Dynasty〉에서 시작된 일이었다. 겁 없던 학부생 시절부터 개항기와 대한제국, 그리고 근현대를 아우르는 한국 역사는 늘 매력적이었다. 그 중에서도 가장 사랑하는 분야는 그들이 자국을 지키려 조직했던 군대와 그들 자신의 이야기였다. 회지에서는 개항기 조선군의 복식과 무기, 그리고 그에 관련된 소소한 이야기들을 주로 다루었다. 자료를 수집하고 밤을 새어가며 만들어낸 회지는 큰 호응을 받았다. 그러나 말 그대로 처음 만들어보는 책이었기에 개인적으로는 깊은 고민을 느꼈다. 그 시대 사람들에게 녹아 있는 수많은 이야기가 있음에도 개항기와 대한제국 시대란 여전히누군가에게는 부정적이며 부끄러운 역사이기 때문이었다.

그러한 인식에서 벗어나, 다른 관점과 요인으로서 개항기의 위정자들과 국가를 지키려 사력을 다한 군인들은 과연 어떻게 움직였고, 어떻게 당대 상황에 맞춰 변화했는지를 중점적으로 다뤄보고 싶었다. 그러던 사이 우용곡 작가님에게서 블루픽의 '타임라인 M' 프로젝트에 참가하자는 연락을 받자 정말 뛸 듯이 기뻤다. 그 제안이 그동안 구상해오던 개항기 조선의 수많은 이야기를 풀어 줄 기회가 되어서였다. 앞서 말했듯 그들이 거쳤던 시간과 공간을 통해 독자들과 무언가를 공유할 수 있다는, 적어도 지난 시간에 그들이 존재했다는 이야기를 남길 수 있다는 일념 하나에 정말로 흥분되었다. 28개월 동안 화천에서 군 생활을 하며 꾸준히 자료를 모으고 공부하며 원고 작성에 긴 시간을 보냈다. 전역 직후 출판이 확정되고 사학도로서 학업을 이어가며 이러한 프로젝트에 참여한 일은 늘 자랑스럽게 기억될 것이다. 부디 이 책이 개항기를 넘어 근현대 한국의 군대와 군제사를 이해하는 데 조금이나마 도움이 되길 바란다.

이 프로젝트를 진행하면서 함께 고민하고 울고 웃으며, 조선왕실신화 만화 작업으로 피곤한 몸에도 나의 꿈을 이끌어내주신 우용곡 작가님에게 진심으로 감사드린다. 함께 합을 맞추며 역사에 큰 열의를 보여주신 초혼 작가님, 판처 작가님, 금수 작가님에게도 감사의 말씀을 드린다. 이렇게 좋은 프로젝트와 작가님들의 아이디어를 적극적으로 반영해주신 블루픽 원종우 대표님, 그리고 저희의 작업을 물심양면으로 도와주신 모든 분에게도 감사의 마음을 전한다. 그리고 항상 묵묵히 뒤에서 자료와 풍부한 상상력을 보태어주신 늑대님과 지치고 힘들 때마다 나를 이끌어준 가장 사랑하는 친구 아름이, 언제나 묵묵히 아들을 응원해주신 부모님, 작업할 때마다 도도한 모습으로 장난을 치며 피로를 풀어주는 까망이와 마요에게도 사랑을 전하고 싶다.

추천사

역사학이 날실이라면, 콘텐츠는 씨실이라 할 수 있습니다. 날실과 씨실이 모여야 천이 완성되듯, 아무리 좋은 역사 소재가 있더라도 콘텐츠화가 제대로 이루어지지 않는다면 도서관의 낡은 책 안에 박제되어 있을 뿐일 것입니다. 반대로 아무리 좋은 역사 콘텐츠가 있더라도 충실한 역사성에 기반하지 않는다면 그저 공허한 소리에 불과합니다. 다행히도 이번에 저희는 날실과 씨실이 제대로 잘 짜인 역사 콘텐츠를 만날 수 있었습니다.

《한국 근현대 군사사 프로젝트: 타임라인M》은 개항기를 다루는 1권부터 6.25전쟁을 배경으로 한 7권까지 병인양요, 신미양요, 임오군란, 갑신정변, 동학농민운동, 청일전쟁, 러일전쟁, 항일무장투쟁과 건군기, 6.25전쟁 등을 관통합니다. 쉼 없이 달려 온 우리 근현대사에 벌어졌던 굵직한 사건들을 군사적 관점에서 다루고 있습니다.

이번에 출간하는 2권은 청일전쟁과 을미사변, 아관파천, 대한제국칭제건원으로 이어지는 역사를 다루는 가운데 조선 정부의 대응 양상을 구체적으로 조망하였습니다. 각 사건들에서 벌어졌던 전투뿐만 아니라 당대 군사 제도와 조선의 방위 체계, 조선군의 무기와 장비 등을 제대로 보고 느낄 수 있습니다.

한국 군사사는 사람들의 높은 관심에 비해 아직 연구가 활성되지 않았습니다. 특히 일제강점기와 광복, 남북 분단과 6.25전쟁을 거치면서 급변했던 근현대 군사사는 연구자의 이념 차이에 따라 왜곡이 심한 편입니다. 이제는 근현대 군사사를 제대로 마주하여 체계적으로 정리해야 합니다.

《타임라인M》은 다양한 자료를 조사하고 세밀한 고증과 감수를 거쳐 당시 제복과 장비 등을 컬러로 생동감 있게 복원하였습니다. 이를 통해 독자들이 근현대 군사사에의 첫걸음을 딛게 해 줄 길라잡이가 되리라 믿어 의심치 않습니다.

육군사관학교 군사사학과
교수 **이상훈**

推薦辭

李範允

경복궁 쿠데타

일본군의 범궐과 조선군의 저항

1894

강동현감 민영순(閔泳純)

경복궁 쿠데타

일본군의 범궐과 조선군의 저항

청·일 양국군의 파병과 조선의 대응

조선에 대한 청의 파병은 톈진 조약에 따라 일본군의 도래로 이어졌다. 그리고 이는 곧 조선과 청, 그리고 일본 사이에서 국제적인 문제로 비화하였다.

조선 정부는 단호하게 일본의 파병안을 거부했다. 외무독판 조병직은 일본이 음력 5월 4일, 통리교섭사무아문 주사 이학규에게 일본 정부가 군대를 파견하기로 했다고 통보하였고, 곧바로 다음날 군대 파병을 거절하는 서신을 보냈다.

하지만 일본군은 이미 음력 5월 6일부터 제물포에 함대와 일부 병력을 수송하고 있었다. 이러한 행동에 대하여 지속적으로 조선 정부는 일본군의 입항을 거부하였지만, 그들은 공사관에 경비대를 주둔시킬 수 있다는 조항에 따라 이를 무시하였다. 이미 이 시점에서 전주성 전투는 양호초토사 홍계훈이 지휘하는 경군이 승기를 잡고 있었으며, 섭지초가 지휘하는 청군 3,500명이 아산만에 상륙하여 전주로 진격하고 있었다.

조병직은 제물포에 상륙한 일본 측 사절단에게 방문을 환영하지만, 호위를 명목으로 한성으로 동행하는 일본 해군육전대의 입경은 허락할 수 없다고 전했다. 그러나 일본측은 역시 막무가내였다. 일본 사절단의 안전을 핑계로 500명의 육전대가 제물포에 상륙하였고, 그중 400명이 일본 사절단과 함께 수도 한성으로 직행하였다.

그러나 이를 막을 수 있는 조선 측 군대는 많지 않았다. 제물포에서 상륙을 거부해야 할 친군심영은 대부분의 부대를 전주로 내려보냈고, 제물포를 방어하던 110여 명의 주둔군 및 150명 가량의 해연총제영 병력도 모두 홍계훈의 경군을 지원하기 위하여 파견되었거나 전라도 항구 일대에서 경군의 보급로를 지키고 있었다.

수도 역시 상황은 마찬가지였다. 북한산성을 방어하는 경리청과 경기도 일대를 통제하는 친군통위영의 일부 병력을 제외하고 실질적으로 동원할 수 있는 전투 병력은 적었다. 이 때문에 일본 측의 해군육전대가 사절단과 함께 입경하는 것을 1870년대 말처럼 군대를 동원해 막을 수 없었다.

조선 정부의 경고에도 불구하고 이들이 수도에 입경한 다음 날인 음력 5월 8일, 홍계훈의 부대는 전주성 남문을 돌파하고 동학군을 수세로 몰아붙였다. 그리고 바로 그다음 날에는 일본 육군혼성여단 선발대 800명이 추가로 제물포에 상륙했다. 이러한 일련의 상황으로 인하여 조선 조정은 위기감에 놓였다.

조정은 동학군과의 화약이 맺어지자 곧바로 전주로 파견을 보낸 양호초토사 홍계훈의 친군장위영과 순변사 이원회의 친군서영을 모두 수도로 호출하였다. 동시에 원세개에게 청군을 철수시키라는 서한을 보냈으며, 청은 일본과 동시에 철군을 위한 협의에 들어갔다.

그러나 시간이 지날수록 일본측의 군대는 계속해서 증강되어만 갔다. 5월 10일이 되자 혼성여단 소속 병력이 한성으로 접근하기 시작했고, 일본 공사는 300여 명의 병력만이 상륙했다며 조선 정부에 거짓으로 보고하였다. 그러나 이러한 정보가 거짓임을 파악한 조선 정부는 병력의 상륙 문제에 대해 격렬히 항의하였다.

한편 조선 정부는 이미 일본군의 상륙 병력의 규모를 어느 정도 알고 있었다. 제물포의 감리서와 제물포에 잔류한 조선군 부대들이 일본군의 실제 규모에 대해 계속해서 보고를 보내 왔고, 이를 토대로 조병직은 왜 300명이 아니라 5,000명에 달하는 병력을 보냈느냐며 항의했으나 일본 공사는 본국의 칙령이 있다며 무시했다.

조선과 일본 양측이 대립하는 사이, 점차 제물포 일대에 상륙하는 일본군의 숫자는 늘어났다. 5월 12일 3,300명의 일본군이 추가로 상륙하여 곧바로 한성-제물포로 이어지는 주요 요충지를 점거하고자 시도했다.

그러자 고종은 방어가 용이한 경운궁에서 나오지 않았고, 계속해서 전주로 내려간 경군을 호출하였다. 이렇듯 복잡했던 수도의 상황과 맞물려 조정의 지원 요청에 따라 음력 5월 19일을 기해 전주에 파견되었던 경군이 일제히 북상을 시작했다. 당시 경군 부대들은 전주성에서 치안을 유지하며 아직 제압되지 않은 각 지방의 동학군을 추적하던 중이었다.

우선 친군장위영의 1개 포병대와 회선포 1문, 친군 주요 지휘관들이 지휘하는 4개 대 병력 520명과 크루프 야포 2문, 친군진남영의 병력 1개 대 병력 130명만을 전주에 남긴 채 나머지 부대는 한성을 향해 철수했다.

홍계훈이 직접 지휘하는 장위영 5개 대 650명과 진남영 1개 대 130명, 크루프 야포 2문과 개틀링 기관총 2문은 우선 육상을 통해 철수했고, 순변사 이원회의 병력 역시 긴급히 해상을 통해 철수했다.

초토사 홍계훈의 부대는 공주에 도착한 이후 친군진남영은 원래 주둔지인 청주로 돌려보냈고, 나머지 병력을 이끌고 계속해서 북상하기 시작했다. 음력 5월 26일에 이들은 한강 어귀에 도착했고, 이들의 빠른 복귀를 위해 장위사 한규설이 지원 병력 300명과 서양식 수레 30대를 이끌고 광화문 바깥에서 이들을 맞이하였다.

고종은 경군이 복귀한다는 소식이 들리자 자신감이 생겼는지 5월 24일에 들어서 경운궁을 떠나 경복궁으로 이어했다. 이보다 앞선 15일에는 춘당대에서 전시를 실시해 1,147명의 무과 급제자를 뽑는 등 전쟁 위기가 고조됨에 따른 조처

조선군과 일본군의 총기

레밍턴 롤링블럭(Remington Rolling Block rifle)
레밍턴 사가 1860년대초에 개발한 롤링블럭식 단발 소총. 대한제국군을 포함한 수십 개 국가에서 채용하였다.

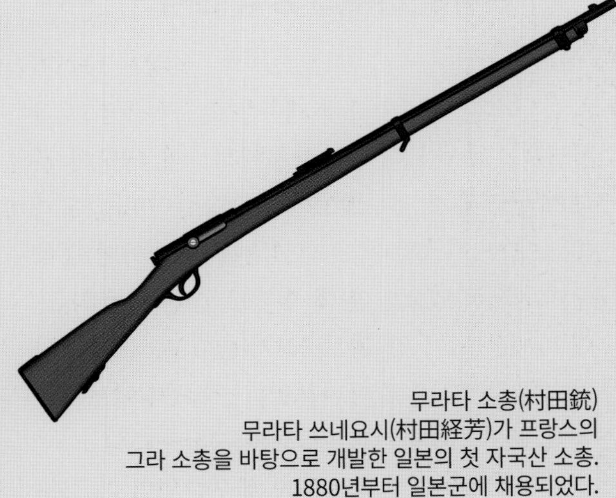

무라타 소총(村田銃)
무라타 쓰네요시(村田経芳)가 프랑스의 그라 소총을 바탕으로 개발한 일본의 첫 자국산 소총. 1880년부터 일본군에 채용되었다.

경복궁 전투의 양측 전력 숭례문을 방어하던 친군장위영 병력 300여명이 광화문으로 후퇴하여 합류함으로서 경복궁 내 조선군 수비 병력은 최종적으로 1천여 명이 된다

를 했다. 동시에 각국 공사들에게 청일 양국의 군대가 평화롭게 철수할 수 있길 바란다며 외교적인 노력을 기울였다. 조선 정부로서는 이미 동학군이 제압되었으니 이를 빌미로 삼은 일본의 군대 파병은 이미 명분이 사라져 버렸고, 청군 역시 철수를 긍정적으로 바라보았다. 각국의 외교관들 역시 일본군의 철수를 권고했다.

그러나 이러한 조치에도 불구하고 일본 정부는 계속해서 군대의 철수를 거부하였다. 하지만 계속해서 군대를 조선에 주둔시킬 명분이 없었다. 이미 조선 정부는 외교적인 압박을 가함과 동시에 지방으로 파견되었던 경군 부대들을 일제히 귀환시킴으로써 수도의 방어 전력이 어느 정도 회복되기 시작했다. 이 때문에 더 이상 파병의 명분이 없는 일본군은 머지않아 청군과 발맞춰 철수하리라 낙관하고 있었다. 하지만 그것은 명

백한 오판이었다. 일본은 청과의 일전을 앞두고 조선을 자신에게 종속된 국가로 만들고자 했으며, 쿠데타를 통해 친일정권을 수립하고자 하는 분명한 전략목표를 세우고 있었다.

조선의 한성 방위 태세

한편, 쿠데타 직전까지 조선과 일본은 청을 사이에 두고 치열한 논쟁을 거쳤다. 조선 측은 원세개와 오토리 게이스케 공사에게 자체적인 경장(개혁)을 수행할 것이니 군대를 철수하라고 요청하였고, 청은 일본과 동시 철수를 언급했으나 정작 일본은 끝내 이를 거부하였다. 사실 일본은 이미 이전부터 청과의 일전을 대비하였고, 그 사전 과정으로서 조선을 제압하고자 하는 의도를 품고 있었다.

조선 정부는 앞서 언급한 대로 이 상황을 외교적으로 해결하고자 노력했으나, 유사시를 대비한 한성 방어 태세도 갖춰 나갔다. 한성의 방어는 궁성을 방어하는 것이 목적이 아니었다. 궁성은 방어가 매우 어려운 곳 중 하나였다. 문제는 이곳을 경비할 병력도 태부족이었다는 점이다.

우선 정궁인 경복궁에 배치된 조선군의 숫자는 원래 200명에서 400여 명 가량이었다. 하지만 이들 대부분은 궁궐 내부가 아닌 외곽에 주로 배치되었다. 적은 병력이 배치된 이유는 궁궐 내부에서 주둔군이 숙식을 해결할 공간이 모자랐기 때문이었다. 내병조가 있던 창덕궁이나 군사시설이 따로 존재했던 경운궁은 사정이 괜찮았지만, 이미 고종은 앞서 언급했듯이 음력 4월 24일부로 경복궁에 이어한 상태였다.

이렇듯 평상시에 경복궁 등 국왕이 거처하는 궁궐에는 약 200명 안팎의 병력만이 배치되어 있었다. 이의 근거로 1890년 조대비 사망 당시 수도 내 폭동 진압을 위하여 총어사가 출동시킨 궁궐 내 수비대도 200명이었다.

또한 궁성은 방어시설이 사실상 전무한 지역 중 하나였다. 당장 동학농민운동 당시 경군이 축성한 토갑, 즉 흙으로 쌓은 토치카와 유사한 방호시설이나 참호와 같은 방어용 시설 구축은 꿈도 꿀 수 없었다. 궁궐은 국왕이 거처하는 곳이기도 했지만, 동시에 중앙 행정의 중심지이기도 했기 때문이었다.

게다가 개항기에 들어서서 궁성의 방어 여부는 궁극적으로 한성을 방어할 수 있느냐에 대한 질문에 있어서 중요한 요소가 아니었다. 조선군이 구상한 한성 방어의 핵심은 국왕인 고종과 그의 수뇌부가 얼마나 빠르게 북한산성, 혹은 남한산성으로 피신하여 얼마나 빠르게 지방군을 집결시키느냐에 달려 있었다.

사실 이러한 고민은 개항기 이전까지는 문제가 되지 않았다. 그만큼 국왕에 대한 권위가 존중받고 있었고, 동시에 무력을 수반한 정변이 적었던 것도 한몫하였기 때문이었다. 군사력을 동원한 정변이 발생하더라도 이인좌의 난이나 홍경래의 난처럼 대부분이 지방에서 벌어졌고, 곧바로 궁성을 위협할 수 있는 사건은 거의 일어나지 않았다. 하지만 개항 이후인 1880년대부터는 이야기가 달라지기 시작했다.

당장 1880년대에 있었던 임오군란과 갑신정변만 보아도 궁궐을 직접적으로 노린 사건들이었다. 심지어 1890년에 김옥균이 궁궐을 습격한다는 소문이 돌았을 때 역시 마찬가지였다. 당시 대신들은 500명 규모의 병력으로 궁성을 직접 타격한다면 이를 막는다는 것은 어렵다고 논평하였는데, 이는 위에서 언급한 이유 때문이었다. 궁성은 군사적으로 방어가 어려웠다.

그중에서도 경복궁은 다른 궁궐에 비해 더욱 방어하기 어려운 시설이었다. 가장 큰 문제로 지적된 것은 너무 넓었다는 부분이었다. 경복궁의 면적은 자금성 크기의 8할에 달할 정도였고, 200~400명에 불과한 병력으로 궁 전체를 수비하기는 불가능에 가까웠다.

물론 수도 병력이 해체되어 일시적으로 보부상과 청군이 치안을 맡았던 1880년대 초나 불과 5,500여 명의 수도 방어 부대만을 보유했던 1880년대 중반에 비해 1894년 현재의 조선군은 양적인 증강이 이루어졌다. 하지만 여전히 방어에 유효한 병력의 숫자에는 도달하지 못하고 있었다. 그리고 지킬 곳은 많았다. 따라서 한성의 방어라는 것은 곧 국왕인 고종을 어떻게 탈출시키며, 동시에 그가 피신할 천혜의 요새를 어떻게 방어하느냐에 달려 있었다.

따라서 조선군은 한성 방어의 계획 중점을 최대한 시간을 끌며 국왕이 안전한 곳으로 도피하게 하는 것, 철저히 해당 명제에 맞추고 있었다. 이 때문에 한성 인근의 조선군은 주요 지점 몇 군데에 분산 배치되어 있었다.

우선 방어의 중핵인 북한산성은 당시 경리청 병력 2,000명과 각종 야포 54문이 배치된 요새였다. 이 지역은 이미 80년대부터 푸트 공사 등 외국인들이 다음과 같이 평가하였다.

"200명으로 1만 명을 저지할 수 있는 요새"

이에 따라 북한산성은 다량의 탄약 등 군수물자들이 보관되어 있던 곳이기도 하였다. 문제는 조선군 자체였다. 이는 실제 쿠데타 당시에도 지적되었지만, 수도에 주둔한 조선군은 병력을 모두 투사할 수가 없었다. 조선군은 이때까지만 하더라도 주간에는 출근하여 근무하고 야간에는 장교 이하 장병들이 당직 근무자들을 제외하고 모두 귀가하는 형식을 갖추고 있었다.

또 다른 치명적인 문제로는 조선군의 방어 체계에도 있었다. 영조 대에 자리 잡은 군영절목에 따르면 각 군영은 수도 내, 그리고 궁성 내에 각자 방어할 구간이 따로 지정돼 있었다. 이는 각 군영이 함부로 넘어갈 수 없는 구역 설정이기도 하였으며, 동시에 군대가 일으킬 수도 있는 반란을 억제하기 위한 장치 중 하나였다.

이러한 시스템은 분명 왕권의 안정적 유지에는 도움이 되었으나 개항과 함께 시대가 바뀌었다. 기존의 시스템은 특정 구역을 맡은 부대가 구역을 돌파당하거나 혹은 지원받아야 하는 상황에 직면했을 때, 다른 구역에서 즉각적으로 증원하기 어려웠다. 따라서 이를 통제하려면 따로 군영 간 전령을 보내어 교신을 유지하거나 혹은 국왕, 병조판서 등 군령권이 있는 인사들이 직접 통제해서 전선을 유지해야 했다.

하지만 각 군영 간 교신 유지가 불가능하거나 혹은 국왕 및 병조판서 등 군령권을 갖춘 자가 당장 없다면 그때부터는 각개격파를 당할 수밖에 없었다. 이러한 시스템을 개편하려는 시도는 있었다. 바로 무위소가 이러한 문제를 해결하려는 시도 중 하나였다. 기존의 오군영이 정상적으로 운용되지 않고 이미 유명무실화되어 가고 있었다. 이러한 상황에서 과연 이들이 각 구간을 효과적으로, 유사시 서로를 잘 지원할 수 있는가에 대해 의문이 드는 것은 당대에도 지극히 당연하였다.

따라서 고종이 선택한 것은 단일 지휘권, 단일 명령 체계를 갖춘 왕실 근위대였다. 비록 이 조치는 직접적으로 위의 문제를 해결하기보다는 군대에 포진한 대원군 세력을 견제하려는 의도가 많이 섞여 있었지만, 어쨌거나 무위소는 정조 시기 장용영을 모델로 삼았다.

분명 이는 조선군에게 있어서 혁신이나 다름이 없는 것이었다. 단일화된 지휘체계에 기반한 수도 방어 및 왕실 근위 개념의 대두는 많은 반발을 불러왔으며 대신들은 재정 낭비 및 기존 오군영에 대한 차별을 예로 들며 무위소의 설치를 반대하고 있었다.

그러나 이는 분명 군사적인 측면에서는 물론 경제적인 측면에서도 아주 효율적이었다. 상이한 통제 체제를 따르는 오군영을 유지하는 것보다 무위소라는 하나의 통제 체제를 유지한 부대를 운영한다는 점은 비교하기 어려울 정도의 차이를 가져왔다.

하지만 1882년 임오군란과 1884년 갑신정변이 벌어지면서 서양식, 특히 일본식 군제의 도입은 정체를 맞이하였으며, 구 조선군과 청식 군제로 선회하기 시작하자 1894년 쿠데타 직전의 조선군은 1세기도 더 된 군영절목 형식의 방어계

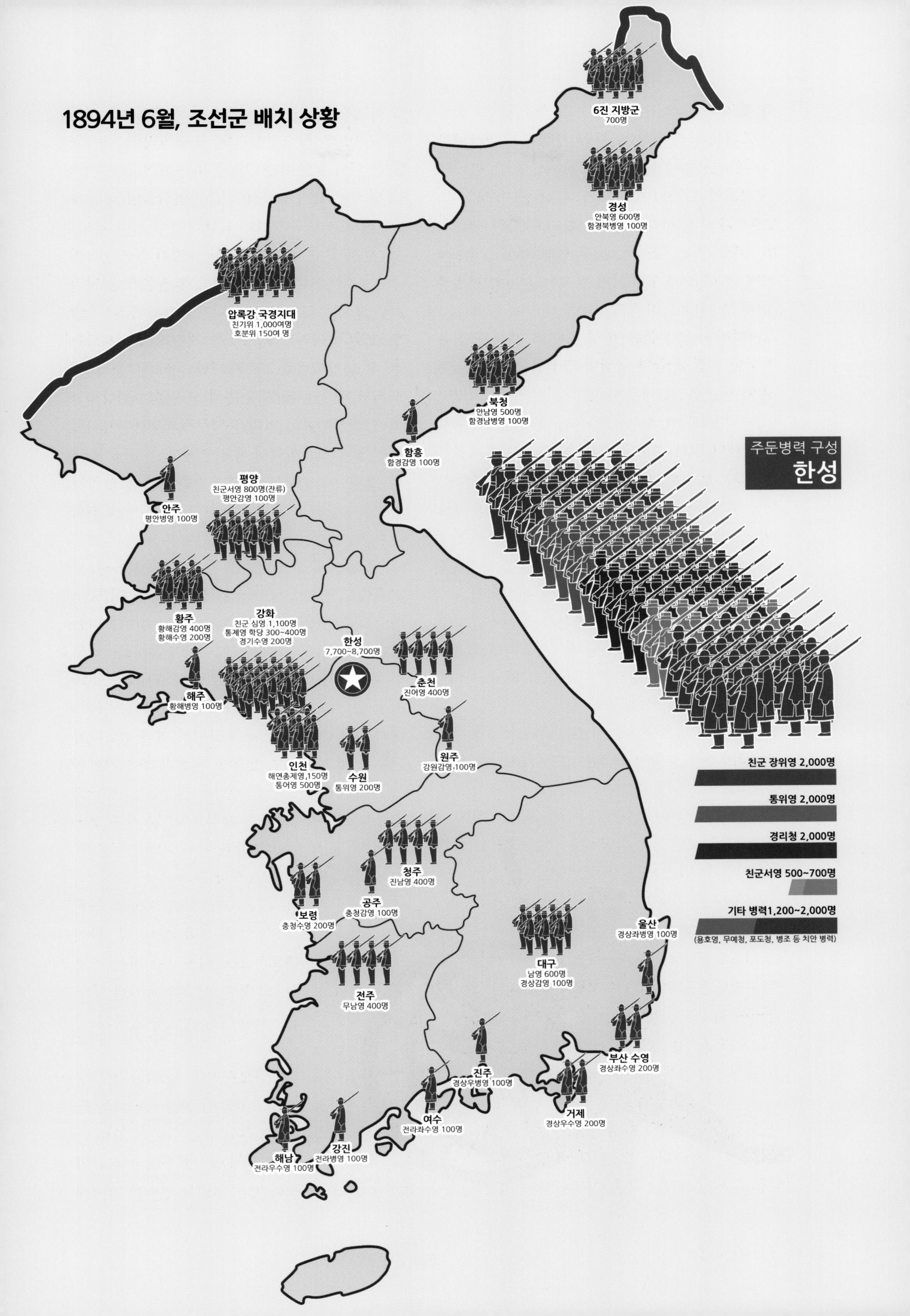
1894년 6월, 조선군 배치 상황
6진 지방군
700명
경성
안북영 600명
함경북병영 100명
압록강 국경지대
친기위 1,000여명
호분위 150여 명
북청
안남영 500명
함경남병영 100명
함흥
함경감영 100명
주둔병력 구성
한성
평양
친군서영 800명(잔류)
평안감영 100명
안주
평안병영 100명
황주
황해감영 400명
황해수영 200명
강화
친군 심영 1,100명
통제영 학당 300~400명
경기수영 200명
한성
7,700~8,700명
춘천
진어영 400명
해주
황해병영 100명
원주
강원감영 100명
인천
해연총제영 150명
통어영 500명
수원
통위영 200명
친군 장위영 2,000명
통위영 2,000명
경리청 2,000명
친군서영 500~700명
기타 병력1,200~2,000명
(용호영, 무예청, 포도청, 병조 등 치안 병력)
청주
진남영 400명
보령
충청수영 200명
공주
충청감영 100명
울산
경상좌병영 100명
대구
남영 600명
경상감영 100명
전주
무남영 400명
부산 수영
경상좌수영 200명
진주
경상우병영 100명
거제
경상우수영 200명
여수
전라좌수영 100명
강진
전라병영 100명
해남
전라우수영 100명

획을 유지할 수밖에 없었다.

이 때문에 예기치 못한 기습을 당한다면 즉각 동원할 수 있는 병력에 제한이 생기는 문제가 지적되었다. 1894년 경복궁 쿠데타 직전에는 이보다도 더 큰 문제도 존재했다. 바로 조선군의 이동 계획이나 전력이 그대로 일본 측에 노출되어 버렸다는 것이었다. 실제로 조선군 병영은 물론, 부대가 어디로 이동하는지에 대해서 일본 공사관은 지속적으로 정보를 수집할 수 있었다.

조선측 역시 이를 인지하고 있었으나 뾰족한 수가 없었다. 이미 많은 부분이 노출되어 버렸기 때문이었다. 이 때문에 일본의 정탐에서 벗어날 수 있는 군대가 필요했다. 그리고 그들이 바로 평양에서 내려온 1,400명의 친군서영병들이었다.

이들은 수도에 주둔한 중앙군의 지휘를 받지 않았고, 그 덕분에 일본군의 눈을 속일 수 있었다. 일본은 친군서영병이 동학군 진압에 출동한 사실 자체는 알고 있었으나, 정작 이원회의 부대와 홍계훈의 부대가 각각 한성으로 진입할 때는 혼동했었던 것으로 추정된다. 이에 따라 일본군은 친군서영의 이동로만은 제대로 파악해 내지 못했다.

오히려 일본군은 이원회를 따라온 부대가 함께 따라갔던 통위영 부대인 줄로 착각하고 있었으며, 이 때문에 한성 외곽 및 경기도 일대에 재배치되었을 것으로만 예상하였다. 그러나 조선측은 민영순이 지휘하는 1,400명의 친군서영 병력을 한성 각지에 배치하고 있었다. 이들은 창덕궁, 경복궁, 경희궁 등 주요 시설에 분산 배치되었다.

또한 일본군이 진주하기 시작하고 제9 혼성여단의 제11보병연대와 제21보병연대 소속 병력 5,000여 명이 진입해 오자 경복궁에 배치된 병력은 더 증강되었다. 결과적으로 평시에 경복궁에 배치하던 200~400명보다 훨씬 많은 700명의 병력이 배치되었다. 이들은 각각 친군서영에서 차출한 500명의 병력과 통위영에서 차출한 200명의 병력으로 구성되었으며, 도성의 각 문 역시 300명 이상의 병력을 배치해 유사시를 대비했다.

조선군은 이렇듯 최대한 많은 병력을 각 궁궐 및 병영에 분산하였다. 수도 내부뿐만 아니라 외곽에도 동일하게 조처하였다. 이는 조기에 한성으로 접근하는 적들을 발견하여 수도권 내의 방위 태세를 동원하려는 의도였기 때문이었다.

한편 지방의 방어 태세 역시 준비가 이루어지고 있었다. 해연총제영과 강화 친군심영의 본대가 속속 주둔지로 복귀하면서 제물포의 일본군을 크게 경계하고 있었다. 이들의 주 임무는 제

이식 7리 야포

당시 일본군이 운용하던 야포는 크루프의 7.5cm 및 8cm 야포, 그리고 일본산 야포인 이식 7리 야포(伊式七糎野砲: 이탈리아식 7cm 야포)가 있었다. 1885년 정식 채용된 이식7리 야포는 오사카 조병창에서 생산했으며, 구경은 75mm, 중량은 약 1톤이었다. 그림의 군인은 야전포병 제5연대 병사로, 1878년 편성된 이 부대는 청일전쟁과 러일전쟁에도 참전했다.

물포에 상륙한 일본군이 함부로 움직이지 못하게 하는 것이었으며, 특히 한강 하구를 방어하는 것이었다.

한강 하구는 소형 기선으로 한성까지 곧바로 도달할 수 있는 통로였으며, 이미 병인양요를 통하여 이곳이 돌파당한다면 얼마나 위험한 진격로가 될 수 있는지는 조선 정부도 인지하고 있었다. 이에 따라 친군심영은 보유한 기선들을 동원하여 한강 하구를 차단했다.

20~30여 척의 소형 기선들은 한강 하구에 선박이 들어오지 못하도록 차단선을 구축하였으며, 해연총제영과 인천 감리서는 일본군의 이동과 상륙에 대하여 중앙으로 지속적인 전보를 보내 상황을 보고했다. 경기감영에서도 유사시를 대비한 2~3,000명의 속오군을 징집한 상태였으며, 무엇보다도 항구 도시들의 대비는 꽤 급박하게 흘러갔다. 특히 1,000명의 육군이 상륙한 부산의 경우, 이들이 부산의 해관을 습격해 소요 사태를 일으키자 즉시 부산 지역의 주둔군 및 포군들을 총동원하여 대치하는 상황이 벌어지기도 했다.

또한 이 사건으로 인하여 부산의 지방군은 물론, 대구 지역의 주둔군 및 예비군까지 모두 징집하는 사태까지 이어지고 있었다. 또한 방첩 작전도 이루어지고 있었다. 개항장 일대에는 일본인 스파이들이 존재했고, 이들을 지방의 경찰 업무를 맡은 포교들이나 주둔군이 계속해서 색출해 내고 있었다.

이미 부산 해관에서는 스파이들의 존재를 인지했고, 이들을 체포하고자 하였으나 일본측의 반발이 거세지자 직접적으로 체포하지는 못하였다. 대신 동래부와 전라감영 사이의 전보 및 급보들이 오가면서 긴밀하게 협조하며 이들을 추적했고, 동시에 중앙에도 문서를 전송하였다.

인천부를 방어하던 총제영도 이들의 동정을 계속해서 감시했고, 방첩 작전은 지속적으로 이루어지고 있었다. 조선 정부는 이러한 행동이 일본의 군사 행동에 대한 견제가 되고, 여기에 외교적 교섭을 더하면 일본의 직접적인 군사 행동을 억제할 수 있으리라고 구상하고 있었다.

그러나 이미 개입을 천명한 일본이 여기서 물러날 리는 만무했다. 그리고 1894년 양력 7월 23일 새벽 4시, 가장 우려하던 최악의 시나리오가 조선 정부에 주어졌다. 조선 정부가 준비한 대비책이 시험받을 시간이 다가온 것이었다.

1894년 7월 23일과 경복궁 습격의 시작

이러한 조선군의 대응에 맞춰 일본군은 이미 양력 6월 24일부터 2,500명의 병력을 기선으로 한강에 도하시켰다. 보병 제11연대와 제1기병 중대, 포병 제3대대, 공병 제1중대, 제31연대를 아현동에 배치한 상태였다.

또한 동대문 외곽에 분견대를 주둔시켜 한성을 포위하듯이 배치했으며 인천에서 용산으로 나머지 혼성여단 병력이 이동했다. 총 8,000여 명의 혼성여단 병력 중 부산 방어 및 가설대를 지원하기 위해 차출한 3,000여 명의 병력을 제외하고 주력 전체가 한성으로 온 것이었다. 다만 일본측도 허점이 있었다. 바로 한성 남부 일대만 포위했다는 사실이었다. 오히려 한성 북부 일대는 텅 비어 있었다.

일본군이 2개 연대 소속 5,000여 명의 병력으로 한성 전체를 포위한다는 것은 어려웠다. 이 때문에 비교적 접근이 용이한 숭례문 일대를 중심으로 병력을 집중 배치하는 형태를 취했다. 대신 제물포 등지에서 친군심영이 기선 등으로 한강을 거슬러 올라와 호응하는 것을 막기 위해 다수의 분견대를 한강 어귀에 배치하여 이들의 이동을 견제했다.

여기서 일본군은 11연대와 21연대의 임무를 나누었다. 11연대는 한성 외곽의 조선군이 호응하는 것을 저지하는 임무, 21연대가 본격적인 한성 내부를 정리하는 임무였다. 11연대 1대대는 4

대문을 장악하는 것이 주요 임무였다. 2중대는 왜성대로, 11연대 1대대 1중대 1소대는 남대문으로, 2중대 2소대는 서대문을 점령하도록 하였다. 또한 11연대 3중대는 동대문과 남소문을 장악하는 임무를 가지고 있었으며 4중대는 동소문을 장악하는 임무였다.

11연대 2대대는 1대대가 사대문을 장악한다면 신속하게 수도 내부로 진입하는 것을 목표로 삼았다. 2대대 7중대는 종묘 외곽을 기준으로 시가 북부의 경계를, 6중대는 흥선대원군의 저택으로 이동하여 신변을 확보하는 임무를 가졌으며, 8중대는 1개 소대는 용산 병참수비대로 남기고, 아현동 일대를 점령하여 경계하는 임무를 갖추고 있었다.

한편 11연대 3대대는 주요 시설을 장악하는 것에 주력했다. 그러나 9중대는 군기호위대로 남아 잔류했다. 작전에 투입된 10중대는 서소문으로 이동하여 1대대를 지원해 추가적으로 출입로를 점령하고, 이 중에 다시 1소대를 차출해 남대문을 점령하는 것을 지원하기로 되어 있었다. 또한 조선의 전보국 등 주요 시설을 장악하는 임무도 있었다.

전반적으로 11연대가 한성으로 들어가는 모든 통로를 봉쇄하고 시가지 내부로 진입해 주요 시설을 장악하여 외부와의 통신 및 증원을 차단하는 역할을 맡았다면 경복궁 내부에서 주요 전투 임무를 담당하는 것은 21연대였다.

일본군 제21연대는 연대장 타케다 히데타카 중좌가 지휘하였다. 이 중 2대대가 실질적인 주력으로서 경복궁에 직접 침투하여 작전을 진행하도록 되어 있었다. 2대대 4중대는 친군장위영을 제압하는 임무를 맡았다. 1중대는 아현을 점령해 서대문을 통제하고 후속할 포병대 및 요인보호 등 후방 지원을 하도록 되어 있었다.

3중대는 일본 공사관을 겨누고 있는 조선군의 호포대를 제압하는 임무를 받았으며, 기병 제5대대 1중대는 여단장을 호위하도록 하였다. 야전포병 제3대대는 2대대 1중대의 지원을 받아 아현동 북방 고지를 점령하고, 공병 제5대대 1중대는 21연대에 배속되어 작전간 보병대대들에게 각종 지원을 제공하게 되어 있었다. 치밀하게 계획을 갖춘 일본군은 23일 오전 03시를 기하여 작전을 시작하도록 결정했다.

이때 직접 작전에 동원된 병력은 21연대 2대대 소속 1,000여 명의 일본군이었으며, 조선군 역시 증강된 경복궁 및 한성 내의 수비 병력으로 이들을 상대해야 했다. 쿠데타 직전인 7월 22일, 일본군은 왜성대에 배치한 산포 6문을 점검한 뒤 종로에 포병 전력 일부를 차출하여 배치했다. 또한 한성 각 문에 병력을 배치해 경계 임무를 수행했으며 시가지 전역에 대한 통제를 시도했다. 같은 날 밤 10시, 일본 공사관에서는 경복궁을 점령하려는 지휘부가 설치되었다.

일본군이 쿠데타를 시작할 무렵, 숭례문에는 각 문을 수비하는 수문장과 예하 병력, 그리고 친군장위영 병력 300명이 방어에 임하고 있었다. 그러나 최초 교전 당시 대응을 시도해야 하는 수문장 및 예하 병력은 일본군의 등장에 이렇다 할 저항을 하지 않고 도주했고, 본격적으로 11연대 1중대 1소대를 막아선 것은 친군장위영 병력이었다.

일본군의 작전이 시작되자 조선군도 곧바로 대응에 나섰다. 그러나 숭례문에서의 교전에서 조선군은 얼마 버티지 못했다. 이미 한성의 4대문을 굳게 닫아 조선군이 장악하고 저항을 시도했지만, 문제는 소문들이었다. 즉시 동원할 수 있는 병력이 부족했던 조선군은 소문에서 일본군이 돌파하는 것을 허용했다.

숭례문을 방어하던 친군장위영 병력 300명은 11연대, 그리고 그들을 지원하기 위해 후속해 온 21연대의 공세에 밀려 후퇴했다. 이들은 일본군의 추격을 피해 광화문으로 들어가 다시 방어선을 편성했다.

이때 경복궁은 매우 조용하였다. 이는 국왕인 고종의 위치를 들키지 않도록 하기 위한 조치였다. 아마도 정전에 있던 고종이 교전 막바지에 신무문 인근의 함화궁에 있었던 것을 감안한다면 아마 숭례문에서 있었던 교전을 인지하고 수

1894년 7월 23일 경복궁 전투에서 일본군 기동로

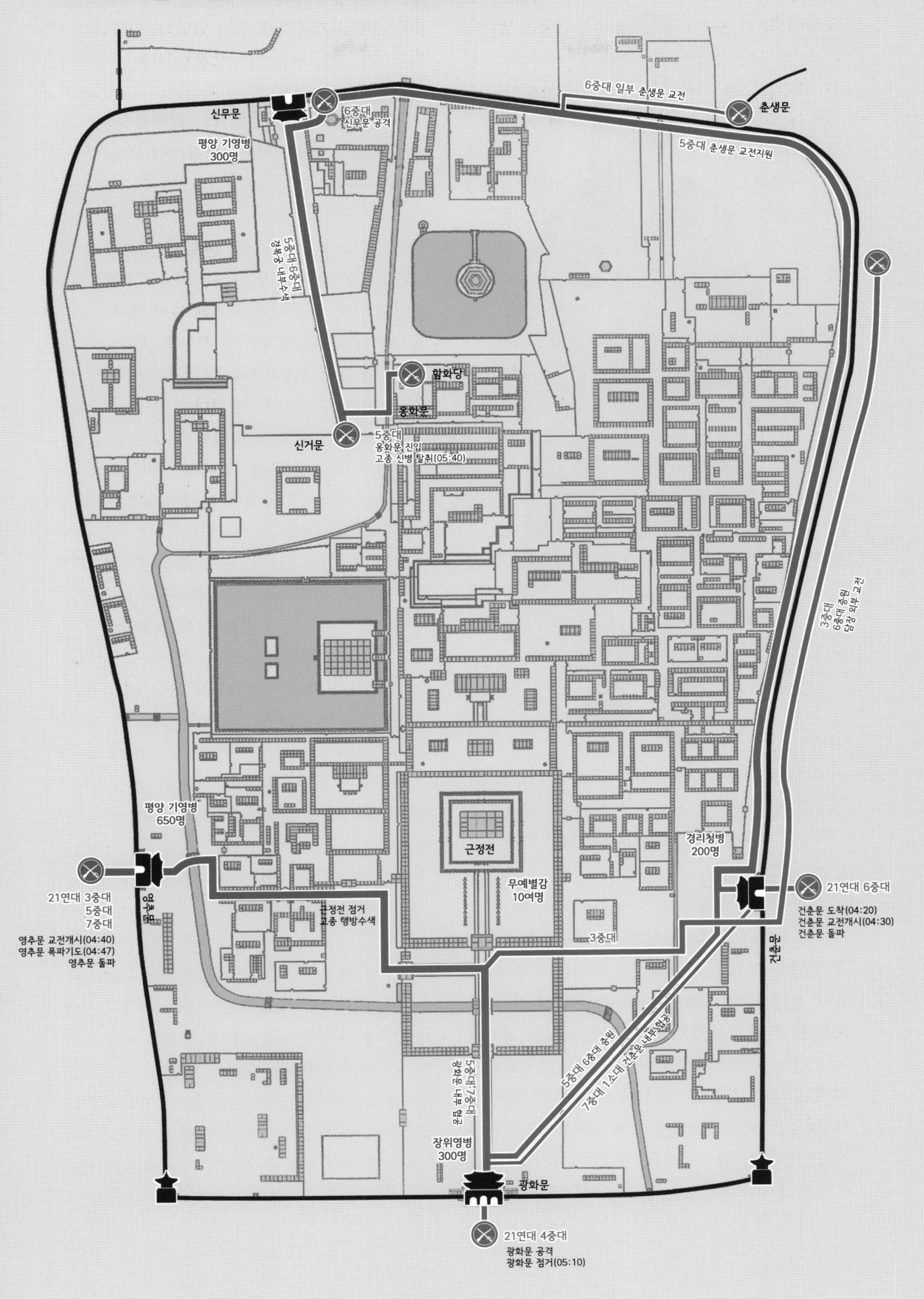

당초 건춘문에는 약 200명 가량의 경리청 소속 조선군이 배치되어 있었으나, 일본군의 진주 이후 유사시를 대비하여 창덕궁에 다시 분산 재배치되었다. 쿠데타 당시 이곳의 방어는 유숙하고 있던 친군서영병이 전담하고 있었다. 숭례문에서의 교전 이후 경복궁 내의 조선군은 방어에 온 힘을 다했다.

조선군이 격렬하게 저항하는 통에 광화문과 건춘문을 1개 중대 250명의 병력으로 돌파하는 것은 상당히 어려운 일이 되었다. 생각과는 달리 궁성의 문은 크고 단단하였으며 공병대가 소지한 폭약만으로는 돌파하기가 어려웠다.

또한 고지대에 위치한 성곽에서 격렬히 저항하던 조선군을 상대로 불리한 위치에서 오래 버티기는 힘든 일이었다. 그러나 중요한 이 순간에 조선군은 큰 실수를 범했다. 바로 영추문에 배치되었던 친군서영병의 일부를 각각 건춘문과 광화문으로 재배치했다는 점이었다.

영추문의 조선군이 빠진 틈을 타 일본군은 즉시 21연대 3중대를 내보내 돌파를 시도했다. 그러나 1차 시도는 실패했다. 영추문이 크고 단단했기 때문이었다. 그러자 공병 5대대 1소대가 3중대를 지원하여 폭약으로 성문을 터뜨리고자 증원되었다. 이들은 폭약을 설치해 3차례에 걸쳐 성문을 폭파하고자 시도하였다. 그러나 이는 폭약량이 적어 실패했고, 결국 도끼를 들고 성문을 파괴하려는 시도를 했다. 그러나 이마저도 실패했다.

결국 6중대 장교들이 사다리를 걸고 넘어가 안에서 문을 연 끝에야 영추문을 열 수 있었다. 그러나 영추문의 조선군이 모두 광화문과 건춘문을 지원하러 빠져나간 덕분에 일본군은 금방 성문을 장악하고 경복궁 내로 쇄도하였다. 일본군 중대들이 영추문을 통해 쏟아져 들어오자, 조선군은 패닉에 빠졌다.

광화문과 건춘문의 조선군은 함성을 지르며 돌격하는 일본군과 마주하자 더 이상 저항하지 않고 일제히 경복궁 북쪽 방면으로 철수했다. 일본군은 이들을 추격했다. 가장 먼저 건춘문에서

구군복 차림의 우포장 김가진. 1권에서도 소개한 바 있는 이 인물은 조선귀족이자 독립운동가라는 복잡한 이력을 지녔다. 경복궁 쿠데타 당시 김가진은 고종을 함화당에서 호위하고 있었으나, 일본군이 고종의 안위를 두고 협박하자 항복한다.

뇌부가 피신하였음을 알 수 있다.

광화문의 조선군이 방어 태세를 갖추는 사이 경복궁 돌파 임무를 맡은 21연대 1중대가 가장 먼저 궁성 앞에 도착했다. 그러자 숭례문에서 철수했던 장위영 병력이 다시 나서 치열한 교전을 벌이기 시작했다. 이번에는 조선군도 호락호락하지 않았다. 일본군은 조선군의 방어선에 막혀 광화문을 돌파할 수가 없었으며, 곧이어 건춘문에서도 21연대 6중대가 친군서영병과 격돌하기 시작했다.

격렬하게 저항하던 친군서영병 후방을 타격하여 패주시킨 뒤, 2개 중대를 이동시켜 광화문의 조선군을 몰아냈다.

이렇듯 순식간에 궁성 남쪽의 방어선이 밀려 버린 상태에서 경복궁 내부의 조선군은 혼란에 빠졌다. 그러나 한성에는 이들만 있었던 것이 아니었다. 경복궁에서 벌어진 격렬한 전투로 인하여 한성 내외에 주둔하던 조선군이 소집되어 대응을 시도하기 시작했다.

가장 먼저 경복궁 외부에서 대응한 것은 친군장위영이었다. 일본군 21연대 1대대의 주요 임무가 바로 이 친군장위영을 제압하는 것이었다. 정확히는 광화문 좌측에 위치한 장위영 병영을 제압해 경복궁으로 지원부대를 보내는 것을 차단하는 것이 목표였다. 이 때문에 한성 시가지 곳곳에서 교전이 벌어지기 시작했다. 숭례문 및 광화문 외곽의 경비는 당시 장위영과 통위영이 전담하였고, 곧바로 이들의 거센 저항에 직면했다. 한성 외곽을 경비하던 11연대 역시 이 일대를 방어하던 통위영과 전투에 휘말렸다.

3중대는 남산 근처의 일본 공사관을 겨누고 있던 호포대의 조선군 제압에 실패했다. 오히려 이로 인해 교전이 번져서 추가로 증원된 친군장위영 부대의 등장으로 인하여 혼전 상태에 빠진 상태였다. 여기에 각 궁궐에 사전 배치한 조선군도 전투에 참가하기 시작했다. 창덕궁의 좌포장 이원회가 지휘하는 내병조 병력과 창덕궁 수비 병력, 경운궁과 경희궁에 주둔한 민영순 지휘 하의 친군서영 주력 병력이 속속 집결하였다.

더불어 경희궁과 경운궁 신영에 주둔하고 있던 조선군 400명도 투입되었다. 수도 내의 조선군이 반응하기 전에 고종을 잡아서 무력화하겠다는 일본군의 초기 결심은 물거품이 되어 버린 것이었다. 당초 일본군은 30분에서 약 1시간 가량이면 조선군의 저항을 제압하고 고종의 신변을 확보해 저항을 무력화시킬 수 있다고 계산했다. 그러나 이미 숭례문을 돌파하고 광화문을 뚫어 경복궁 남쪽을 장악하는 것에만 1시간 30분이 소모되었다.

신임 병조판서 김학진, 그리고 전임 병조판서 민영준이 각각 현장에 없거나 혹은 제대로 역할하지 못함에도 조선군은 각자의 책임 지역 방어에 임하고 있었다. 이들의 목표는 단 한 가지였다. 고종의 안전을 확보하고 그가 안전하게 북한산성으로 빠져나갈 때까지 시간을 버는 것이었다.

신무문에서의 격전

조선군의 저항은 새벽 내내 진행되었다. 아침이 밝기 전 경복궁 내부에서의 전투는 절정으로 치닫고 있었다. 광화문과 건춘문에서 패퇴한 장위영병 300명과 500여 명의 친군서영은 외곽의 조선군이 접근을 시작하자 경복궁 북부로 향하는 길목마다 2차 방어선을 급히 구축했다.

이는 아직 일본군이 경복궁 남쪽만을 장악했고 북한산성으로 향하는 지역까지는 많은 병력을 보내지 못하여 가능했다. 신무문 일대의 지형이 꽤 복잡했기 때문이다. 덕분에 북한산성으로 향할 수 있는 방면인 신무문에는 오직 일본군 1개 중대만이 공격을 가하고 있었으며, 이들의 후방으로 창덕궁과 경희궁, 경운궁, 그리고 북한산성에서 출동한 조선군이 협격하기 시작했다.

한편 광화문과 영추문, 건춘문의 방어선을 돌파한 일본군은 근정전에 고종이 있으리라 판단하였지만, 정작 고종은 교전 직후 다른 곳을 향해 피신한 뒤였다. 이때 고종은 경복궁 북문인 신무문 근처에 위치한 함화당까지 피신해 우포장 김가진의 호위를 받고 있었다. 한편 장위영-친군서영병 혼성부대는 홍계훈의 지휘를 받으며 일본군의 접근을 필사적으로 저지하고 있었다.

한편 신무문 공략에 투입되었던 일본군 21연대 6중대는 조선군의 반격으로 고착당한 상태였다. 신무문을 방어하고 있던 통위영 소속의 조선군 200여 명이 일본군의 진격을 우선 고착시켰다. 그리고 곧이어 백악 방면에서 조선군이 증원되었다. 백악 방면의 조선군은 북한산성을 방어하던 경리청 소속 병력으로 추정되는데, 이들은 한성 내에서 교전이 벌어지자 긴급히 증원을 온 것으로 보인다.

또한 창덕궁에서 출동한 좌포장 이원회의 내병조 병력 역시 일본군 6중대의 후미를 잡고 공격을 퍼부었으며, 나머지 지역에 배치되어 있던 친군서영병 및 편제 미상의 부대들도 교전에 돌입했다. 이들은 아마도 한성 남부를 방어하던 장위영 및 통위영 병력 중 일부로 추정되며 역시 경복궁을 향해 접근하고 있었다.

신무문에 고착된 일본군 6중대는 순식간에, 위기에 처했다. 앞뒤로 고착된 6중대를 향해 통위영과 경리청 부대가 강력한 공세를 가하고 있었기 때문이었다. 이에 일본군 21연대는 이러한 상황에서 매우 기민하게 대응하였다. 연대의 예비대로 두었던 2대대에서 1개 중대를 차출함과 동시에 연대장과 대대장이 이들을 직접 지휘하여 6중대를 압박하던 조선군을 타격하기 시작했다.

한편 조선군은 일본군 제6중대를 상대로 맹렬하게 공세를 퍼붓고 있었다. 고종이 북한산성으로 피신할 수 있는 길목을 이들만이 막고 있었기 때문에, 만약 6중대만 제압할 수 있다면 쿠데타는 일본군의 실패로 돌아갈 것이 분명했기 때문이었다.

따라서 조선군은 가용한 모든 부대를 신무문에 집중시키고 있었다. 장위영-친군서영병 혼성부대는 함화당 인근으로 오는 일본군 2개 중대를 지연시키는 동시에 신무문의 조선군과 이원회가 지휘하는 창덕궁 내병조 병력 및 호위 병력은 6중대를 상대했다. 친군서영병 및 경희궁/경운궁 신영 병력은 6중대를 지원하러 온 21연대 예비대를 중간에서 차단하고자 시도해 매우 치열한 전투가 전개되었다.

예상보다 교전이 격렬해지자 일본군은 내응하기로 한 조선측 대신들을 보내어 고종을 설득하도록 하였다. 그러나 이들 역시 고종의 위치를 알 수 없었다. 마침내 일본군이 고종의 위치를 파악한 것은 새벽이 거의 끝날 무렵이었다.

이 무렵에는 문앞까지 일본군이 진입하고 있었다. 여전히 양측이 총격을 주고받으며 교전을 이어 나가고 있었으나, 경복궁 내부에서의 조선군은 이제 무너지기 직전까지 몰려 있었다. 용감하게 싸웠으나 한계는 명확했다. 일본군의 증원은 계속해서 밀려 들어왔고, 변변한 방어시설이 없는 궁궐 내부에서의 전투는 방어측에게도 전혀 유리하지 않게 돌아갔다.

조선군은 일렬로 늘어서서 함화당까지 가는 길을 차단한 채 온몸으로 버텼으나 이것마저도 한계에 치달았다. 화력과 병력 숫자에서 열세를 보이고 있었다. 그럼에도 우포장 홍계훈 이하 전 병력은 밀려나는 와중에도 교전을 포기하지 않았다. 사실상 시간과의 싸움이었다. 협격을 당하고 있는 일본군 6중대가 무너지느냐, 아니면 함화당을 방어하는 조선군 장위영과 친군서영이 먼저 무너지느냐의 문제였다.

고종의 이어 실패와 외부증원 차단

이 시점에서 모두가 의문을 가지는 것은, 고종이 왜 북한산성으로 이어하지 못했는가의 여부이다. 사실 일본군이 개입한 시점부터 북한산성 이어설은 지속적으로 돌았으나 옮기지 않았고, 오히려 경운궁에서 경복궁으로 이동했을 뿐이었다.

혹자는 고종이 숭례문에서의 첫 교전 시작부터 피난을 개시했다면 북한산성으로 이동할 수 있다고 했으나, 이미 이 시점에서는 사실상 그것이 불가능했다. 고종이 함부로 이동한다면 내부의 내응자들이 오히려 이를 간파하여 일본 측에 정보를 제공할 위험성이 매우 컸다.

따라서 궁궐 내에서는 침묵을 지키며 고종이 이동하는 것을 숨기고 기만하는 것이 오히려 안전한 방법이었다. 일본군이 근정전에 있으리라 믿었던 고종이 없자 당황해하던 것 역시 이에서 기인한 것이었다.

또한 국왕의 피난은 그 형식을 모두 갖추는 것이 당대의 규례였다. 국왕만 달랑 북한산성으로 가는 것은 사실상 그 이후의 모든 것을 포기하겠다는 것과 마찬가지의 의미였다. 국왕 이하 수행원들, 그리고 호위 부대와 대신들을 모두 데리고 가야만 정궁인 경복궁을 포기하더라도 북한산성에서 국정을 다스리며 싸울 수 있는 시간을 갖출 수 있는 전시 내각을 구축할 수 있던 것이었다.

그러나 7월 23일의 쿠데타는 그것을 용납할 만한 시간이 아니었다. 고종이 북한산성으로 이동할 수가 없으니 한성 내의 조선군이 그 시간을 벌어야 했다. 그렇기에 전 병력이 경복궁 일대로 집결한 것이었다. 하지만 조선군은 한성 내부와 외곽의 통위영 병력을 제외하고 지방군의 구원을 기다리기에는 문제가 있었으니, 바로 일본군 일부 부대가 전보국을 장악하고 지방과의 교신을 모조리 끊어 버린 것이었다.

강화도의 친군심영과 제물포의 총제영 등은 이 때문에 쉽사리 이동하지 못하고 있었다. 물론 제물포에 잔류한 2,000여 명의 일본군으로 인하여 이동이 어려웠던 점도 있기는 했으나 교신이 끊기는 바람에 사태 관망만 하는 상태가 되어버렸으니 방법이 없었다.

강화도의 조선군이 이동하기 어려운 상황이다 보니 경기감영이나 황해감영의 지방군 증원도 어려워졌으며, 친군서영의 본 주둔지인 평안감영도 해당 사실을 인지할 수가 없었다. 만약 가능했다면 평안감사 민병석이 지휘하는 친군서영 본대 1,000명이 남하하였겠으나 전보가 끊긴 이상 친군심영과 함께 주둔지에 묶인 상태였다.

일본군은 쿠데타 계획을 세우며 강화도의 친군심영이 쿠데타 진압에 투입되는 것을 매우 두려워하고 있었다. 친군심영은 1882년부터 원세개가 기존의 진무영을 3개 영으로 나누어 작심하고 양성한 정예부대였기 때문이었다. 오히려 왕실근위대인 친군장위영보다 더 강하다는 평가를 받고 있었으며, 이들이 갖춘 화력도 매우 강한 편이었다.

실질적인 기동타격부대로서의 면모도 컸다. 1차 동학농민운동을 진압하던 사례를 보면 기선을 통한 기동에 익숙하였으며, 1,500정의 레밍턴 롤링블럭 소총을 포함해 다수의 야포를 보유한 조선군의 핵심 전력 중 하나였다. 그중 고종이 신뢰하던 500명의 최정예 부대는 여전히 강화도에 남아있었다.

그러나 이들은 끝내 한성에 도달하지 못했다. 가장 중요하고 필요로 하는 순간에 조선 정부가 믿었던 최정예 부대가 오지 못했던 것이었다.

교전의 끝

경복궁 쿠데타의 막바지는 함화당 인근까지 밀린 조선군이 육탄 방어 직전까지 갔을 때 이루어졌다. 함화당으로 들어서는 문까지 일본군이 밀려왔고, 이때 함화당을 방어하던 우포장 김가진에게 21연대 2대대장 야마구치 케이조 소좌는 협박에 가까운 통보를 하였다. 조선군이 계속해서 저항한다면 함화당 내부에 거처하고 있는 고종의 안위를 보장할 수 없다는 내용이었다. 이 시점에서 이미 경복궁 내부의 조선군은 기력을 소진한 상태였다. 이제 경복궁 남쪽으로 몰려오는 일본군은 1개 대대를 넘어서고 있었으며, 신무문의 일본군 6중대와 격전을 치르던 조선군 부대들도 점점 증강되어 가는 일본군 증원부대에 밀리기 시작했다.

결국 고종이 북한산성으로 빠져나갈 길은 차단되었다. 교전에 참가한 조선군의 병력은 모두 지쳤으며 교전 초기 기세 좋게 일본군을 압도했던 외부의 증원부대 역시 끝내 신무문을 향해 들어오지 못했다. 결과적으로 조선군은 일본군 6중대보다 먼저 전투력이 고갈된 상태가 되었다.

군복에 장군용 식서를 패용한 제9혼성여단장
오시마 요시마사 육군소장. 여름용 승마바지 착용.

21연대 2대대장 야마구치 케이조 육군소좌.
여름용 약복으로 오른쪽 가슴에 육군대 졸업 휘장 패용.

우포장 김가진은 야마구치 소좌의 협박에 무기를 내어주고 투항했다. 이미 함화당 문까지 일본군이 몰려온 상태에서 더 이상 대응할 여력도 예비대도 남아 있지 않았다. 경복궁 내부의 조선군은 최선을 다해 싸웠으나 화력과 병력의 열세 속에서 중과부적을 극복하기는 너무나도 어려운 일이었다.

결국 고종의 명령에 따라 궁궐 내의 교전 중지 명령이 내려졌다. 그러나 여전히 한성 내의 거리와 북한산 일대에서 이어지던 교전은 멈추지 않았다. 오히려 이들은 한성 내의 주요 군사 거점에서 저항을 선택했지만, 경복궁 내부를 제압한 일본군이 다시 돌아와서 공격을 가하자 이들 역시 버티지 못하고 패주하거나 왕명에 의해 무기를 내주어야 했다.

그럼에도 남아 있던 조선군 병력은 필사적으로 재집결을 시도했다. 아직 저항할 의지와 무기가 남아 있는 전 병력은 하도감으로 집결했다. 이곳에서 병력을 다시 모아 반격을 시도할 작정이었으나, 이미 전세는 기울었다.

한편 가장 격렬하게 저항하던 친군서영은 일본군과 모종의 협약을 맺었다. 친군서영이 저항을 포기한다면 무기를 포함해 장비를 챙겨서 조용히 철수할 수 있도록 길을 열어 주겠다는 것이었다. 결국 전세가 완전히 넘어가자 친군서영은 모든 병력과 물자를 챙겨 평양으로 되돌아갔다. 이제 남은 병력은 친군장위영 잔여 병력과 통위영, 그리고 각 신영에 배치되었다가 패주한 이들뿐이었다.

결국 이들은 차례차례로 각개격파당하며 무너졌다. 물론 교전 자체는 23일 오후까지 이어졌으나 새벽과 같이 조직적인 전투는 이루어지지 못했다. 일본군은 각 병영을 모두 장악했으며, 최후까지 저항하던 통위영을 16시부로 제압하면서 사실상 한성 내의 모든 조선군은 무장이 해제되어 버렸다.

그들 역시 일본군과의 교전이 어떠한 결과로 이어질지는 예측하고 있었다. 근대적인 편제와 전술로 무장한 일본군의 정예함은 이미 정평이 나 있었다. 그에 반해 조선군은 지휘관들조차 자신들의 한계를 명확히 인식했다.

이 쿠데타에서 직접 궁궐 내 교전에 참여한 부대는 일본군은 제21연대 2대대 소속 1,000여 명이었고, 조선군은 경복궁 수비 병력 700명 및 광화문에서 패퇴한 장위영 병력 300명을 합쳐 역시 1,000여 명으로 양측이 비슷했다. 그러나 일본군은 적재적소에서 병력을 중대별로 분산해 기동성을 살렸지만, 조선군은 그렇지 못했다.

조선군은 영추문을 포기하고 건춘문과 광화문을 지원하는 실수를 범했으며, 일본군의 기동에 제대로 대응하지 못하여 순식간에 경복궁 남쪽 일대를 상실했다. 또한 외부와의 증원을 차단당한 채 주요 진입로를 내어주는 등의 실책을 범했다. 그러나 1,000여 명에 달하는 병력을 모두 동원해 일본군이 목표로 했던 시간 이상으로 버티며 전투를 치렀다.

服飾

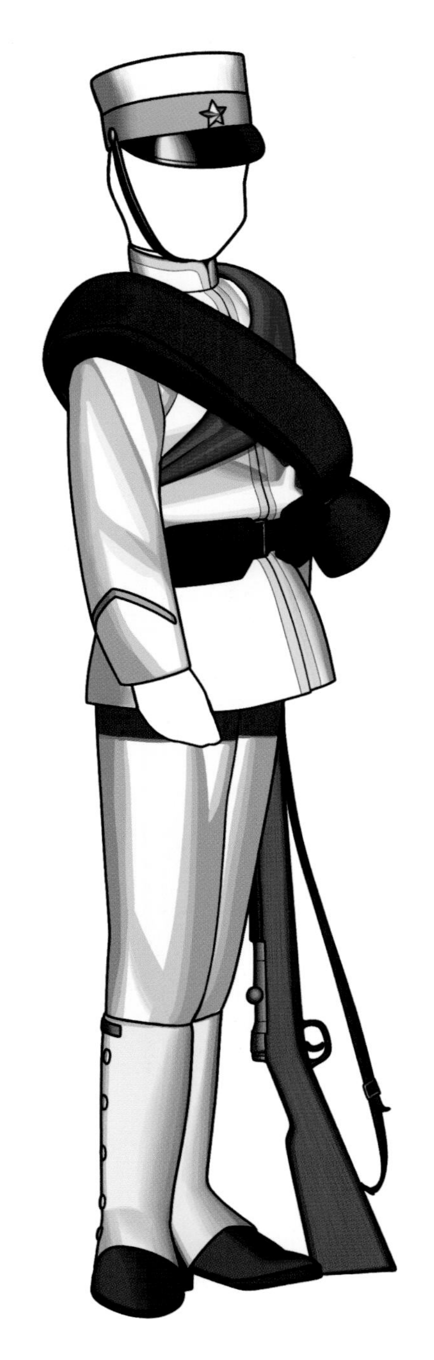

조선군과 일본군의 병사 복장

이때까지도 장위영의 조선군 병사 복장은 1884년 이래 내려오던 친군영 스타일의 전모를 고수하고 있으나, 상의는 기존의 마고자형에서 벗어나 서양식으로 바뀌었다. 바지는 1892년부터 어두운 색으로 바뀌었기에, 경복궁 쿠데타 당시 조선군의 하의는 흰색이 아니었을 것이다. 경복궁 쿠데타 당시의 일본군 병사는 우리가 일본군 군복 하면 흔히 떠올리는 갈색이나 청색이 아닌 하얀 군복을 입었는데, 이는 1875년의 복제규정에 따른 여름용 군복이다.

친군영 군복

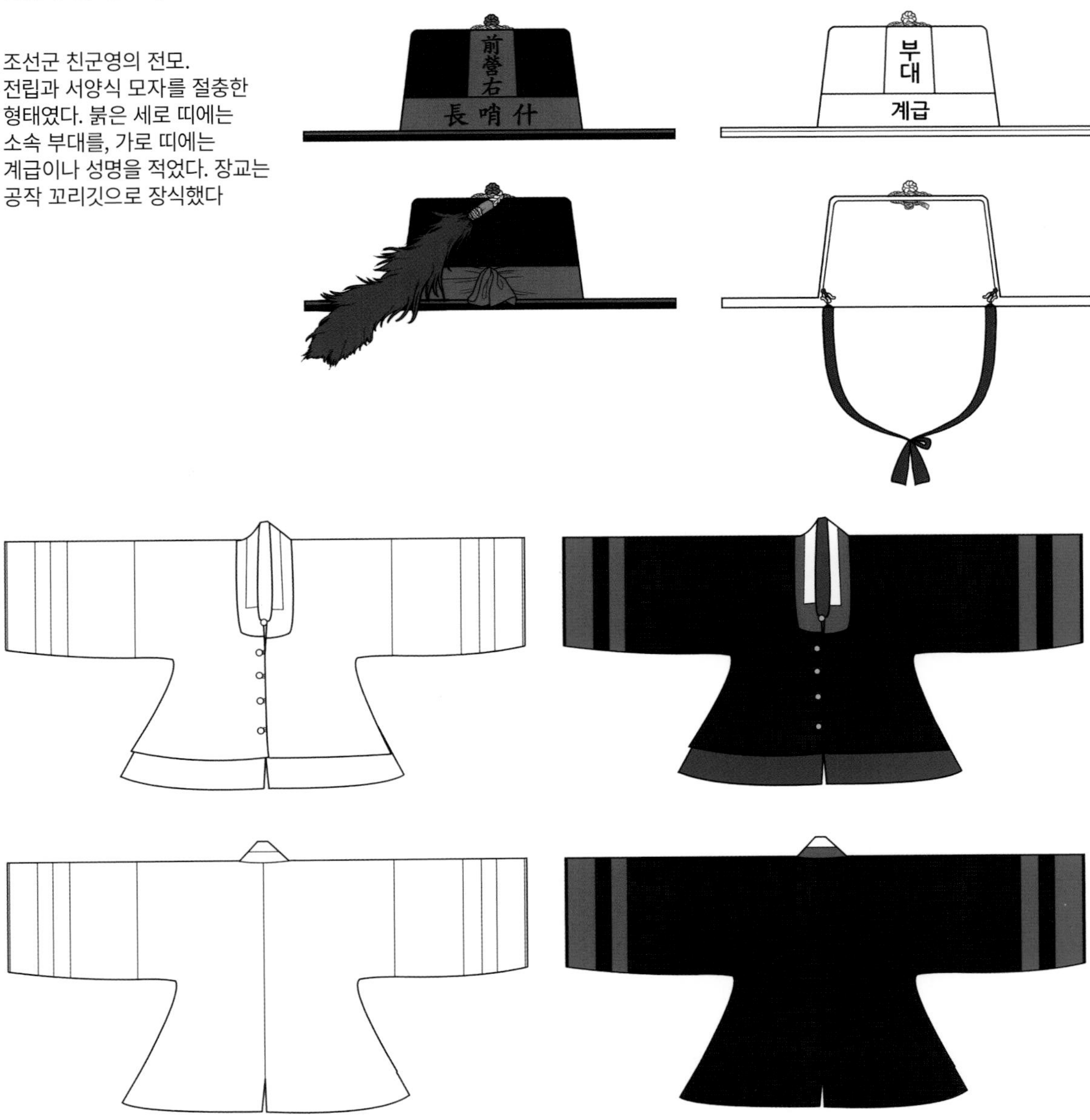

조선군 친군영의 전모.
전립과 서양식 모자를 절충한
형태였다. 붉은 세로 띠에는
소속 부대를, 가로 띠에는
계급이나 성명을 적었다. 장교는
공작 꼬리깃으로 장식했다

1882년 신건친군영과 함께 도입했던 신식 군복은 장표를 통해 소속을 구분하며, 소매의 여밈 방식 등에서 청나라의 영향을 깊이 받았지만, 얼마 지나지 않아 방령깃을 채택하고 금속 단추(신분에 따라 색이 달랐다)로 여미는 등 교련병대에서 채택했던 모양새의 군복으로 정착했다. 그러나 마고자 형태의 상의를 입는 등, 당대 서구의 군복과는 차이가 있었다. 저고리 하단의 푸른 부분은 저고리와는 별개의 옷으로, 방호력 강화를 위해 안에 받쳐 입는 내갑의다. 그림은 함부르크 민족학박물관이 소장한 친군영 군복 유물을 모델로 삼았다.

全羅左水營兵

청일전쟁

육지와 바다에서

1894~1895

군국기무처 총재관 김홍집(金弘集)

청일전쟁

육지와 바다에서

청일전쟁의 서막, 아산-성환 전투

경복궁 쿠데타로 조선 정부가 일본군의 수중에 떨어지면서 청일전쟁의 서막이 올랐다. 조선군은 무장 해제되었고, 이 과정에서 보유한 모든 장비를 일본군에게 압수당했다. 궁궐에서 압수된 화기만 하더라도 크루프 산포 8문을 비롯하여 야포 30문, 개틀링 기관총 8문, 마우저 소총과 레밍턴 롤링블럭, 마티니 소총을 포함 2,000여 정에 달했다.

이는 궁궐에서만 노획한 물량이었고, 수도 내의 병영을 점령하면서 탈취한 장비들은 더 많았을 것으로 추정한다. 각 병영 및 기기창에 비축한 무기와 탄약류는 조선군이 파기했지만, 파기되지 못한 물자는 일본군에 의하여 빼앗긴 상황이었다. 무장 해제된 조선은 더 이상 이렇다 할 방법을 구상할 수 없게 되었다.

한편 1894년 5월 초부터 청은 조선 내의 상황을 예의주시하고 있었고, 이에 따라 길림, 산동, 만주에서의 군비 상황을 점검하며 동원을 준비하고 있었다. 다만 이는 조선 내에서 청이 가졌던 종주국의 입지를 강화하기 위한 무력 시위의 측면이 강했으며, 일본과의 전면전은 상정하지 않은 상황이었다.

6월 3일, 공식적으로 조선이 차병을 요청하자 청국 정부는 섭지초가 지휘하는 병력이 아산만에 출동했다고 일본 정부에 통보하였다. 섭지초의 부대 3,500명은 대고 일대에 집결한 뒤 6월 7일부터 청 당국이 고용한 기선 3척에 승선하여 다음날인 8일에 전부 아산에 상륙시켰고, 같은 달 25일 400명의 병력을 추가로 증원받았다. 이러한 상황에 대해 일본 정부는 유심히 관측하고 있었다.

본격적으로 청이 군사적 개입을 천명하자 일본 역시 톈진 조약에 따라 한반도에 인접한 모든 함선을 부산과 제물포에 집중시켰다. 청군이 아산에 도착한 바로 다음날인 6월 9일, 이토 중장이 지휘하는 순양함 야마토, 쓰쿠시, 아카기, 마츠시마가 제물포에 출현했고 타카오는 부산에 정박했다. 제물포에 도착한 직후 이토 중장은 순양함 승조원 중 420명을 선발하여 육전대를 구성해 한성으로 진입시켰다.

일본 해군이 다급하게 반응하는 동안 일본 육군 역시 오시마 요시마사 장군이 지휘하는 히로시마의 제5사단 제9 혼성여단 8,000

레밍턴 롤링블럭은 속사 능력으로 청-프 전쟁에서 위력을 보여 조선군도 대량으로 채용했다.

마우저 Gew71는 청군이 자체 생산했으며, 조선에도 수출했다.

독일군이 자체 개발한 Gew88은 무연화약을 사용하고 고정식 탄창을 채택했다. Gew71은 11.15x60mm, Gew88은 7.92x57mm 탄을 사용했다.

레버 액션 방식인 윈체스터 M1873은 헨리-마티니 .44 탄약을 사용하던 M1866을 .44-40 윈체스터 탄에 맞게 개량한 소총이다.

중국은 1881년 15,000정 이상의 윈체스터 호치키스를 미국으로부터 구매했다. 센터파이어 방식을 채택했으며 .45-70 gov't 탄약을 사용했다

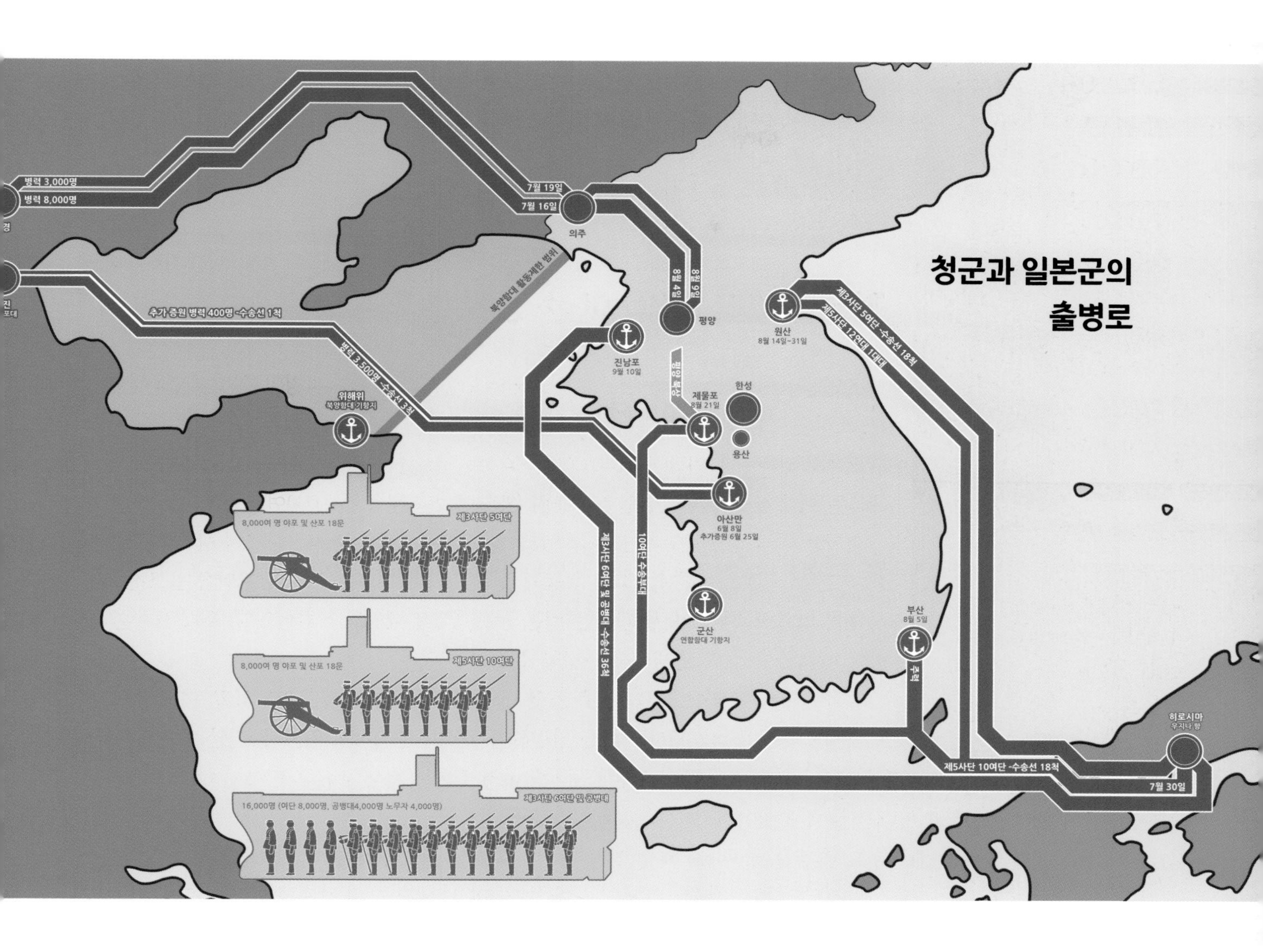

여 명의 병력을 제물포에 투입하기로 했다. 이들은 6월 12일 선발대대가 상륙한 직후 13일 한성에서 해군육전대와 합류했으며 6월 27일까지 4차례에 걸쳐 병력을 모두 상륙할 수 있었다.

양측의 군대가 각각 제물포와 아산에 집결하자 청 정부는 전면전을 회피하려는 모양을 취했다. 그래서 아산에 추가 병력 파견을 보류했으며 7월 초에는 파견한 북양함대 소속 군함 일부를 철수시켰다. 다만 평양에 추가적인 파병부대를 보내 계속해서 사태를 주시하였다. 이는 청 정부가 평화적, 외교적 노력으로 사태를 해결할 수 있다는 의사를 보이는 것과 동시에, 만약 일본과의 전면전이 벌어져 조선의 한성과 제물포를 일본군에게 넘겨준다고 하더라도 1895년 봄에 평양을 중심으로 대규모 공세를 가해 이들을 격퇴할 수 있었다는 판단이 있었기 때문이었다.

7월 16일, 8,000여 명의 청군이 대동강 하류에 상륙했다. 이는 오시마 장군이 지휘하는 제5 혼성여단 전체 병력과 같은 숫자였다. 일본 정부는 즉각적으로 반응했다. 추가 병력을 파견한다면 일본도 대응하겠다고 했으나 청은 일본이 허세를 부린다고 판단해 이를 무시했다.

그렇게 청은 지속해서 병력을 조선에 증원하면서 일본군의 병력 증파를 견제하고 있었다. 이홍장은 애초 17개 영 10,500명의 지상군을 조선에 투입하고자 시도했다. 또한 대동강 하류에 병력을 상륙시킨 직후 6개 영 3,000명을 추가로 증원했다. 이들은 7월 19일 압록강을 건너 평양으로 진입시켰다.

그러나 청군은 직접 전투를 치르는 것은 고려하고 있지 않았다. 청은 어디까지나 외교적인 해결책으로 일본군을 철수시키고자 했으며, 조선에 파병한 부대는 외교적 협상을 위한 일종의 무력 시위에 가

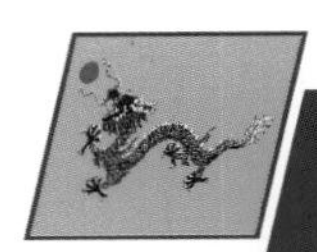

1894년 12월부터 종전까지 청이 도입한 화기류

최소 11만 정

청은 자체적으로 화기를 복제 생산하고 있었지만, 각 지역마다의 장비와 무장도는 천차만별이었다. 집결한 청군은 신식 화기만도 Gew71, Gew88, 마티니-헨리, 레밍턴 롤링블럭, 윈체스터 M1873및 롤링블럭, 만리허 등 8종에 달했으며, 탄종도 각자 달라 그만큼 보급에 부담이 되었다. 또한 전체 병력의 절반 이상은 냉병기나 구식 화기로 무장하고 있었다.

까운 것이었다. 청의 육군은 전반적으로 전투 준비가 미비한 상태였다.

일본 측의 정탐 보고서에 의하면, 조선에 투입할 수 있는 부대는 주로 만주와 북경에서 차출한 병력이 주력이 되어야 했다. 하지만 이들은 청군에서도 가장 열등한 장비로 무장하고 있었으며, 근대식 화기가 태부족한 상태였다.

> 直隷總督은 山海關을 거쳐 조선과 만주로 군대를 증강 출동시키려고 힘쓰고 있지만, 현재 天津에서 제일 큰 곤란은 구식 무기를 갖고 지방에서 징병해 온 사람에게 유용한 무기를 갖게 하는 일이다. 8월말에는 天津과 大沽 부근에 8만 명의 군대를 집합시킬 예정이지만, 그 반은 쓸모없는 화승총 또는 鎗을 갖고 있고 高陞號 사건이래 山海關을 거쳐 조선으로 파송된 군대의 다수는 그 무기가 가장 열등하다. 가장 정예한 군대는 天津·蘆臺 및 山海關에 머무르고 있다.

위의 보고는 풍도 해전 이후 청이 천진-대고 일대에서 8만의 병력을 징집하고자 하였으나, 4만의 병력이 구식 화승식 소총이나 냉병기로 무정하고 있었음을 보여주고 있다. 만주에 소집한 청군은 이보다 더 심각한 상황에 직면해 있었다.

> 요즈음 山海關에 도착한 기선에 타고 있던 한 외국인으로부터의 私信에 의하면 그곳에는 많은 수의 청국군이 있다고 하며 청국인의 말로는 란주州로부터 三屯, 林西로부터 二屯, 기타 開戰初에 奉天·天津 및 塘沽로부터 난잡하게 도래한 자가 거의 2만 명이어서 총계 4만보다 적지 않은 練勇과 新徵兵이 그곳에 주둔하는 모양이며 또한 奉天에는 아직도 2만의 군대가 있다고 한다. 그리고 그것은 4명마다 1명의 비율로 좋은 총을 갖고 있다. 만주군은 윈체스터총을 가지고 있지만 그 탄약의 공급이 부족하다.

봉천에 집결한 청군의 25%만이 신식화기로 무장하고 있으며, 윈체스터 라이플로 무장한 부대조차도 탄약 공급이 원활하지 않아 제대로 싸울 수 없음을 지적하고 있었다. 전반적으로 청군은 전투 준비가 미비했고, 신식화기와 탄약 공급이 제대로 이어지지 않았다.

아산–성환 전투 진행도

1894년 7월 28~29일에 걸쳐 벌어졌으며,
국제적으로는 '성환 전투'(Battle of Seonghwan)로 불린다.
청일전쟁 공식 개전 후의 첫번째 전투이다.

근래 청나라 정부에서 주문한 무기는 제각각 일정치 않고 혹은 수백 또는 수천 또는 수십 정, 이것들은 각 장교가 이번 전쟁 때문에 특별히 주문한 것 같다(실제 전쟁 중의 주문은 아니라고 하겠다). 哥老會와 메이슨 회사(메이슨은 청나라稅關의 雇員이며 작년 봄 漢口에서 병기의 밀수입을 범한 자)는 이 기회를 틈타 바라는 바와 같이 멋대로의 활동을 할 것으로 생각한다.

당시 청군은 다양한 장비로 무장하고 있었다. 상해기기국에서 1873년부터 생산을 시작한 레밍턴 롤링블럭 소총부터 마우저 Gew71 소총, 마티니 소총과 강남기기국에서 만리허 M1888 소총을 무단으로 복제하여 생산한 Kuaili 소총 등이 있었다.

이홍장이 장악한 회군의 경우 5,000정의 윈체스터-호치키스 M1883 소총과 20,000정의 Gew71/84 소총으로 무장하고 있었다. 이외에도 기병대는 윈체스터 및 스펜서 소총을 갖추고 있었으며, 청일전쟁이 시작되면서 무기가 부족해지자 총독들은 급하게 각자의 결정으로 소총들을 구매했다.

이는 기존에도 혼란스러웠던 청군의 병참 상황을 더 악화시켰다. 이미 청일전쟁 이전부터 5종류 이상의 소총을 사용하고 있었으며, 청일전쟁 당시에는 8종류로 증가했다. 이에 따라 각 부대는 탄약 보급으로 골머리를 앓고 있었다. 이홍장이 긴급 구매한 소총만 하더라도 52,000정에 달했으며, 각지의 총독들이 구매한 소총까지 합치면 11만 정 이상에 달했다.

청일전쟁 발발 직후 긴급히 도입한 전체 도입분 중 절반 가량인 57,250정이 독일제 마우저 소총으로 집계되었다. 그다음으로 많이 도입한 소총은 마티니 헨리 소총으로 24,000정 정도였다. 이외에도 윈체스터-호치키스 M1883 소총 1만 정과 오스트리아의 만리허 소총 8,000정 등도 있었다.

동원한 병력의 60%가 냉병기로 무장한 청군에게 있어서 해외에서 긴급 구매한 화기는 큰 도움이 될 수 있었을 것이라 예상하였지만 그것은 착각이었다. 초기 소집된 2~3만 규모의 회군 출신 퇴역 병사들은 구식 단발 소총에 익숙했고, 이 때문에 당시 최신형 연발 소총이었던 Gew88 등을 제대로 활용하지 못했다. 다른 신병들 역시 대부분 문맹이었던 관계로 총기에 대한 교육을 제대로 받지 못해 비슷한 문제를 일으키고 있었다.

일본군이 상비 부대는 무라타 13년식을, 후비 부대는 스나이더-엔필드로 통일한 것과는 비교되는 점이었으며, 이후 전쟁에서도 많은 영향을 끼쳤다.

청나라 장교 중에는 구형인 圓筒口入式銃(브라운 베스 머스킷을 의미함)을 더욱 좋아하는 자가 적지 않다고 한다. 그 이유는 堅牢하고 또 청국제 화약과 철조각을 탄환으로 하여 총구로부터 채우는데 편리할 뿐만 아니라 불의의 굉발이나 총통파열의 염려가 없기 때문이다. 나는 또 각종의 三叉戟鎗·戟·鈎竿과 유사한 양날의 刀劍, 자물쇠 달린 圓形頭鐵棒같은 무기까지도 목격하였다. 생각하건대 농민도 이와 같은 구식을 지키는 군대는 신용하지 않을 것 같다. 근래 각 마을의 쇠대장 등은 백성의 踈樹刀를 刀劍으로 개조하거나 또는 馬鞋를 창으로 打製하기 위하여 매우 바쁘다고 한다.

외국에서 도입한 총기가 들어오기 전에는 임시방책으로 병참 문제를 해결하기 위하여 구식 머스킷 소총인 브라운 베스와 냉병기를 지급하기로 한 적도 있었다. 브라운 베스 머스킷은 품질이 낮은 청국제 화약과 금속 부품으로도 어떻게든 사격할 수 있었기 때문에 부족한 화기를 보충하는 형태로 운용되었다. 그나마도 부족한 지역은 적충노, 즉 쇠뇌와 같은 장비들로 이를 보충해야만 했다. 그러나 이미 근대식 전쟁에서 이러한 장비는 사장된 지 오래였다.

결론적으로 청의 육군은 일본 육군에 맞설 만한 상태가 전혀 아니었다. 그렇기에 이홍장은 더더욱 외교적 해결에 주력했으나, 일본은 이미 1889년부터 청과의 일전을 준비해 왔기에 이번 기회를 놓치려 하지 않았고, 이홍장의 노력에도 불구하고 결국 전쟁으로 치닫게 되었다.

이미 아산만에 3,500여 명의 청군이 주둔한 상태에서 일본군은 남북으로 협공당할 위기에 처해있었다. 경복궁 쿠데타로 조선군이 청군과 협조할 수 있는 고리를 끊은 일본군은 이를 각개격파하고자 했

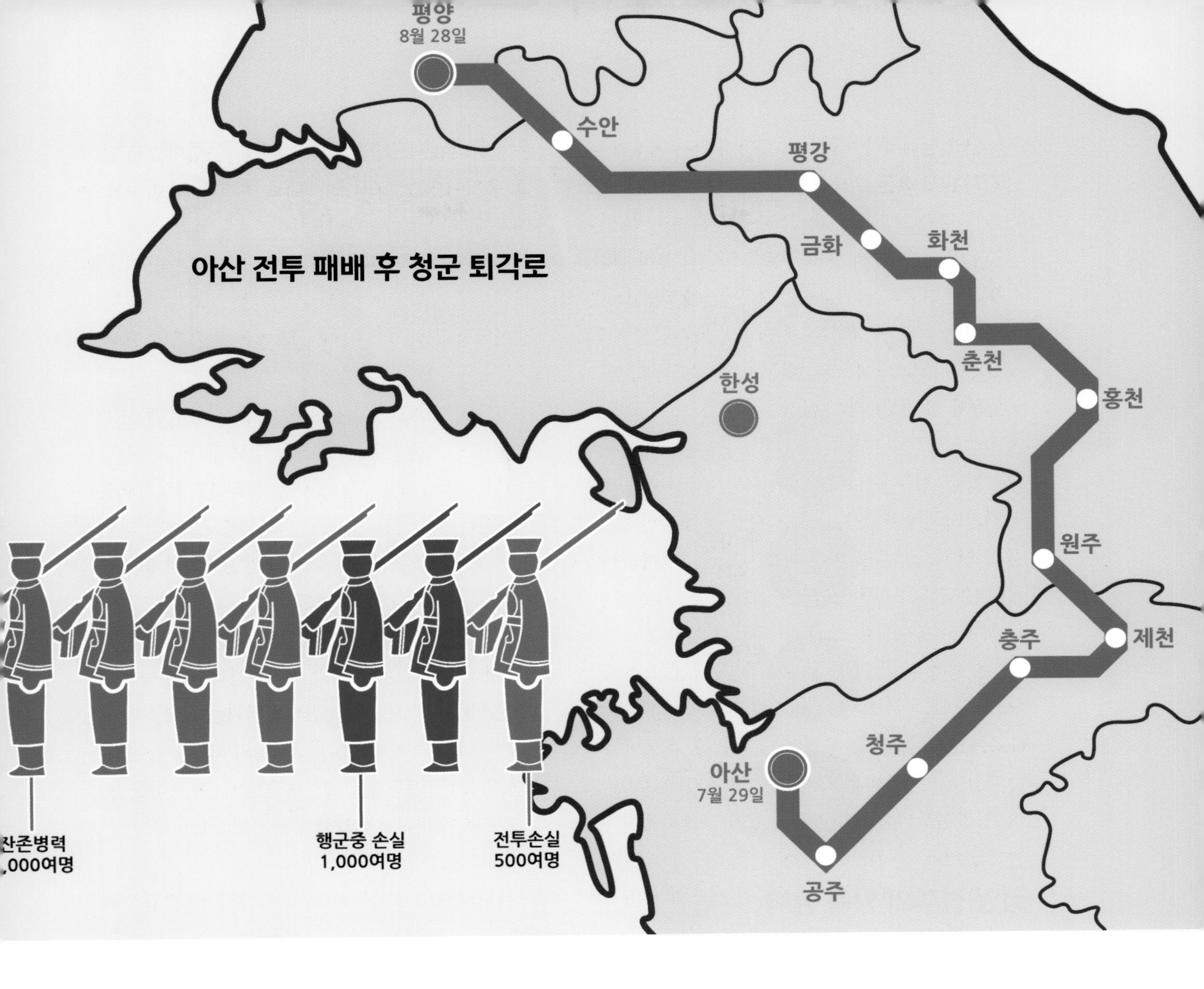

다. 그러나 군수보급 역량이 모자랐던 일본군은 조선에서 필요한 물자를 알아서 충당해야 하는 상황에 직면했다.

하지만 쿠데타로 인해 전반적으로 조선의 대일 감정은 매우 나빠진 상태였고, 오히려 청군의 지원이 오기를 기다리고 있었다. 조선의 지방관리들은 일본군의 협조에 거부하거나 혹은 미온적으로 대하며 방해했고, 민간인들 역시 일본군의 물자를 수송하는 것에 대해 협조하기를 거부했다.

이에 따라 일본군은 강제로 한성 내에서 물자, 특히 수송용 우마를 대거 징발하는 한편, 혼성여단 주력을 아산-성환 방면으로 남하시키도록 하였다. 일본군은 먼저 아산만에 집결한 청군을 제압하고자 하였다.

7월 25일, 아산만의 풍도에서 청군 병력을 수송하던 함대를 일본 해군이 공격하면서 청일전쟁이 본격적으로 시작되었고, 며칠 뒤인 28일 아산-성환 일대에서 양측 군대가 격돌했다. 애초 아산-성환 방면의 청군은 다고에서 지상군을 추가로 증원받아야만 했으나, 고승호를 비롯한 수송선단이 파괴되면서 부족한 병력으로 일본군 혼성여단의 공세를 방어해야 했다.

이때 청군은 만주에 주둔한 성경군과 북경에 주둔한 부대를 합해 1,400명의 병력과 12문의 야포, 그리고 포병대를 지휘할 독일 군사고문 등을 아산 방면으로 증원하려고 시도했었다. 하지만 이 병력은 풍도 해전에서 사실상 궤멸했다.

풍도 해전으로 인해 아산만의 청군은 제해권을 상실하면서 아산을 포기하고 방어에 유리한 성환으로 이동했다. 강과 늪이 산재한 개활지인데다가, 청군이 방어하기 좋은 월봉산을 중심으로 일본군의 접근을 충분히 감제할 수 있다고 판단하고 있었다. 게

평양 전투의 양측 병력 조선군은 양측 모두에 참여하고 있었다. 도성에서 일본군과 맞붙었다 후퇴한 친군서영 중심의 평양병은 청군을, 일본의 통제하에 떨어진 한성의 조선군은 일본군을 지원했다.

다가 유사시 성환에서 천안을 통해 탈출할 수 있는 통로도 있었다.

하지만 유사시를 위해서는 공주 역시 통제해야 했다. 결국 청군은 부족한 병력을 다시 나누어야 했다. 공주에는 섭지초가 지휘하는 1,000여 명의 병력이, 성환에는 섭사성이 지휘하는 2,000여 명의 병력이 주둔하고 있었다. 이들을 상대하는 일본군은 약 4,000여 명 규모였다.

일본군은 섭사성이 지휘하는 성환 방면 청군을 목표로 공세를 시작했다. 가장 먼저 척후를 파견해 청군의 병력 규모와 전투대열을 파악한 뒤, 28일 오후 11시 30분을 기해 야간공세를 감행하였다. 본격적으로 양측이 교전을 시작한 것은 새벽 3시 45분 즈음의 일이었다.

일본군 우익의 1개 대대가 새벽 2시, 소사역에서 출발해 성환으로 향하는 도로로 진격했다. 이 진격로는 청군이 미리 예상하던 지점이었으며, 이에 따라 청군 2개 대대 규모의 부대가 방어선을 치고 일본군의 접근을 저지하면서 전투가 벌어졌다. 고정된 방어선을 유지하던 청군과는 달리, 일본군은 산병전을 감행하며 청군 방어선의 측방을 강타했다.

약 1시간 뒤인 새벽 4시 45분, 일본군 3개 중대가 일제히 청군 방어선 좌익을 향해 집중 공세를 퍼부어 청군을 격퇴했다. 한편 일본군 좌익은 이보다 조금 늦은 새벽 5시 20분에 전투를 치렀다. 전반적으로 경직된 방어를 수행하던 청군에 비해, 유연한 기동전을 감행한 일본군은 전선을 계속해서 압도했다.

이렇듯 일본군 우익이 조공을 가하며 시선을 끄는 사이, 혼성여단장 오시마 소장이 지휘하는 본대가 좌익을 구성해 청군을 기만했다. 청군이 일본군 우익을 상대하는 동안, 일본군 혼성여단은 청군 주

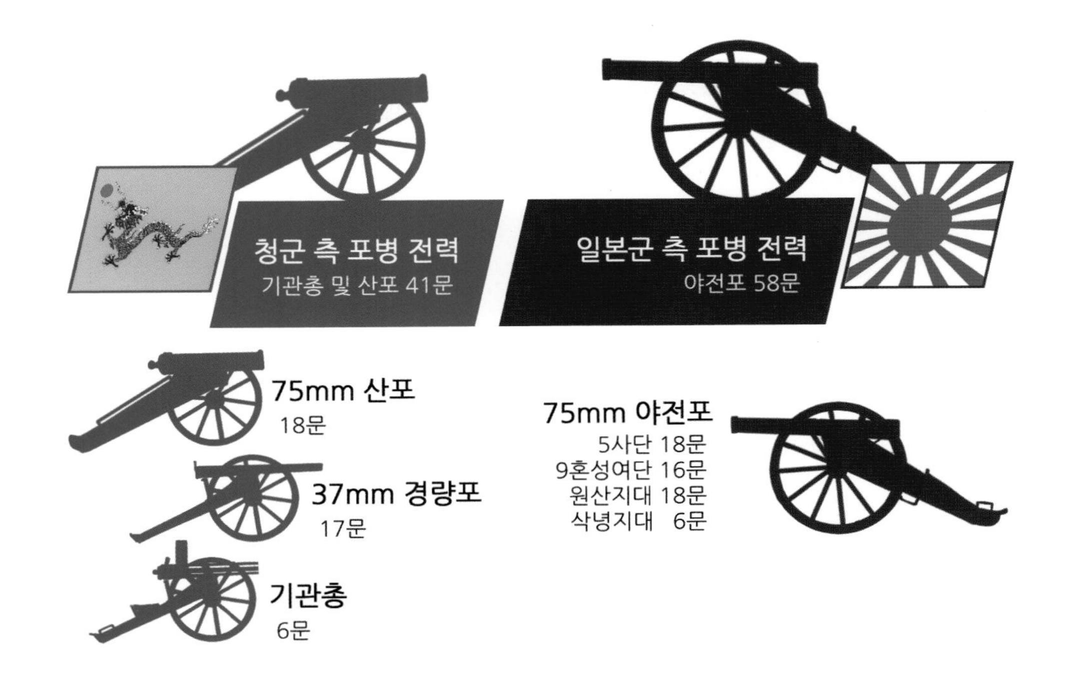

평양 전투에서 청군과 일본군의 포병 전력

력부대가 있던 월봉산의 북동부에 육박했다.

양측의 포병 전투도 치열했으나, 승부를 가른 것은 숙련도의 차이였다. 청일 양측의 포병은 일본군이 청동 산포 8문, 청군이 크루프 야포 6~8문을 보유하고 있어 거의 비슷한 전력을 갖추고 있었다. 하지만 일본군이 유산탄 등으로 곡사포격을 가해 청군의 진형을 강타하는 사이, 청군은 훈련이 부족했기에 직사 사격으로 노출된 일본군 보병대열을 타격하는 데 집중했다.

일본군 포병대의 포술 실력은 청군에 비해 우세했고, 그것이 포병 전투의 결과를 갈랐다. 이러한 문제 때문에 고승호에 추가 포병 전력과 함께 이들을 지휘할 독일인 군사고문인 포병 소령 하네켄을 파견한 것이었지만 이들이 도착하지 못한 것은 포병 전투의 결과를 갈라 버렸다. 청군의 포병대는 필사적으로 일본군 포병을 제압하기 위해 포대를 이동시켜 직사 포격을 감행해 위협했지만 그것뿐이었다. 일본군 포병대가 정확한 사격으로 청군을 제압하는 동안, 보병대가 진격해 월봉산의 좌우익을 협공했다.

고지대에 의지해서 방어전을 감행하던 청군은 병력 및 화력 열세, 그리고 측방이 닫힌다는 공포에 질려 공주 방면으로 후퇴해 버렸다. 이 전투에서 일본군은 장교 6명을 포함해 88명의 전사자를 낸 것에 비해, 청군은 500여 명의 사상자를 냈다. 28일에서 29일까지 벌어진 첫 지상전에서 일본군은 청군을 상대로 완승을 거뒀다.

한편 패배한 청군은 매우 어려운 철수로를 선택해야만 했다. 평양에 주둔한 좌보귀의 부대와 합류하기 위해 청주-충주-제천-원주-홍천-춘천-화천-금화-평강-수안을 거쳐 8월 한 달 동안 무려 1천 여 리에 달하는 거리를 강행군해야 했다.

설상가상으로 치중부대와 보급품을 실은 마차들을 여름 장마로 인하여 대부분 상실한 상태였다. 장마로 인해 길이 유실되어 포기하거나, 혹은 강을 건너다가 불어난 물에 마차와 보급품이 유실되는 등으로 물자 대부분을 공주-청주를 지나갈 때 상실해 버렸다.

결국 이 과정에서 청군은 무더운 여름 기후와 열악한 보급으로 인해 상당한 비전투손실을 겪어야만 했다. 사상자 대부분은 배탈과 설사로 인한 질병으로 발생했다. 퇴각하면서 현지의 조선인들에게 물자를 공급받고자 했으나 이 또한 쉽지 않았다. 군기가 이완된 청군은 닥치는 대로 농가에서 농작물을 훔치거나 심지어 상한 음식물도 먹고, 야생에서 자라는 버섯 등을 따먹었는데, 이로 인한 질병이 더더욱 심각하게 철수하는 청군을 강타했다.

성환에서 발생한 병력 손실이 500여 명가량이었던 것에 비해, 평양으로 후퇴하면서 한 달간 발생한 비전투손실은 1,000여 명에 달했다. 간신히 평양에 도착했을 때 남은 청군 병력은 2,000여 명 미만이었다. 성환에서 참패한 청군은 이제 평양에서 일본군의 북상을 저지해야 했다.

평양 전투

7월 29일 아산-성환 전투에서 청군이 패배한 이후, 8월 1일 청일 양국은 선전포고를 선언했다. 9월 16일 평양 전투 이전까지 양측은 병력을 집결시키며 전투를 준비했다. 일본군은 계속해서 북상하면서 조선 정부를 압박, 조일 맹약을 강요하여 조선 내의 주요 전략시설과 군사시설을 장악하였다. 한성-부산, 한성-제물포로 이어지는 철도부설권과 군용전신선의 관할권이 일본에 넘어갔고, 이어 일본군의 작전상 필요한 편의를 조선 정부가 제공할 의무까지 있었다.

이러한 문제는 일본군의 미비한 보급 문제를 조선이 모두 떠안아야 함을 의미하기도 하였다. 일본군은 문서상 보급 계획을 모두 갖추고 있었으나, 실제 조선에서는 그것이 제대로 운영되지 않았다. 이에 따라 조선에 진주한 일본군 제9 혼성여단을 비롯하여 제5사단 등은 조선 내에서 사용할 수 있는 모

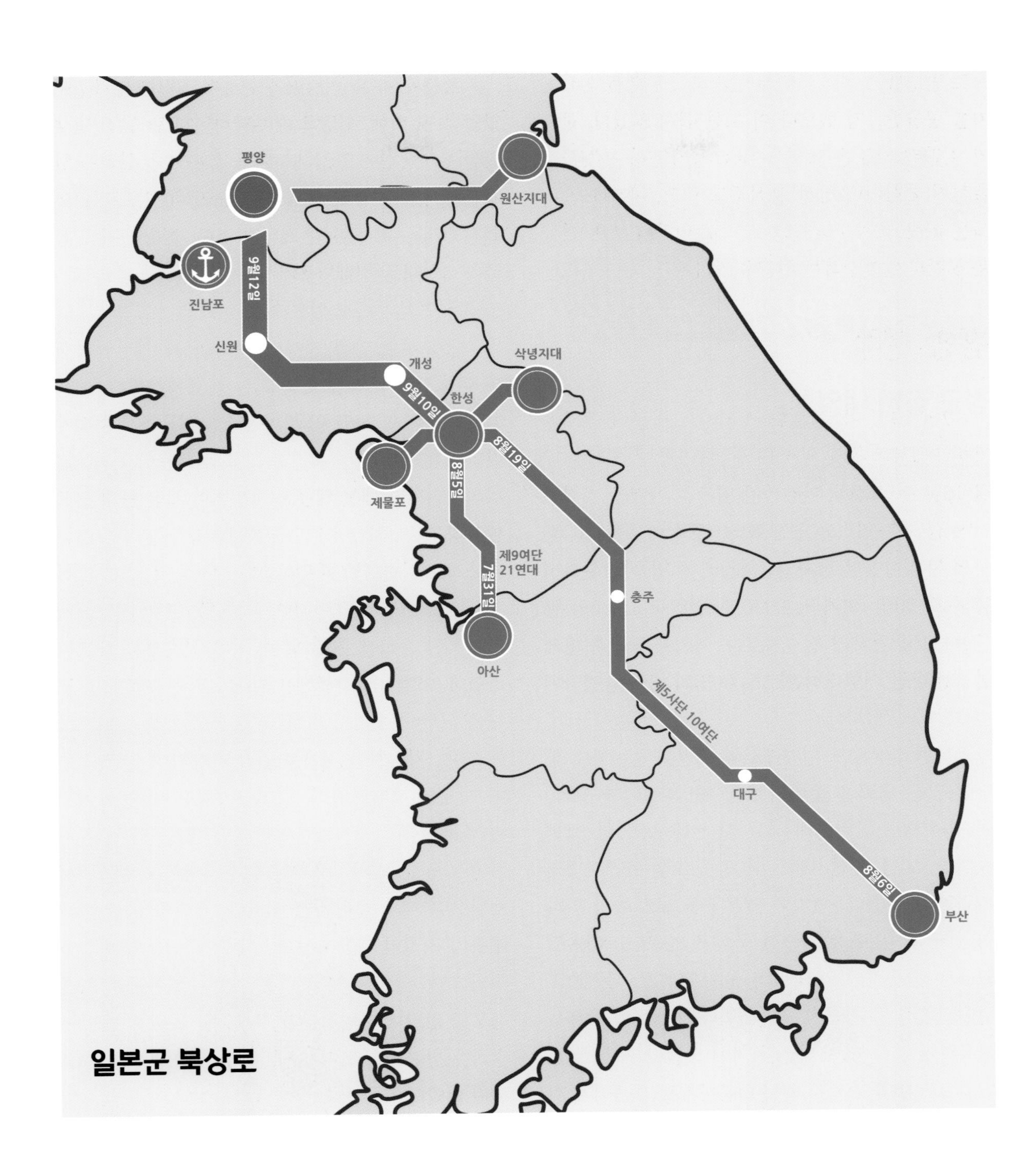

든 기선과 우마를 징발해 이를 해결하고자 하였다.

9월 16일 이전까지, 일본군은 조선 내의 물자들을 동원하는 데 주력했다. 일본군의 병참 체계는 생각 이상으로 빈약했다. 한 예시로, 일본군 선발부대가 평양 인근까지 진출했으나 제대로 군량을 보급받지 못해 멋대로 조선의 민가에서 쌀을 징발하여 해결하는 등의 일이 비일비재했다. 이러한 것은 거의 약탈에 가까운 행위였으나, 일본군은 징발로 이를 포장했다.

일이 이렇다 보니 조선의 지방관리 및 민중들은 일본군에 협력하기를 거부했다. 특히 북쪽으로 갈수록 그러한 경향은 더더욱 심해졌다. 평안감사 민병석은 고종의 명령에 따라 청군에 적극적으로 협조했다. 때마침 경복궁 쿠데타 당시 한성 방어에 실패하고 임지로 돌아온 민영순의 친군서영 부대가 복귀하자 여기에 속한 3,000여 명의 병력을 지휘해 청군에 합세했다.

방어를 위해 청군은 7월과 8월에 거쳐 계속해

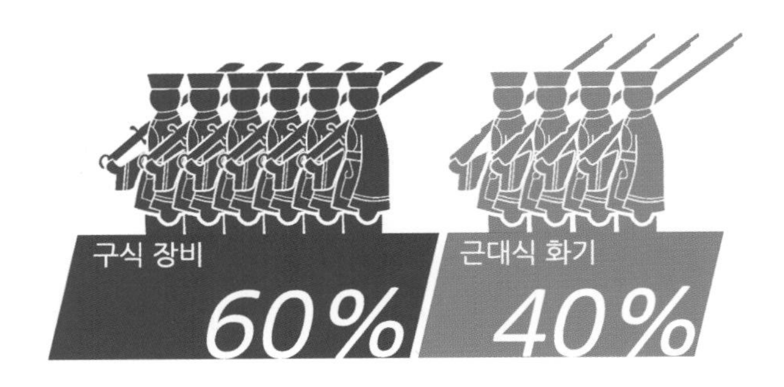

청군 장비 내역

청일전쟁을 앞두고 청은 신식 소총을 대량으로 구매했으나 구식 화기가 청군 전체 보유 장비의 60%에 달했다.

서 평양으로 병력을 증원했다. 특히 이들은 회(淮)군의 주력이었던 성자영군 6,000여 명을 비롯하여 봉군 3,500명, 의자군 2,000명, 단련군 1,500명 등 13,000명의 군대를 집결시켰다. 여기에 청군과 합세한 조선군을 더한다면 약 16,000명의 병력을 평양에 집결할 수 있었다.

한편 일본군도 평양에서의 회전을 준비하며 상당히 많은 병력을 준비시켰다. 제9혼성여단 5,540여 명의 병력을 비롯해 제5사단 본대 3,100명, 삭녕지대 2,160명, 원산지대 3,640명을 포함 16,740명의 병력을 준비했다. 여기에 일본군을 보조하기 위하여 친군장위영에서 차출한 조선군 200명도 배속되었다. 이렇듯 양측의 병력 비율은 1대1로 비슷했고, 방어의 입장인 청군이 평양성이라는 천혜의 요새를 활용하여 조금 더 유리한 위치에 있었다. 또한 현지민인 조선인들의 지지 역시 청군에게로 기울어 있던 상태였다.

다만 일본군은 청군을 압도할 정도의 화력을 갖추고 있었다. 평양의 청군은 총 35문의 포병 전력을 갖췄으나, 이 중 18문만이 주력인 75mm 야포였다. 나머지 17문은 37mm 급의 경량포들로 구성되어 있었다. 반면 일본군은 제9 혼성여단 하나만 하더라도 75mm급 야포 16문을 보유했으며, 5사단 18문, 원산지대 18문, 삭녕지대 6문 총 58문을 갖추고 있었다. 일본군 포병은 청군이 보유한 전체 화포의 2배, 75mm급 주력 야포 숫자로는 3.6배 이상을 보유함으로서 화력에서 완전히 압도하고 있었다.

청군 역시 포병 전력을 확충하고자 했으나 쉽지 않았다. 초기에 조선에 배치된 청군은 비교적 경무장한 동학농민군을 상대하거나 혹은 경찰 업무를 할 것을 상정하여 주력 대포인 75mm급 야전포 및 산포 대신 37mm 경량포 및 개틀링 등을 주로 선적해 왔었다. 이 때문에 일본군에 비해 포병 전력에서 크게 열세를 면치 못하고 있었다.

급하게 평양성 전투에 참가한 좌보귀가 본국의 이홍장에게 직접 포병 지원을 요청하였다. 그는 75mm급 야포 20문 및 탄약 4,000발을 즉시 지원해 달라고 요청했고, 이홍장은 이를 수락했으나 전투가 벌어지는 시점에서 해당 장비들은 천진에 발이 묶여 있었다. 풍도 해전 이후 북양함대의 활동이 완전히 소극적으로 변했기 때문이었다.

규모의 열세를 인지한 일본군은 초반 전투에서 압도적인 승리를 거둔 뒤, 평양에서 승부를 내고자 하였다. 이에 따라 7월에는 황해도로 진출해 평양 공략을 위한 전초기지 확보 및 통신선 개설을 시도하는 한편, 지속적인 정찰 작전을 감행하며 청군의 방어 태세를 시험하였다. 그러나 7월 10일 중화에서 양측 정찰대가 격돌했을 때 '한민(韓民)'의 거센 저항에 직면했고, 마치구치 중위 등 7명이 사망하면서 정찰은 실패로 돌아가게 되었다. 게다가 아산 전투 때부터 지적되었던 조선 지방관과 주민들의 비협조적인 태도 역시 문제로 지적되었다. 일본군은 조선 정부를 압박해 지방정부가 자신들을 돕도록 했으나, 정작 지방관들은 임지를 탈주하는 등으로 협조에 응하지 않았다.

결국 8월 2일 북진을 개시한 제5사단은 네 가지 문제로 고통받아야만 했다. 가장 큰 문제는 군량미 부족 문제였다. 일본군의 군량 보급은 매우 아슬아슬한 수준으로 맞춰지고 있었으며, 조선 내의 미비한 교통망은 이러한 문제를 더욱 심화시켰다. 이에 더하여 8월 조선의 무더운 날씨는 북상하는 일본군을 지독하게 괴롭혔다. 그래도 7월 27일, 일본군 제3사단 18연대가 원산항에 증원되어 5사단을 지원했으며 제9 혼성여단 역시 북상하기 시작했다.

평양을 포위한 일본군은 각 부대를 나누어 진격을 시도했다. 제5사단은 대동강을 건너 평양 서부

평양 전투 진행도

1894년 9월 15일~9월 16일에 걸쳐 진행된 전투로서, 평양성을 둘러싼 공성전의 형식으로 전개되었다.

를, 제9 혼성여단은 황주-중화 방면을 돌파하여 평양 전면을, 삭녕지대는 신계-수안-강동으로 이어지는 평양 동부를 목표로 했으며, 원산지대는 양덕-성천 방면을 통해 평양 북부 축선을 노렸다.

이에 맞선 청군은 회군 정예인 성자영군을 모란봉-을밀대 방어에 투입했고, 보통문-칠성문 일대는 봉군이, 중성 내부는 단련군이, 외성은 의자영군이 전담하여 방어하고 있었다. 일본군이 북상하는 동안 청군은 미리 모란봉과 을밀대 일대를 평안감사 민병석의 지원을 받아 강화해 둔 상태였다.

9월 12일부터 일본군은 평양을 포위하듯이 기동했고, 그 과정에서 소규모 전투들이 벌어졌다. 청군은 일본군의 포위 기동을 저지하고자 했으나 비교적 소수인 병력으로 대응하는 바람에 일본군의 공세에 밀려났다. 12일부터 14일까지 양측은 포격전을 감행했다.

그러나 14일부터 청군은 심각한 문제에 봉착했다. 12~14일간 벌어진 소규모 전투로 인하여 탄약 보급 현황이 악화되었기 때문이다. 이에 성환에서 철수하여 청군을 통합지휘하게 된 섭지초는 평양을 포기하고 후퇴할 것을 건의했다. 섭지초는 당시 직례제독으로, 염군과의 전쟁 중 전공을 세운 지휘관이었다.

청군은 탄약이 심각하게 고갈된 상태였다. 실제로 성자영군의 군수업무를 담당하였던 구봉지의 보고서에 의하면, 75mm 포탄 1,200발, 37mm 포탄 1,200발, 개틀링 기관총 탄약 5만 발, 윈체스터-호치키스 M1883 소총탄 45만 발, 윈체스터 라이플 탄약 5만 발을 평양으로 보급하였다. 이는 평양성 방어 임무를 맡은 16,000명의 청군이 모두 사용하기에는 너무나도 모자란 양이었다.

이미 청군은 12일부터 14일까지 일본군과의 전투로 인해 적지 않은 물량의 탄약을 소진한 상태였다고 볼 수 있었다. 이를 보급해 줘야 할 북양함대, 그리고 수송대는 이미 해전에서 패배하여 도움을 줄 수 없었고 육상 보급 역시 난항을 겪고 있었다. 청군 자체도 탄약이 부족하여 상해에서 긴급히 구매를 시도하고 있었던 상황이었기에 당장 전선에서 필요한 탄약을 보충할 수 없었다. 이러한 문제로 14일부터 섭지초는 탄약 부족을 이유로 후퇴할 것을 건의했으나, 같은 지휘서열에 있었던 마옥곤 등 다른 지휘관들은 이를 거부했다.

결국 15일 새벽 3시 30분, 일본군 혼성 제9여단이 본격적인 총공세를 가하면서 평양 전투는 절정에 다다랐다. 물론 청군의 저항은 매우 격렬했다. 일본군은 아산-성환 전투와 마찬가지로 청군에게 정확한 포격을 가해 피해를 준다면 쉽게 후퇴할 것으로 예측했으나 이는 빗나갔다.

마옥곤이 지휘하는 의자영군은 선교리에서, 좌보귀가 지휘하는 봉군은 현무문에서 일본군을 저지했다. 청군은 가용한 화력을 총동원해 평지에서 진입하는 일본군에게 상당한 피해를 주었다. 일본군 보병들은 청군의 방어진지를 돌파하다가 계속 실패했다. 비록 모란봉과 을밀대의 청군이 방어전에서 패배해 궤멸하는 등의 피해가 있었지만, 전반적으로 평양성에 의지하여 지형지물을 활용하던 청군의 상황은 그렇게까지 비관적이지는 않았다.

하지만 탄약 문제가 이들을 또다시 괴롭혔다. 15일 정오를 기해 평양성의 청군은 가용한 탄약 대부분을 소진했다. 청군 포병대는 예비탄약까지 모두 소모했으며, 개틀링 기관총 탄약은 117발 밖에 남지 않았다. 개인화기 탄약도 비슷한 상황이었다. 전투 이후 일본군이 노획한 각종 포탄이 725발, 개인화기 탄약이 10만 발이었다는 점을 볼 때, 굉장히 심각한 탄약 부족 문제가 있었음을 시사한다. 만약 천진에 있는 20문의 야전포 및 4,000발의 탄약이 제공됐다면 상황이 개선되었을지도 몰랐으나, 그들은 오지 않았다.

일본군 역시 사정은 비슷했으나, 청군보다 조금 나은 형편이었다. 아직 2일치 탄약과 식량이 남아 있었기 때문이었다. 그럼에도 새벽부터 시작된 전투가 정오까지 이어졌고, 큰비가 내리기 시작하자 일본군도 더 이상 공세를 지속하기가 어려워졌다. 그러나 오후 3시, 탄약이 고갈된 청군은 더 이상 평양을 지탱하기가 힘들어졌다. 게다가 가장 적극적으로 방어전을 지휘하던 봉군 지휘관 좌보귀마저 최후 돌격 과정에서 전사했다. 결국 회의 끝에 청군은 백기를 걸어 두고 오후 7시를 기해 후퇴할 준비를 했으나 매복한 일본군에 의해 학살에 가까운 피해를 입었다.

이때까지만 하더라도 전투 자체로 인한 사상자는 일본군이 청군보다도 더 심했다. 일본군은 장교 36명을 포함해 전사 180명, 부상 506명, 실종 12명을 냈으나 청군은 이보다 적었다. 하지만 철수 과정에서 당한 매복 공격으로 15일 밤에만 1,500명이 전사하고 701명이 포로로 잡혔다.

전쟁 직전 청과 일본 해군의 이야기들

청일 양국의 해군은 기본적으로 외세의 침략을 막을 수 있는 해방(海防)의 목적을 두고서 탄생했다. 먼저 청의 해군은 아편 전쟁 이후 이뤄진 근대식 해군 편성에 대한 논의를 바탕으로, 1866년 당시 민절총독이었던 좌종당이 복건성의 마미에 조선소를 세우면서 명맥이 시작되었다. 복건선정국과 해군 선정학당은 청의 근대식 해군의 맹아가 되었다.

그러나 청은 해군력 증강에만 온전히 모든 힘을 쏟을 수 없었다. 1871년~1873년 사이 신강 일대에서 벌어진 회족 반란으로 인해 대규모 원정군을 편성해야 했으며 러시아의 남하로 인하여 지상 전력에 많은 신경을 써야 했다. 이에 따라 해군력 증강에 대한 관심이 줄었다. 그러나 이러한 분위기는 오래 가지 않았다. 1874년 일본의 대만 침공이 다시 해군력에 대한 정비를 끌어냈다. 이때 영국제 순양함인 초용과 양위를 구매하는 등 전력을 증강했지만, 시간이 지나면서 이들을 뛰어넘는 성능의 함선들이 계속 나오고 있었다. 특히 청 해군은 방호능력이 떨어지고 어뢰정을 탑재할 수 없는 이 순양함들의 성능에 불만을 품고 있었다.

게다가 1879년 류큐 왕국을 일본이 강제 병탄하여 오키나와 현으로 삼으면서 더욱 위기감이 고조되었다. 이 시기 일본은 철갑함 3척, 후소와 가데츠, 류조를 운용하며 청의 복건선정국 함선들을 압도하고 있었다. 또, 베트남을 두고 프랑스와 벌인 전쟁에서 청의 남양수사가 프랑스 동양함대에게 궤멸당하는 일도 벌어졌다. 이러한 해상전력의 열세를 만회하기 위해 청은 새로운 함선 발주처를 찾아야만 했다. 게다가 궤멸된 남양수사를 대신하여 청의 해군력의 주축이 된 북양해군의 전력 강화는 필요했고, 독일이 여기에 응했다.

당초 이홍장은 영국제 장갑함 2척을 구매하고자 했으나 첫 번째 시도는 러시아에 해당 선박들이 넘어갈 것을 우려한 영국 정부의 반대로 무산되었고, 두 번째는 성능 및 가격 문제로 청이 거부했다.

1877년, 청의 유학생 중 한 명인 유보섬은 독일의 불칸 조선소에서 신형 장갑함 작센의 진수식을 관람하고 이를 이홍장에게 보고하였으며 3년 뒤인 1880년, 마침내 청은 작센급의 개량형 장갑순양함 2척과 어뢰정 10척을 독일로부터 구매하기로 결정하였다. 장갑순양함 2척의 대금은 620만 마르크, 은으로 환상하면 무려 300만 냥에 달하는 금액이었다.

1881년 12월과 1882년 11월에 각각 정원과 진원이 건조되었으며 1885년 11월 북양해군에 본격적으로 편입되었다. 이는 당시 동아시아 해군 균형을 완전히 깨뜨릴 수 있는 것이었다. 배수량 7,335톤과 305mm 2연장 포탑, 그리고 두꺼운 장갑은 기존의 일본 해군 함선으로 상대가 어려웠다.

정원과 진원 구매에 발맞춰 신형 순양함 구매도 이루어졌다. 1882년 방호순양함 제원의 구매 계약이, 이후 독일과 영국에서 각각 2척씩 경원, 내원, 치원, 정원 총 4척의 방호순양함 구매가 성사됐다.

이러한 청의 해군력 증강으로 인해 일본은 엄청난 충격을 받게 된다. 일본은 1874년 영국에서 최초의 장갑함 후소를 발주하였고, 대만 침공을 통해 일시적으로 청에 대한 해상 우위를 점했지만, 정원과 진원이 1885년부터 본격적으로 북양해군에 소속되면서 균형추가 크게 기울기 시작했다. 1886년 정원과 진원, 양위, 위원, 초용, 제원 등 6척의 소함대가 나가사키에 입항한 사건이 가장 직접적인 충격을 주었다.

당시 나가사키에 상륙한 청 수병들은 유곽 일대에서 폭력 사태를 일으키면서 일본 경찰과 시민들이 대거 합세해 일련의 대규모 유혈사태로 이어졌다. 일본 측은 2명의 사망자와 부상자 29명, 청 측은 8명의 사망자와 부상자 42명을 내면서 분위기가 급속도로 냉랭해지기 시작했다. 이러한 상황에서 아시아 최강이라고 자부하는 정원과 진원의 압력은 일본에 심각한 해군력의 열세를 자각하도록 만들었다.

1891년과 1892년 2차례에 걸친 북양해군의 공식적인 일본 방문 역시 마찬가지였다. 이때는 1886년과 달리 우호적인 분위기에서 만남이 진행되었지만, 앞으로 일본 해군이 어떠한 대응을 해야 하는가에 대한 중요한 결정을 내리는 순간이기도 하였다.

일본은 1883년 해군 계획에서 대형함 5척, 중형함 8척, 소형함 12척 등 총 32척의 함선을 확보하기로 하였다. 이에 영국제 방호순양함 나니와와 다카치호, 프랑스제 방호순양함 우네비 등을 구매했다. 이 중 사고로 침몰한 우네비를 제외하면 1886년까지 목표로 한 신형 함선들을 대부분 확보할 수 있었다.

그러나 여전히 북양해군과의 격차는 줄어들지 않았다. 오히려 북양해군이 발주한 영국제, 독일제 신형 순양함들이 유입되면서 차이가 벌어지고 있었고 이에 대한 공포는 상당했다. 그러나 예산이 한정된 상황에서 청의 북양함대에 맞서기는 쉽지 않았다. 일본 정부는 1880년대 초중반, 주(酒)세와 연초(煙草)세의 인상으로 간신히 재정적인 균형을 유지하고 있었다.

정상적인 일반 세입으로는 감당이 어렵게 되자, 일본은 1,700만엔 상당의 해군 공채를 발행해 제1차 해군확장계획을 추진하게 되었다. 공채 발행으로 자금을 확보하고, 정원과 진원을 상대할 수 있는 마츠시마, 하시다테, 이츠쿠시마 등 3척의 방호순양함을 건조하게 되었다.

그러나 이는 임시방편이었다. 설계면에서 전혀 새로움이 없었을뿐더러 정원과 진원 배수량의 절반이 조금 넘는 4,200톤급의 순양함들에 320mm급의 대형 함포를 얹어서 상대하겠다는 의도였다. 그러나 작은 선체에 무리해서 선적한 대형 함포는 함의 운용에 많은 지장을 주었을뿐더러, 체급상 방호순양함의 한계를 벗어날 수 없었다. 본격적인 장갑순양함인 정원과 진원에 비해 얇은 장갑은 취약한 생존성을 부각시켰다. 실제로 이후 해전에서 마츠시마가 입은 치명적인 손상이 여기서 기인한 것이었다.

다시 돌아와서, 이 시점까지 3척의 방호순양함을 포함해 22척의 함선을 확보한 일본 해군은 1889년부터 5개년에 걸친 46척 단위의 대규모 건함사업을 추진했다. 그러나 이는 매우 절망적이었는데, 고작 5척의 함선만을 건조할 수 있는 예산이 집행되었을 뿐이었다. 90년, 91년에 걸쳐 새로운 해군 건함사

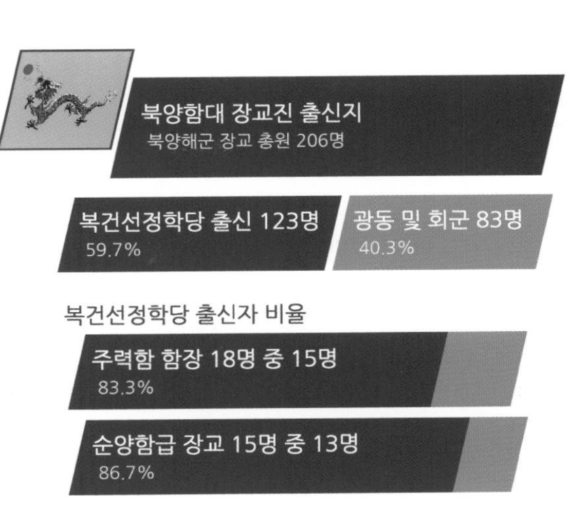

업을 제안했으나 모두 부결당했으며 북양해군의 정원과 진원을 상대할 수 있는 함선 확보는 어려워지고 있었다.

또 다른 일본 해군의 문제점이라면 무연탄 수급이었다. 근대적인 해군의 동력은 바로 석탄이었고, 질 좋은 무연탄은 그만큼 함대의 기동력과 생존성에 많은 영향을 미쳤다. 초기 일본 해군은 비교적 작은 규모였기에 석탄 공급이 충분했다. 그러나 청의 해군력에 맞서 덩치를 불려 나가면서 이러한 공급망이 점차 부족해지기 시작했다.

이에 1886년부터 석탄 매장지에 대한 전국적인 조사가 이어졌고, 이 중 40여 개소를 발견했으나 문제는 대부분이 역청탄 매장지였다는 점이었다. 그나마도 전시를 대비해 아껴 두어야 했으며, 물량도 일일 소비량의 60%만을 충당할 정도였다. 여기서 일본 내 탄광의 탄종이 역청탄이라는 점은 당시 해군에게 심각한 문제를 안겨 주었다. 저질의 역청탄들은 연소할 때 막대한 양의 검은 연기를 냈는데, 이는 곧 적이 더 빠르게 식별할 수 있다는 문제와 열효율이 낮아 함대 기동력이 크게 저하된다는 문제를 가져왔다. 물론 코크스 형태로 만들어서 사용한다면 역청탄으로도 효과적인 동력을 낼 수 있었으나 1890년대 당시 일본은 코크스를 생산할 기술이 없었다.

결국 일본 해군은 연간 필요한 석탄의 25%를 영국산 카디프 무연탄으로 충당해야만 했다. 하지만 언제까지나 해외 공급에 의존할 수는 없어서 청일전

청일전쟁 당시 북양함대 주력함

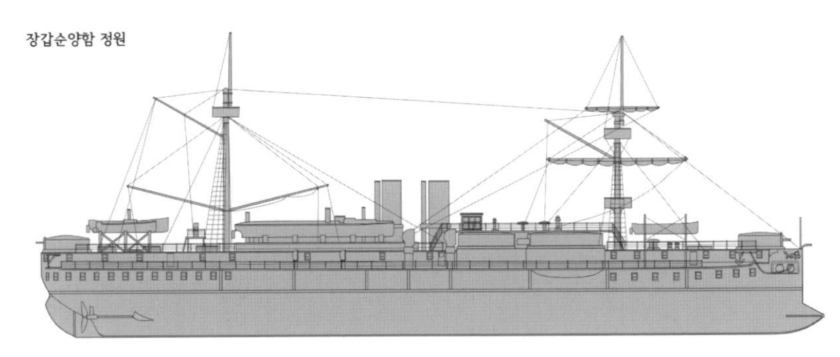

장갑순양함 정원

1885년에 취역한 북양함대의 기함 취역 당시 아시아 국가가 보유한 최대의 전함이었다. 작센급 철갑함의 파생형으로 배수량 7,335톤에 30.5cm 2연장 크루프 포탑 2기, 15cm 포 2문 등 일본 함선에 비해 압도적인 화력을 자랑했다. 정원과 자매함 진원은 강력한 맷집으로 황해 해전에서도 살아남았으나, 정원은 웨이하이웨이에서 일본군의 어뢰 공격을 받은 후 자참했다. 진원은 일본에 노획되었다 1911년 퇴역 후 해체되었다.

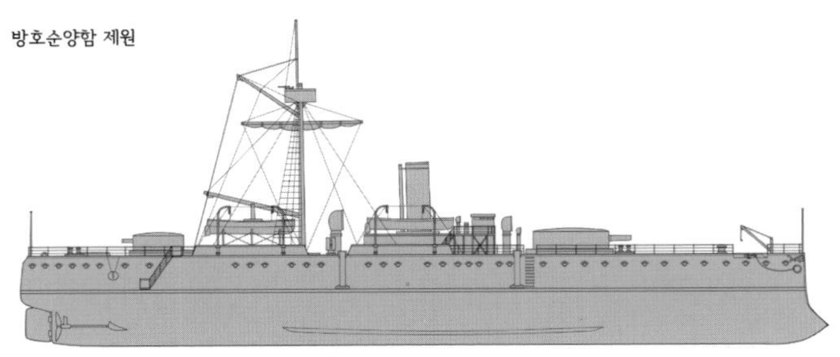

방호순양함 제원

1885년 진수한 북양함대의 순양함. 배수량은 2,440톤. 15노트의 속력을 냈다. 21cm 크루프 포 2문, 15cm 크루프 포 1문을 비롯해 5문의 호치키스 속사포 등을 장비했다. 청일전쟁 후 일본에 노획되어 '사이엔'이라는 함명으로 활동하다 1904년 러일전쟁 중 격침되었다.

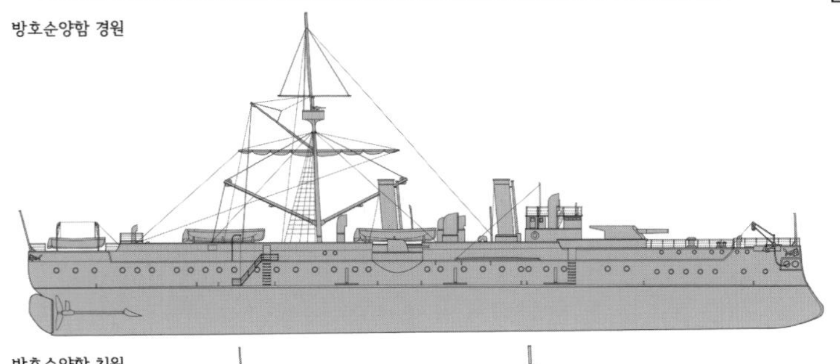

방호순양함 경원

1887년 진수한 북양함대의 순양함. 2,900톤의 배수량에 속력은 16노트. 21cm 크루프 4문, 15cm 2문을 주력 무장으로 삼았다. 자매함으로는 내원이 있으며, 두 척 모두 청일전쟁 중 격침되었다.

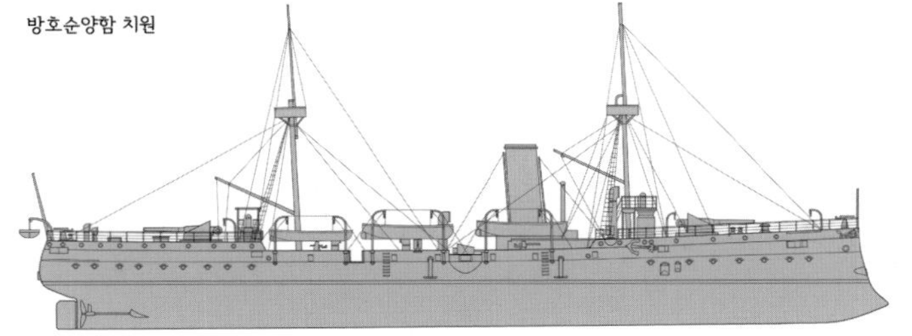

방호순양함 치원

1887년 진수한 북양함대의 순양함. 배수량은 2,355톤. 세 문의 8인치 크루프 포와 두 문의 6인치 암스트롱 포로 무장했다. 자매함으로 정원(靖遠)이 있으며, 두 척 모두 청일전쟁 중 격침되었다.

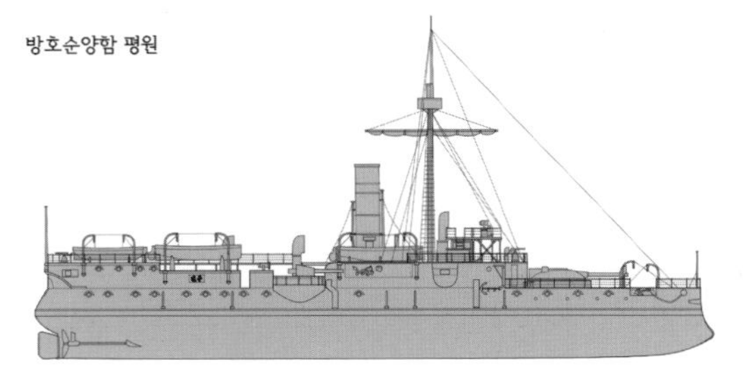

방호순양함 평원

1889년 진수한 북양함대의 순양함. 평원은 청국의 복주에서 건조했다. 배수량은 2,150톤, 속도는 10.5노트로 다른 순양함들에 비해 느렸다. 260mm포 한 문과 150mm포 두 문이 주력 무장이었다. 청일전쟁 중 일본에 노획되어 이후로는 '헤이엔'으로 일본 해군에 재적하다 러일전쟁 중 격침되었다.

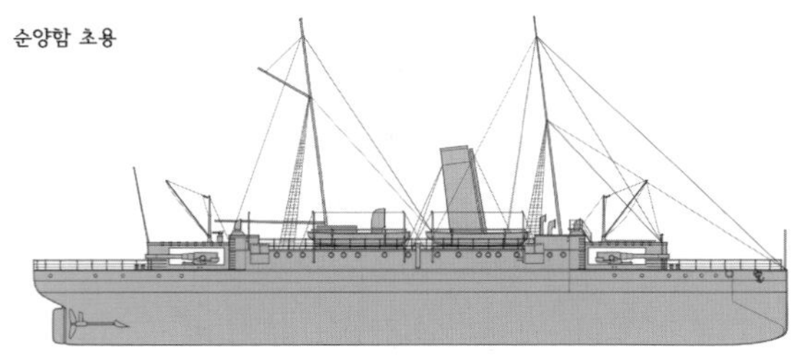

순양함 초용

1881년 진수한 1,380톤의 순양함. 갑신정변과 임오군란 등 조선에 변고가 있을 경우 자주 파견되었다. 취역 당시에는 북양수사의 손꼽히는 전력이었지만, 청일전쟁 시점에서는 북양함대 함선 중 비교적 구형의 2선급 함선이 되었다.

청일전쟁 당시 연합함대 주력함

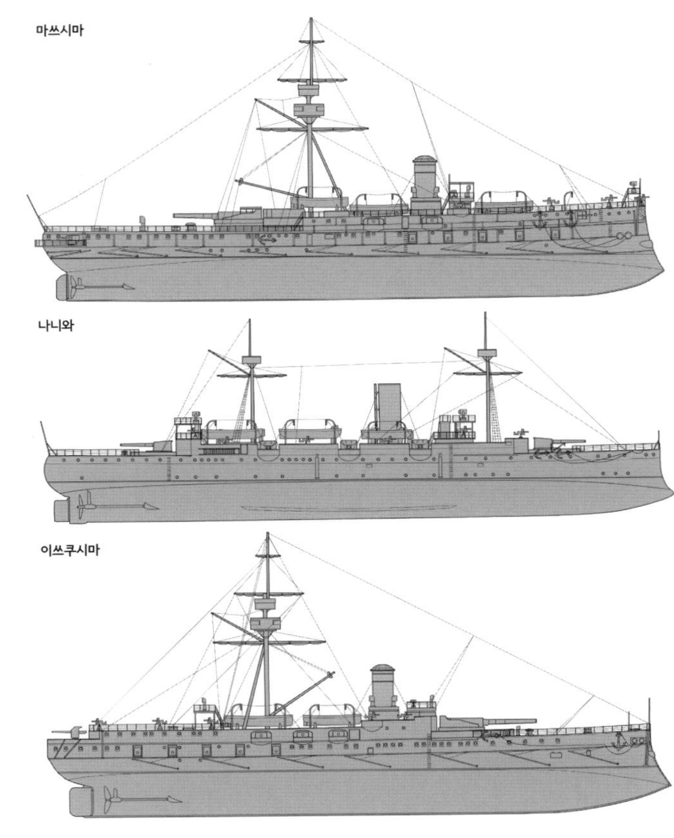

1892년 취역한 일본 해군의 최신 순양함이며 연합함대 기함. 자매함으로 이쓰쿠시마와 하시다테가 있으며 배수량은 4,217톤이다. 북양함대의 거함에 대응하기 위해 프랑스의 320mm 카네 포와 영국제 4.7인치 속사포 12문 등 선체에 비해 중무장을 갖춰 밸런스는 그리 좋지 않았다. 1908년 폭발 사고가 발생하여 침몰했다.

1885년 취역한 일본 최초의 방호순양함. 배수량은 3,710톤이다. 150mm 크루프 포 두 문이 주무장이었으며, 전반적으로 북양함대 주력함들에 비해서는 열세였다.

연합함대 기함 마쓰시마의 자매함. 마쓰시마급의 2번함이지만 취역은 1년 이른 1891년이다. 배수량은 4,278톤. 주무장은 마쓰시마와 동일하되 부포가 1문 적었으며, 1번함 마쓰시마와는 선형이 약간 달랐다. 1906년 2선으로 돌려졌으며, 1926년 퇴역했다.

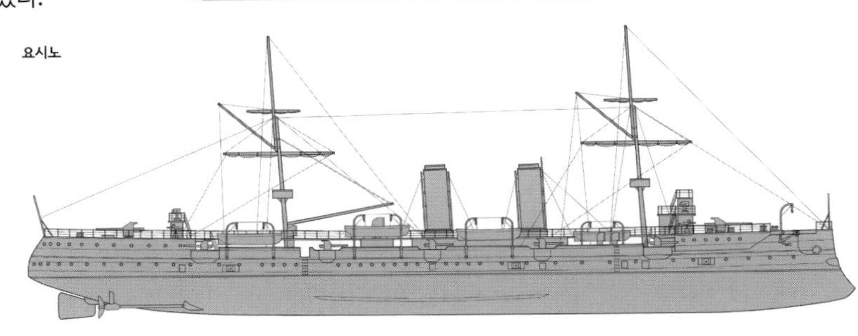

1893년 취역한 고속 방호순양함. 배수량은 4.217톤이었으며, 최고속력 23노트로 당대의 중형 이상 군함 중에서는 독보적인 속도를 자랑했다. 6인치 속사포 4문이 주무장이었는데, 결과적으로는 최고 수훈함이 되었다. 이후 1904년 러일전쟁 중 아군함과의 충돌로 침몰했다.

쟁 당시에는 자국 내 역청탄들을 캐내 사용했으나 이는 앞서 이야기했듯 함대 기동력의 저하를 야기했다. 결국 일본 해군은 청의 북양해군을 상대해야할 뿐만 아니라 함대 동력원인 석탄의 공급 문제 역시 상대해야 하는 상황이었다.

일본 해군의 전체적인 상황이 그렇다고 하여 청의 북양해군이 모든 분야에서 압도적인 것은 아니었다. 북양해군은 고질적인 병폐를 떠안고 있었다. 가장 문제는 북양해군 내의 장교단이었다. 청일전쟁보다 수십 년 전으로 거슬러 올라가는 북양해군의 계파 다툼은 상당한 문제가 있었다. 북양해군 내의 주요 계파는 좌종당이 양성한 복건 계열의 장교단이었다. 이들은 수적으로 주력을 차지했으며, 이홍장이 속한 회군 계열과는 다른 상군 계열에 속했다.

복건 계열 해군 장교들은 북양해군 장교 206명 중 123명을 차지하기도 하였고, 함장급 장교 18명 중 15명, 순양함급 함장 15명 중 13명을 차지할 정도로 해군 내 주류를 이루었다. 인선 문제에 있어서 이홍장 계열의 해군 장교들, 그리고 기존 복건 계열의 해군 장교 사이의 알력 다툼은 상당히 심각한 수준이었다.

또, 포술이나 기관계열 문제는 북양해군이 스스

로 해결할 수 없다는 점도 있었다. 이 부분은 외국인 군사 고문들에게 주로 의존하고 있었으며 북양해군 장교와 수병들은 복잡한 분야에 대한 전문적인 지식이 부족한 상황이었다. 특히 함대 수기 신호나 통신 체계가 전반적으로 중국어가 아닌 영어를 활용하여 유지될 지경이었다.

독일제, 영국제 순양함이 혼용되면서 각각 다른 체계의 보급라인도 지적되었다. 독일제 순양함들은 크루프제 함포를, 영국제 순양함은 암스트롱 함포를 사용하며 보급 체계가 서로 달랐다. 당연하게도 함포 운용 및 보수, 정비, 탄약 역시 규격이 달라 지원 체계가 혼잡해졌으며 함선의 운용 개념도 상이했다. 독일제 순양함들은 전반적으로 방호력을 중시하는 반면, 영국제 순양함은 기동에 중시하여 설계 사상에서도 차이가 컸다. 이는 실제 전투에서 효율을 낮출 수 있는 요인이었다.

그러나 북양해군의 전력에 가장 큰 타격을 준 것은 청 황실의 부패 문제였다. 특히 서태후의 해군 예산 전용은 돌이킬 수 없는 손해를 수반했다. 당시 서태후는 환갑을 맞이하여 벌인 연회와 이화원을 짓기 위한 재원 확보를 위해 해군아문의 예산을 넘봤다. 이 당시 해군아문의 수장인 순친왕은 서태후의 압력에 굴복해야 했으며 이에 따라 2,000만 냥의 은이 소진되었다. 앞서 정원과 진원을 구매한 가격이 300만 냥이었음을 감안할 때, 이는 북양해군에게 씻을 수 없는 상처를 남긴 셈이었다.

게다가 1888년 이후 해군 예산은 연간 400만 냥에서 25% 수준인 100만 냥까지 감소했으며 신규 함선 조달은 더 이상 이루어지지 못하고 있었다. 기존 전력 유지 및 보수에도 이미 상당한 재원 소모가 이뤄진다는 것을 감안할 때 이는 심각한 문제였다.

물론 그렇다고 해서 북양해군이 일본 해군의 증강에 손을 완전히 둔 상태는 아니었다. 특히나 일본 해군이 최신 함선과 속사포 등으로 무장한 점을 미리 파악하고 있었고, 북양해군을 지휘하던 정여창 제독 역시 같은 방식으로 대응하고자 했다. 이 당시 북양해군이 보유한 함포는 종류별로 상이하긴 했으나, 평균적으로 분당 최대 발사 속도가 1발에 불과했다.

이는 당시 북양해군의 함선에서 주로 사용하고 있었던 브리치 로더(Breech-loader) 방식 함포가 가지고 있던 문제 때문이었다. 이에 1893년 상하이에서 정여창 제독이 직접 기존 북양해군의 부포를 교체할 영국/독일제 속사포를 알아보고 있었다. 이미 시험 사격까지 마치고 견적 역시 준비하고 있었지만, 문제는 위에서 언급한 대로 해군아문 예산이 대폭 감축되면서 이를 구매할 수 없었다는 점이었다.

그나마 책정되어 있던 해군 예산은 청 조정이 복건성 하문의 호리산 포대에 배치할 2문의 280mm 대형 해안포 2문을 구매하면서 사라져 버렸다. 이는 이후 두고두고 북양해군에게 치명적인 실수로 이어졌다. 북양해군의 함선들은 사격 속도가 느린 반면, 중장거리 교전에서는 일본 해군의 함선보다 분명한 이점을 가지고 있었다. 기본적으로 청 해군이 200mm급 이상의 대형 함포로 무장하고 있었던 반면, 일본 해군은 마츠시마, 하시다테, 이츠쿠시마를 제외하고는 통상적으로 150mm대의 함포가 표준이었다.

그러나 현대와 같은 정밀 사격통제장치가 없는 상태에서 장거리 포격은 명중률을 장담할 수 없었다. 당시 북양해군의 사격 교리는 함포를 조준한 이후 함선이 기동할 때 발사할 것을 요구해서 명중률에 상당히 악영향을 끼쳤다. 물론 생존성을 보장하기 위한 목적이 있었겠지만, 일제사격으로도 탄착을 조절하기 어려웠다는 것이 문제였다. 이는 흑색화약을 쓰던 북양해군의 한계와도 연결되었다. 흑색화약을 주로 사용하는 함포탄으로 사격을 하게 되면, 포연이 너무 짙어져서 시계가 제한되는 문제가 지적되었기 때문에 일제사격을 통한 탄착 조절은 불가능했다.

여기에 치명적인 단점 하나가 더 있었다. 이 역시 흑색화약의 한계와 연결되는 지점이었다. 이 시기 흑색화약을 사용하는 탄약의 특성상 불규칙 연소로 인해 거리가 멀어질수록 명중률이 크게 떨어졌다는 점이었다. 결국 이러한 한계로 인하여 주포의 느린 사격 속도를 보조해 줄 부포와 속사포가 북양해군에게 있어서 매우 필요한 상황이었다. 당시 일본 해군 역시 Barr & Stroud rangefinder를 세계에서 8번째로 장착한 순양함 요시노를 제외하고는 탄착 수정을 하면서 사격해야 했기 때문에 청일 양 측 해군에게 있어서 속사포는 지속적인 화력 투사에 있어서 매우 중요한 장비였다.

그러나 속사포 도입에 적극적이었던 일본 해군과는 달리 북양해군의 경우 예산상의 문제로 속사포 도입이 좌절되면서 기존의 독일제 함선에 장착된 7.5cm 야포 2~4문을 활용해 일본 해군의 근접 화력에 맞서야 했다.

바다에서의 전쟁이 시작되며

다시 시계를 청일전쟁 발발 직전의 시점으로 돌려 보면, 청 조정은 2,500명의 병력을 보내 아산만의 지상군을 지원하는 것을 결정했다. 앞선 섭지초의 부대처럼 대고에 집결한 청 증원군은 3대의 수송선에 탑승하여 순양함 제원과 광을의 호위를 받아 아산에 24일 도착할 예정이었다. 그러나 경복궁 쿠데타가 벌어졌다는 소식에 1,300명의 병력을 태운 2척의 수송선은 바로 대고로 회항했으며 제물포에 있던 순양함 위원은 위해위로 철수해 상황을 급히 보고했다.

그러나 제원과 광을, 그리고 1,200명의 병력 및 12문의 야포를 태운 고승호는 철수하지 않고 아산만에 남아 상황을 주시하기로 했다.

이렇게 바다에서의 전쟁은 지상과는 달리 조금 더 치밀하게 이어졌다. 일본군은 쿠데타를 진행하면서 조선에 배치된 소함대로 청의 증원군이 상륙하는 것을 막기 어렵다고 판단하고 있었다. 이에 따라 연합함대 전체를 서해 방면으로 북상시켰다. 7월 23일 경복궁 쿠데타가 벌어지던 시점에 이미 일본 해군은 이토 중장의 지휘 아래에 연합함대를 결성하여 15척의 주력함과 7척의 어뢰정을 이끌고 사세보에서 출항, 군산 방면으로 이동했다.

군산이 일본 해군의 주요 기지가 된 것은 전략적 위치 및 전신 연결 문제 때문이었다. 군산에 주력 함대가 도착하기 이전, 순양함 요시노와 아키츠시마, 나니와가 여기서 빠져나와 아산만 일대로 북상했다. 이들은 제1유격함대로서 해군 소장 츠보이 코죠(坪井航三)의 지휘를 받았다. 유격함대의 목적은 청의 증원함대가 지상부대를 상륙시키는 것을 관측하고 저지하는 것이었다. 이때 제물포에는 통보함 야에야마와 포함 오시마, 그리고 코르벳 무사시가 있었으며 이들 역시 협공하는 것이 목표였다.

하지만 양측의 교신을 이어 주던 전신선이 돌연 절단되었다. 이를 통해 제물포에서 상황을 관측하고 있던 일본 해군 소함대와 군산 사이의 유선 통신이 차단되었다. 이는 동학도의 소행이라고도 하지만, 일본군에 사보타주했던 조선 지방관들의 행동일 가능성도 있었다. 일본군이 진주하면서 설치한 전신들이 이때 상당히 많은 사보타주를 당했기 때문이었다. 어찌 되었든 제물포와 아산만의 일본 해군 간의 연결이 끊어지면서 협동작전이 불가능해진 상황이 되었다.

7월 25일 오전 4시 30분, 제1유격함대는 풍도로 이동했으며 2시간 뒤에 남서쪽으로 항해하는 2척의 군함을 목격했다. 이들은 청 해군의 방호순양함 제원과 광을이었다. 일본함대는 이들에게 접근하였으나 청 해군 역시 그들을 발견하고 넓은 수역으로 빠져나가기 시작했다.

츠보이 소장은 2척의 함선이 아산만을 빠져나가 외해로 빠져나가는 것을 저지하려고 했으나 이미 15노트의 속력으로 청 해군 함선들이 빠져나가기 시작하자 저지가 불가능하다는 것을 인지했다. 유격함대는 요시노, 나니와, 아키츠시마의 순서로 종대를 구성해 청 해군 함선에 접근했으며, 약 3km 거리에서 나니와의 선공으로 갑작스럽게 교전이 시작되었다.

나니와의 발포 이후 요시노와 아키츠시마가 함포 사격을 이어 나갔다. 나니와와 요시노는 선두의 제원에게, 아키츠시마는 후미에서 1km 떨어진 광을에게 포격을 집중했으며 당황한 청 해군 역시 이에 대응했지만 전세가 이미 기운 뒤였다. 이미 요시노와 나니와의 함포가 제원의 코닝타워를 일격에 파괴했으며 조향장치가 손상을 입은 상황이었다.

코닝타워는 전투상황 돌입 시 함장이 전투명령을 내릴 수 있도록 부설된 공간이나, 제원은 최초 사격에 피격당해 이곳을 잃어버렸다. 직후 차탄이 날아들어 제원의 주포인 210mm 2연장 포탑을 사용불능으로 만듦으로써 전투력을 상실시켰다. 이후 일본 해군의 속사포 사격이 이어져 제원을 타격하자 공황상태에 빠진 제원의 수병들은 상부 갑판에서 도망치려 했다. 가까스로 청 해군 사관들이 리볼버를 빼어들어 이들을 통제함으로서 나머지 150mm 함포와 5문의 호치키스 포를 가동시켜 일본 해군에 응사할 수 있었다. 그 덕분에 제원은 가까스로 외해로 탈출에 성공하였다.

그러나 광을의 운은 그다지 좋지 못했다. 아키츠시마가 사격한 6인치 함포가 광을의 흘수선 아래를 관통, 보일러실에 피해를 입혔다. 대미지 컨트롤에 실패한 광을은 빠르게 침수되기 시작했으며 함장은 급히 함선을 해안가로 이동시켰다. 나니와가 광을을 향해 포격을 가했으나, 남동쪽 방면으로 함수를 돌려 해안에 좌초되었다.

생존한 함장 이하 71명의 수병들은 해안으로 탈출하는 데 성공했고, 직후 광을은 함체 중앙부의 화재 및 내부 증기 파이프 파열로 인하여 파괴되었다. 이 모든 일이 25분 만에 벌어졌다. 외해로 탈출한 제원을 향해 다시 제1유격함대의 집요한 추격이 이어졌다. 조향장치가 손상된 제원은 오전 8시 10분경 요시노와 나니와에게 따라잡혔고, 함장은 항복을 준비하고 있었다.

하지만 아산으로 향하던 다른 선박 2척이 접근하고 있었다. 이들은 1,200명의 병력을 수송하던 고승호와 이를 호위하던 포함 조강이었다. 제원은 일본 해군이 눈을 돌린 사이 빠르게 서쪽으로 철수했고, 상황을 파악한 포함 조강 역시 철수했다. 고승호만 아산만 입구에 남겨진 채였다.

고승호는 이때까지 벌어진 상황에 대한 정보 제공을 전혀 받지 못한 상황이었다. 오전 8시 30분경, 제원이 이들을 지나쳤으나 상황에 대한 전파는 이루어지지 않았다. 고승호는 영국인 선장과 선원들이 운용하는 민간 선박이었으므로 상황이 금방 해소될 것이라 믿었으며 또한 최악의 경우 대고로 강제 회항되는 정도가 될 것이라고 보았다.

이에 따라 나니와와 요시노 사이에서 닻을 내리고 정선한 고승호는 일본 해군의 요구대로 선박 수색에 동의했다. 청군이 이에 탑승했음을 확인한 일본 해군이 고승호를 나포하겠다고 선언하자, 승선한 청군은 이를 거부하고 선장과 선원들을 협박해 사실상 배를 장악했다. 고승호에 탑승했던 콘스탄틴 폰 하네켄 소령이 중재를 시도했으나 실패했고, 제1유격함대는 청 해군의 지원이 올 것을 우려해 고승호를 격침시키기로 결정했다.

13시 10분, 나니와가 150m 거리에서 어뢰를 고승호에 사격했다. 그와 동시에 함포 일제 사격이 이어졌다. 어뢰는 불발되었으나, 포탄이 용골에 심각한 치명상을 안겼고, 뒤이어 보일러실이 직격당해 작동을 멈췄다. 흘수선 아래에 구멍까지 뚫리면서 빠르게 침수가 시작된 고승호는 부서진 석탄저장고에서 나온 먼지 때문에 더욱 상황 파악을 어렵게 만들었다.

청군은 구명정을 내렸으나 서로 이를 타기 위해 싸웠으며, 구명정에 타지 못한 병사들은 물에 뜬 채 구명정에 탑승한 다른 병사들을 향해 발포했다. 그러는 사이 일본 해군은 속사포로 생존자들을 사냥하고 있었다. 13시 47분, 고승호가 완전히 침몰하면서 일본군의 공격은 종료되었으나, 이들은 적극적으

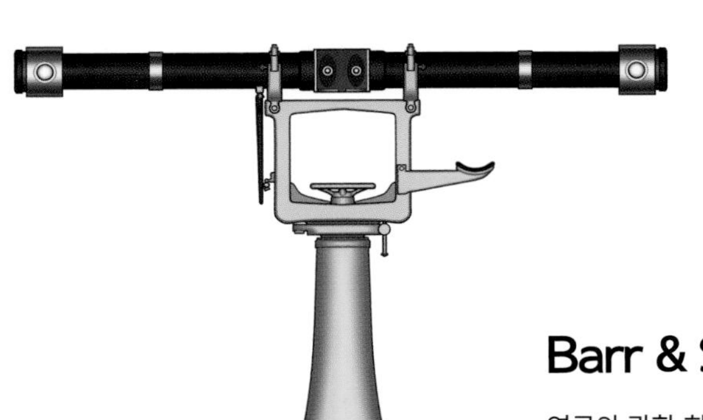

Barr & Stroud rangefinder F.A. 1

영국의 광학 회사 바 앤 스트라우드가 1888년 개발한 첫 광학식 측거의인 F.A.1은 영국 해군과 일본 해군에 공급되었다.

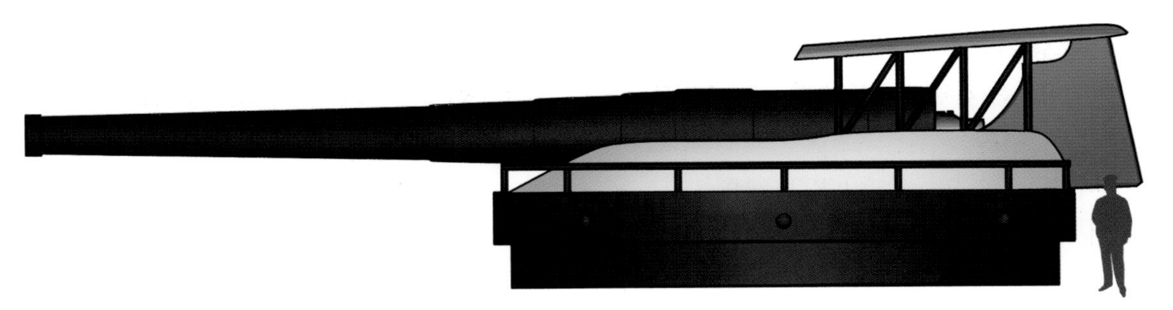

일본 해군의 주력 함포인 32cm 38구경 함포. 프랑스에서 개발

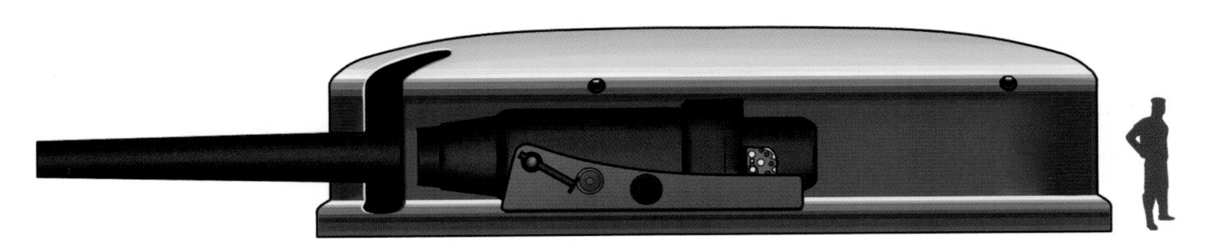

북양함대의 주력 함포인 30.5cm(12인치) 2연장 함포

양측 주력 함포

(위) 일본 해군은 정원과 진원을 상대하기 위해 무리를 해 마쓰시마, 이쓰쿠시마, 하시다테에 단장 320mm 카네 포를 실었다. 하지만 해전에서 명중탄을 내지는 못했으며, 마쓰시마와 그 자매함들은 설계상의 한계로 인해 일찍 퇴역했다.
(아래) 청국 해군이 보유한 가장 큰 함포는 정원과 진원에 탑재된 2연장 30.5cm 크루프 포였다. 정원과 진원은 이 포탑을 각 2기씩 탑재했지만, 배치 문제상 4문의 일제 사격은 불가능했다.

로 생존자를 구출하지 않았다. 오직 고승호에 탑승한 선장 및 독일 군사고문 하네켄 소령 등 유럽인들 정도만 구출되었으며 나머지는 이후 도착한 독일 해군과 영국 해군, 프랑스 해군의 구조를 받아 200여 명의 승조원 및 병력이 살아남을 수 있었다. 그러나 침몰 과정에서 1,128명이 사망하는 비극으로 이어졌다.

한편 고승호가 격침당하는 사이, 요시노와 아키츠시마는 계속해서 제원과 조강을 뒤쫓고 있었다. 속도가 느렸던 조강은 전투 없이 아키츠시마에 항복한 반면, 제원은 필사적으로 도주한 끝에 요시노를 따돌리고 위해위로 철수할 수 있었다. 다만 전투 중 손상이 심각해 2주 동안 수리해야 했으며 전사 16명, 부상 25명의 사상자를 냈다. 부상자 중 10명은 치료 중 목숨을 잃었다.

반면 일본 해군의 피해는 전무했다. 도주하던 제원은 요시노와 나니와에게 각각 2번, 1번의 포격을 가해 명중탄을 냈으나 유의미한 피해를 주지 못했다. 그 이유는 철갑탄이 내부에서 폭발하지 않았기 때문이었으며 그 결과 제1유격함대는 거의 피해 없이 청의 아산 증원을 차단할 뿐만 아니라 2척을 격침, 1척을 나포하는 성과를 거둘 수 있었다. 청군은 이 해전으로 인해 아산-성환 전투의 패배로까지 이어지는 연쇄적인 결과를 받아들여야 했다.

북양해군의 소극적인 대응

풍도 해전의 소식은 7월 26일 오전 6시, 북양해군 사령관 정여창에게도 보고되었다. 중파된 방호순양함 제원이 위해위에 도착한 뒤였다. 다만 고승호의 격침 사실은 알지 못했으나 일본 해군의 공격을 전쟁 행위로 간주하고 있었다. 그는 이홍장에게 보고도 없이 북양해군에 소속된 11척의 군함과 7척의

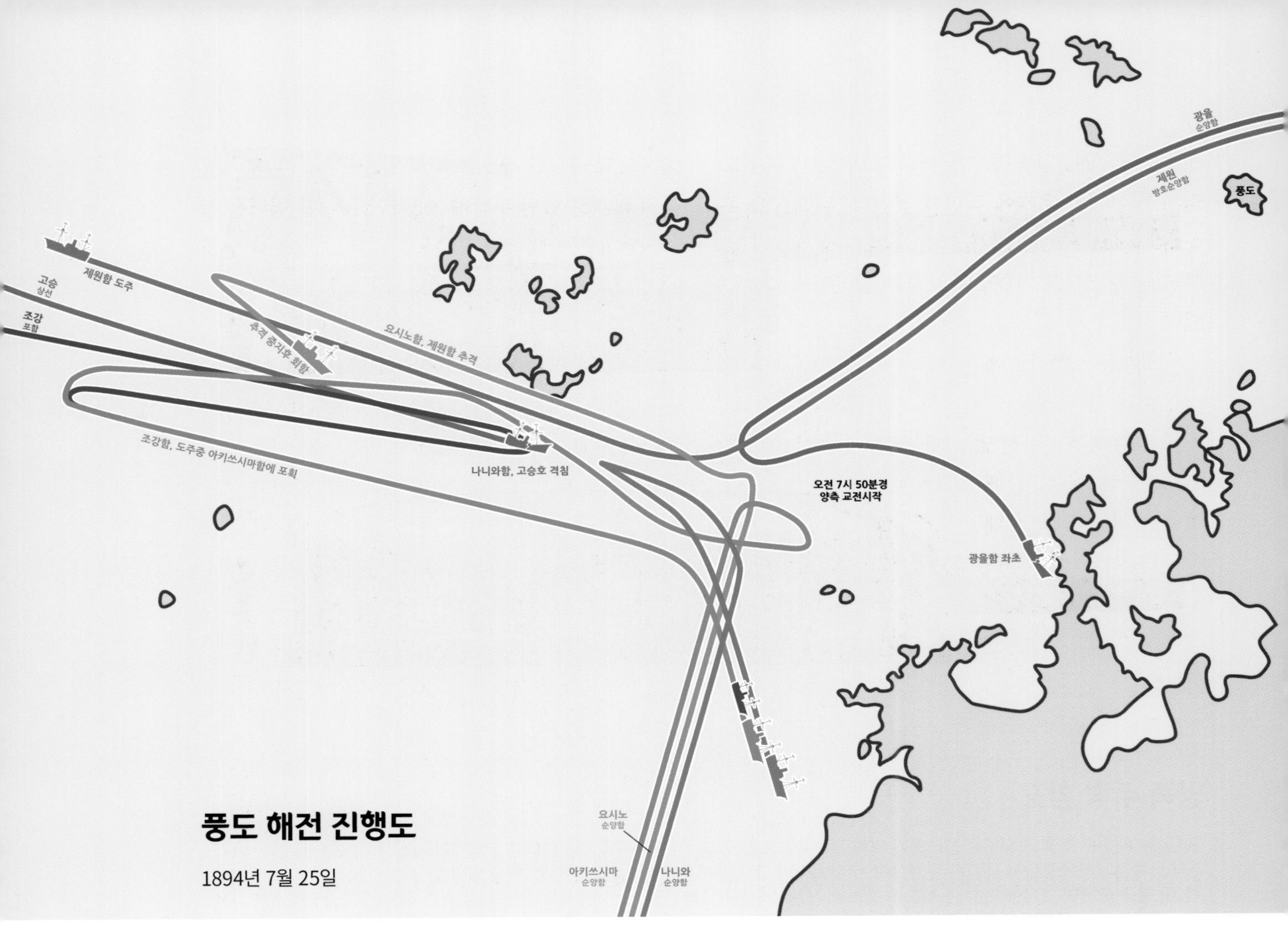

풍도 해전 진행도

1894년 7월 25일

어뢰정을 대동하여 서해안 일대로 진입했다.

이들은 소형 어뢰정들을 투입해 색적을 시작했으나, 기상 상황이 악화되어 해상 작전에 어려움을 겪자 28일에 다시 위해위로 회항하여 석탄 및 보급품을 적재하였다. 기상 상황이 나아지자 이번에는 어뢰정을 대동하지 않고 재차 출항했으나 8월 3일까지 일본 해군과 조우하지 못했다. 일본 해군의 주력인 연합함대는 군산에 계속해서 웅크리고 있었기 때문이었다.

그 사이 7월 31일과 8월 1일에 각각 양국이 선전포고하면서 북양해군에게는 새로운 명령이 하달되었다. 북양해군에게 내려진 명령은 발해만과 여순-대련, 위해위 방어에 치중하라는 것이었다. 8월 3일 귀항한 북양해군 및 정여창 제독은 산동반도-압록강 하구에 설정된 경계선을 넘어 작전하면 안 된다는 명령도 추가로 수령했다.

이러한 소극적인 방어 조치는 일본 해군이 한반도 서해안 일대를 전투 없이 장악하게 되는 결과로 이어졌다. 북양해군에게 이러한 명령이 내려진 것은 이홍장 직계의 함대와 지상군이 큰 손실을 보지 않길 바랐기 때문이었다. 그러나 이러한 조치 때문에 청군은 모든 골든타임을 놓쳐 버렸다.

아산-성환 전투와 풍도 해전 직후 일본군은 청의 반격에 유의하며 천천히 진격로를 설정하고 있었다. 일본군은 여전히 8월 내내 한성과 제물포, 부산 등 조선의 남부와 중부를 장악하고 있었으나 제9혼성여단만으로 진격은 어려웠다. 이에 따라 증원부대를 보내야 했다. 35,000명의 증원군을 한반도에 전개하기 위해 총 4곳의 상륙지가 검토되었다. 후보는 제물포, 부산, 원산, 대동강 하류의 진남포였는데 부산과 진남포는 계획 초기에는 사용하지 않았다. 그 이유는 부산은 안전하고 가깝지만 평양까지 무려 약 650km의 거리를 이동해야 했으며, 조선의 도로가 열악한 것을 감안할 때 너무 많은 물자와 시간을 소모할 염려가 컸다.

진남포는 청군이 장악하고 있었기 때문에 증원군 전개 지점에서 제외되었다. 일본군이 선택할 수 있는 장소는 제물포와 원산 2개 장소였으며 그중에서도 제물포에 집중하고자 했다. 그러나 제물포도 역시 현실적인 문제에 직면해 있었다. 위해위에 주둔하고 있는 북양함대가 언제 내려와 제물포의 일본 해군 보급선을 위협할지 모르는 일이었기 때문이었다.

일본군은 한반도에 증원군 수송을 위해 전쟁 기간 30척의 수송선을 징발, 히로시마에서 병력과 물자를 선적해 호위함선 없이 제물포로 항해해야만 했다. 일본 해군은 군산에 웅크린 채 북양해군이 자랑하는 정원, 진원과의 대결을 회피하고 있었다. 그들은 풍도 해전 이후 북양해군이 적극적으로 대응하리라고 예상하고 있었다. 이런 상황에서 북양해군이 제물포를 습격한다면 군산에서 대응하기란 매우 힘들었다.

게다가 제물포로 들어가는 일본군 수송선단은 1회에 10,000명~15,000명 혹은 1개 여단 규모의 병력과 물자만을 수송할 수 있었다. 그나마도 불가능하였던 것은, 북양해군의 관측을 피하기 위해 비교적 소형선박들을 동원해서 제물포로 항해했기 때문이었다.

그러나 8월 3일 이후 예상치도 않게 북양해군이 소극적인 태세로 전환하면서 상황이 반전되는 것을 감지했다. 이에 8월 9일, 연합함대는 마츠시마, 이츠쿠시마, 하시다테, 치요다, 요시노, 나니와, 다카치오, 아키츠시마, 후소, 히에이, 콩고, 타카오 등 주력함 및 어뢰정들로 구성된 소함대를 이끌고 군산에서 출항했다. 이들은 북양함대의 전투의지를 확인하기 위해 위해위 일대의 요새 지대에서 3시간 가량 100여 발의 포탄을 쏘며 교전했다.

일본군은 더 이상의 전투를 중지하고 곧바로 돌아갔으나 큰 수확을 거둘 수 있었다. 북양해군이 전투를 회피하는 징후를 확인할 수 있었던 점이었다. 일본군은 더 이상 해상을 완전히 장악할 때까지 기다리지 않았고, 본토에서 증원군을 호출했다. 북양해군의 소극적인 태도를 확인 일본군은 기존에 사용하지 않기로 했던 부산에 제5사단 10여단 병력을 상륙시켜 북상하도록 조치했으며, 이후 제물포와 원산에 병력과 물자를 나눠서 수송하였다.

수송 수단이 적었기 때문에 일본군은 3차례에 걸쳐 병력을 수송했다. 1차로 8월 6일, 제5사단 10여단이 부산으로 이동했고, 8월 19일 한성에 도착했다. 이미 오시마 장군이 지휘하는 제9혼성여단은 개성과 황주를 거쳐 진격 중이었으므로 이들 역시 평양을 향해 곧장 북상했다. 수송선단은 다시 복귀해 3사단 5여단 병력 8,000명을 원산에 수송했다. 총 18척의 수송함대가 호위함대 없이 단독 혹은 소함대로 항해했으며 8월 26일부터 8월 31일 이전까지 모두 상륙에 성공했다.

원산에 상륙한 제3사단 5여단은 3,500명을 원산 수비대로 남기고 나머지 4,500명은 사토 아이마로 대좌가 지휘하는 원산지대로 편성해 평양 서부를 향해 진격하기 시작했다. 마지막 증원군은 9월 중순에 이동하기 시작했다. 9월 10일, 36척의 수송선단이 히로시마에서 출항했다. 이들은 3사단 6여단 병력 및 압록강 도하를 위한 공병대, 그리고 조선 내륙지대를 통과해 물자를 수송할 노무자들을 가득 실은 선박이었다. 12,000명의 전투부대 및 4,000명의 노무자들은 진남포에 상륙했다. 이때 북양해군의 급습을 우려하여 요시노와 나니와를 위해위로 보내 대비를 하였지만 그들은 그곳에 없었다.

북양해군은 상부의 지시대로 산동반도-압록강 하류 일대의 경계선을 넘어서 작전할 수 없었기 때문에 일본군이 원하는 대로 수송선단과 증원군을 보내도록 방치해 버렸다. 이는 평양 전투에서 청군이 조선군 및 지방정부의 지원에도 불구하고 패배하는 주요 원인으로 지적되었으며, 이후 황해 해전에서의 패전에도 많은 영향을 주었다.

두 제국의 함대결전

북양해군의 소극적인 행동으로 일본 육군과 해군은 평양 일대로 진격했다. 평양성이 일본군에 의해 함락될 무렵, 연합함대는 9월 15일 위해위의 북양해군이 이미 빠져나갔다는 정보를 입수했다. 이에 따라 북양해군이 출동했으리라 판단, 발해만과 압록강 하류 일대에 대한 색적을 실시했다. 일본 해군은 16일 17시에 색적을 실시했으나 북양해군의 흔적을 탐지하지 못했다. 하지만 다음 날인 17일 오전 10시경에 압록강 하류에서 조우하면서 전투 준비에 들어섰다. 북양해군은 이보다 늦은 11시 28분에 일본 해군의 접근을 파악했다.

일본 해군은 단종진을 구축했다. 쓰보이 소장이 지휘하는 제1유격함대 소속의 요시노, 다카치호, 아키츠시마, 나니와, 그리고 이토 중장이 지휘하는 연합함대의 마츠시마, 치요다, 이츠쿠시마, 하시다테, 후소, 히에이가 이를 뒷받침했다. 가장순양함 사이쿄마루와 포함 아카기는 후방에 위치했다.

북양해군은 리사 해전 당시 오스트리아 해군을 본떠 횡렬진을 구사했다. 이를 두고 기병대를 지휘했던 정여창 제독이 지상전을 흉내내 해군의 진형을 펼쳤다는 평가가 있으나, 북양해군의 입장에서는 충분히 시도해 볼 수 있는 전략이었다.

마침 일본 해군의 진형은 리사 해전 당시 이탈리아 해군과 같은 단종진을 구축하고 있었고, 무엇보다도 방호력이 좋은 정원과 진원을 앞세워 충각과 함께 전방에 집중된 함포로 공세를 가한다면 일본 해군에게 심대한 타격을 줄 수 있었기 때문이었다. 이에 정여창 제독은 자신이 탑승한 기함 정원을 중심으로 나란히 전열을 구축하도록 했으며, 전투 과정에서 기함의 기동을 따르도록 명령했다. 만일 전열 유지가 불가능할 경우, 2척씩 짝을 지어 서로 지원하며 기함을 지원하도록 했다. 정여창 제독은 이러한 대열 유지가 오래 가지 못할 것이라 예상했으나 우세한 화력과 방호력에 의지하여 일본 해군의 전열을 격파할 것이라고 예상했다. 또한 전투의 2번째 단계에서 편대의 대형이 붕괴되어도 2척이 한 쌍을 이루어 계속해서 전투를 이어 나갈 수 있다고 기대했다.

그러나 일본 해군에 비해 1시간 30분가량 늦은 탐지가 문제였다. 당시 북양해군은 상륙부대 지원을 위해 압록강 입구에서 남쪽으로 약 14km 떨어진 지역에 정박해 있었던 상황이었기에 급히 전열을 갖춰야 했다. 대부분의 함선들이 예정된 대로 자리에 위치했으나 전열의 가장 바깥에 위치해야 하는 순양함 초용과 양위가 우익에, 순양함 광갑이 좌익에 배치되느라 시간이 소요되었다. 기동이 늦은 바람에 횡렬진이 아니라 초승달 모양과 비슷한 전열이 구축되었으며 더 큰 문제는 아직 이 대형이 온전한 전력을 갖추지 못했다는 점이었다.

이 당시 압록강 일대에 상륙을 지원하던 순양함 평원과 광병, 어뢰정 2척은 일본 해군과의 조우 소식을 듣고 급히 하류로 내려오고 있었으나 아직 본대에 합류하지 못한 상황이었다. 게다가 순양함 남침과 진중은 여전히 상륙지점에 남아있었다. 전력이 분산된 청의 북양해군은 원래의 계획보다 훨씬 작고 약한 날개들로 정원과 진원을 보호하고자 했다.

두 함대는 12시 30분부터 서서히 서로를 향해 접근했다. 양측의 거리는 분당 480m씩 좁혀졌으며 20분이 지난 12시 50분부터 양측 사이의 거리가 5.4km로 좁아지자 진원이 선제 발포를 개시했다. 그러나 이 과정에서 일본군에 운이 따랐다.

정원이 305mm 함포를 사격하려 할 때 정여창 제독은 장갑화된 코닝 타워 대신 주 함포 위의 선교에 올라갔는데, 이때 기습적으로 유격함대가 사격한 함포탄이 정원 갑판에 직격했다. 이 당시 정여창 제독이 선교에 올라갔던 것은 해당 위치의 시야가 좋았기 때문이었다. 이를 통해 가시거리 내에서 피아간 함선 대형을 직접 관측할 수도 있을뿐더러 함선 내 수병들을 격려하기에도 용이했기 때문이었다. 그러나 유격함대의 포격은 예상치 못했고, 이 충격으로 정여창 제독은 선교에서 갑판으로 떨어져 다리에 상처를 입었다. 경미한 부상이었지만 북양해군 전체로 보았을 때는 그렇지 않았다.

갑판에 떨어진 포격으로 인해 기함 정원이 예하 함대를 지휘할 수 있는 마스트가 파괴되었고, 신호기 역시 박살나면서 각 함선의 기동을 지시할 수 있는 통신 수단이 무력화되었다. 결과적으로 일본 해군의 유격함대가 진입해 올 때를 대비하여 북양해군이 즉응적으로 대응할 수 있는 수단을 잃은 채 단함별로 알아서 싸워야 하는 상황에 놓인 것이다.

한편 첫 교전은 제1유격함대의 기함 요시노가 북양해군의 집중 포격을 받는 것으로 시작했다. 그러나 제1유격함대는 빠르게 북양해군의 사격 범위에서 이탈했다. 이탈한 유격함대는 12시 55분 북양해군의 우익과 거리를 좁히기 시작했다. 이들은 거리가 3km 미만까지 떨어졌을 때를 노렸다. 제1유격함대가 이번에는 북양해군을 강타했다. 순양함 초용과 양위는 그들의 첫 번째 목표가 되었으며, 다카치호와 아키츠시마가 일제 사격을 가했다. 첫 번째와 두 번째 일제 사격은 빗나갔으나 세 번째는 정확히 초용과 양위에 명중했다.

13시경 초용에서 심각한 화재가 발생하면서 서서히 우현으로 기울기 시작했다. 곧이어 양위 역시 집중포화를 받아 13시 10분경 화재가 발생했다. 10여 분 동안 북양해군 우익은 일본 해군의 제1유격함대에 일방적인 포격을 당했다. 이에 북양해군 우익의 순양함들은 연합함대 본대에 충각을 시도하려고 했으나 속도가 느려 접근하지 못했고, 오히려 유격함대의 화력에 노출되어 버렸다. 순양함 정원도 포격을 당했으나 초용과 양위에 비하면 포격을 많이 받지 않았기 때문에 버틸 수 있었다. 이로써 북양해군 우익은 날개를 펴 보지도 못한 채 그대로 유격함대의 맹공에 짓눌려 버렸다.

13시 20분, 다시 일본해군의 제1유격함대는 북양해군 전열 후방에서 좌현으로 180도 선회하기 시작했다. 이들의 의도는 완전히 선회해 아까와 같이 북양함대의 전열을 강타하려는 것이었지만, 압록강 하구에서 상륙지원을 마치고 달려온 북양해군 소속 순양함 평원과 포함 광병에 의해 실패했다.

이토 중장이 지휘하는 일본해군 본대는 제1유격함대가 북양해군의 전열 우익을 강타하기 시작하자 본격적인 교전에 돌입했다. 이들은 약 3.6km 거리에서부터 교전을 시작했는데, 이번에는 북양해군이 좋은 기회를 잡을 수 있었다. 북양해군이 사격한 함포가 일본해군 기함 마츠시마의 320mm 함포를 손상시켜 작동 불능 상태로 만들었다. 그러나 일본해군 역시 응사하면서 정원과 진원에 계속해서 포격을 가했다. 동시에 우익을 우회하면서 무력화된 초용과 양위, 그리고 유격함대의 포격으로부터 살아남은 순양함 정원과 내원에게도 화력을 투사했다.

그러나 단종진의 후미에 있었던 히에이가 전열에서 뒤처지기 시작했다. 히에이는 11노트의 속력을 유지하지 못해 12시 50분부터 바로 앞에 있었던 후소와 무려 1.3km 이상 뒤처지기 시작했으며, 이를 노린 북양해군으로부터 집중포화를 받기 시작했다. 비록 히에이는 13시 30분에 정원과 순양함 경원 사이로 빠져나와 살아남을 수 있었지만, 함선 자체에 심각한 피해를 입어 더 이상 전열 유지가 불가능해졌다. 함선 하부와 의무실을 피격당한 히에이에서는 사상자가 속출했고, 결국 14시에 이토 중장은 히에이에게 전장을 이탈하라는 명령을 내려야만 했다. 이후 히에이는 남서쪽으로 철수하게 되었다.

한편 단종진 후위에 있었던 아카기와 가장순양함 사이쿄마루 역시 히에이와 유사한 상황에 놓이게 되었다. 일본해군은 이들에게 전투를 회피하라는 신호를 보냈으나, 북양해군 전열이 붕괴되고 전투가 난전으로 치닫기 시작하자 오히려 적진에 고립되는 형태가 되었고, 히에이와 마찬가지로 속도를 11노트로 유지할 수 없었던 아카기가 점점 뒤처지기 시작했다. 다행히 초반에는 북양함대가 히에이에 집중된 터라 아카기는 무사할 수 있었지만 13시 30분 경부터 상황이 변했다.

히에이가 가까스로 전장을 탈출하면서 순양함 정원과 내원은 목표를 바꿔 아카기에게 화력을 집중하기 시작했다. 900m도 안 되는 거리에서 이루어진 내원의 포격은 상당히 위협적이었다. 아카기의 메인마스트가 파괴되고 함교가 피격되었다. 이 과정에서 아카기의 함장 사카모토 야타로 소좌가 전사했으나, 함포와 조타장치, 보일러는 피해를 입지 않아 반격할 수 있었다. 이 덕분에 남아 있는 함포로 내원에게 반격을 가해 갑판에 명중탄을 내면서 활로를 찾을 수 있었다. 내원은 이 피격으로 인한 화재가 확산되어 아카기 추격을 단념하고 전투지역에서 철수해야만 했다.

사이쿄마루는 정원과 진원 및 최소 2척 이상의 순양함에게 집중 타격을 받기 시작해 4발의 305mm 포탄을 비롯해 여러 차례 피격을 당하면서 기관실과 조향장치가 파손되었다. 그나마 북양해군이 사격한 포탄이 폭발하지 않아 피해를 억제할 수 있었으나, 정규 함선이 아닌 가장순양함인지라 생존성이 낮았다. 무엇보다도 화재가 발생한 사이쿄마루를 향해 압록강 하류에서 합류한 평원과 광병, 그리고 어뢰정 1척이 빠르게 접근했다.

20분 넘게 포격을 당한 사이쿄마루는 평원과 광병에게 대응하며 대미지 컨트롤에 집중하기 시작했다. 그러나 어뢰정 복룡이 접근해 2발의 어뢰를 사격했다. 첫 번째 어뢰는 300m 내에서, 두 번째 어뢰는 40m에서 발사되었다. 첫 번째 어뢰는 가까스로 회피할 수 있었으나 40m 거리에서 발사된 어뢰는 사이쿄마루에 명중했다. 그러나 거리가 너무 가까워 어뢰가 폭발하는 대신 함체를 관통하면서 가까스로 격침을 피할 수 있었다.

이처럼 히에이, 아카기, 사이쿄마루가 북양해군에게 집중포화를 뒤집어썼지만, 공교롭게도 이들이 전열을 돌파한 덕분에 북양해군의 진형이 붕괴되었다. 북양해군은 후방의 일본 해군 함선을 공격하기 위해 우현으로 선회하고자 했다. 그러나 정원과 진원이 180도 선회하는 동안 다른 순양함들은 90도 가량 선회하는 데 그쳤을 뿐이었다. 또한 이미 상당한 피해를 입은 북양해군은 수적인 열세에 처하기 시작했다.

초용은 격침되면서 10명의 생존자만을 남긴 채 나머지 승조원 120여 명과 함께 운명을 같이했다. 양위는 전투 도중 자침했으며 제원과 광갑은 13시 경 전장을 무단으로 이탈해 버렸다. 순양함 제원의 경우 함선 내에 남아 있는 탄약이 거의 다 소진된 상태였다. 일본 해군의 유격함대가 돌아왔을 때, 제원은 70여 발 이상 포격을 한 직후였다. 함선에는 훈련용 포탄들만 남아 있었으며, 그나마 150mm 함포에 탄약이 있기는 했지만 이마저도 10발 내외뿐이었다. 이에 따라 더 이상 전투를 진행할 수 없다고 판단한 제원의 함장은 곧바로 전열을 이탈했고, 광갑 역시 뒤를 따랐다.

그나마 압록강 하구에서 달려온 평원과 광병, 그리고 후에 합류한 어뢰정 2척의 지원을 받아 다시 전열을 구축했다. 그러나 이미 전투는 일본에게 유리하게 흘러가고 있었다. 유격함대의 강타로 인해 전열의 한 축이 무너진 북양해군은 2척씩 나뉘어져 일본해군 본대와 유격함대에 각각 맞서야 했다. 이 당시 전열은 일본해군의 본대와 유격함대가 중앙부의 북양해군을 샌드위치처럼 짓누르는 형세였다.

조금 더 세부적으로 본다면, 순양함 경원과 내원, 치원, 정원이 유격함대와 맞서고 있었고, 정원과 진원이 일본해군 본대 전체와 대치하고 있었다. 평원과 광병, 그리고 잔류한 어뢰정 2척이 있었으나 이들은 가장순양함 사이쿄마루에만 집중할 뿐, 북양해군 중앙부에서 벌어진 전투에는 거의 개입하지 않았다.

유격함대는 14시 30분 경, 4척의 북양해군 순양함들에게 심각한 타격을 가했다. 내원은 앞서 말한 아카기의 포격으로 인하여 발생한 갑판의 화재로 더 이상 전투가 불가능했다. 정원 역시 손상을 입어 내원과 함께 거의 전열에서 이탈해 버렸다. 치원과 경원이 유격함대와 격돌했으나 15시 25분, 집중포화에 당한 치원이 격침당하면서 경원만이 남아 버렸다.

경원 역시 치열하게 유격함대에 응사했지만 이로부터 1시간 뒤인 16시 48분 격침당하면서 더 이상 남은 함선이 없었다. 하지만 이토 중장의 일본 해군 역시 정원과 진원을 상대로 고전을 면치 못하고 있었다. 연합함대의 포격이 정원과 진원에게 타격을 주었으나, 정작 중요한 함선 내부 시설들은 두터운 장갑으로 인해 피해를 주지 못했다. 게다가 외국인 장교들이 지휘하는 수병들이 신속히 화재를 진압해 정원과 진원의 전투력은 여전히 유지되고 있었다.

이때까지 정원과 진원에 각각 159발, 220발의 포탄이 피격되었음에도 결과적으로는 함선에 치명적인 피해를 준 포탄은 없었다. 이러한 전투가 가능했던 것은 북양해군과 함께 행동하던 외국인 교관단의 존재 덕분이었다. 교관단은 장거리 포격전부터 함선의 대미지 컨트롤에 이르기까지 북양해군을 적극적으로 지휘했으며 정원과 진원의 전투 효율을 크게 향상시킬 수 있었다.

15시 26분, 북양해군은 상당히 중요한 타격을 가하는 데 성공했다. 정원 혹은 진원(전투 후 두 함선의 함장들은 모두 자신의 공이라고 주장했으나 시기상 진원이 사격한 것으로 추정됨)의 함포 사격에 기함 마츠시마가 2.3km 거리에서 피탄되었기 때문

북양함대와 연합함대의 황해 해전 참여 전력과 손실 상황

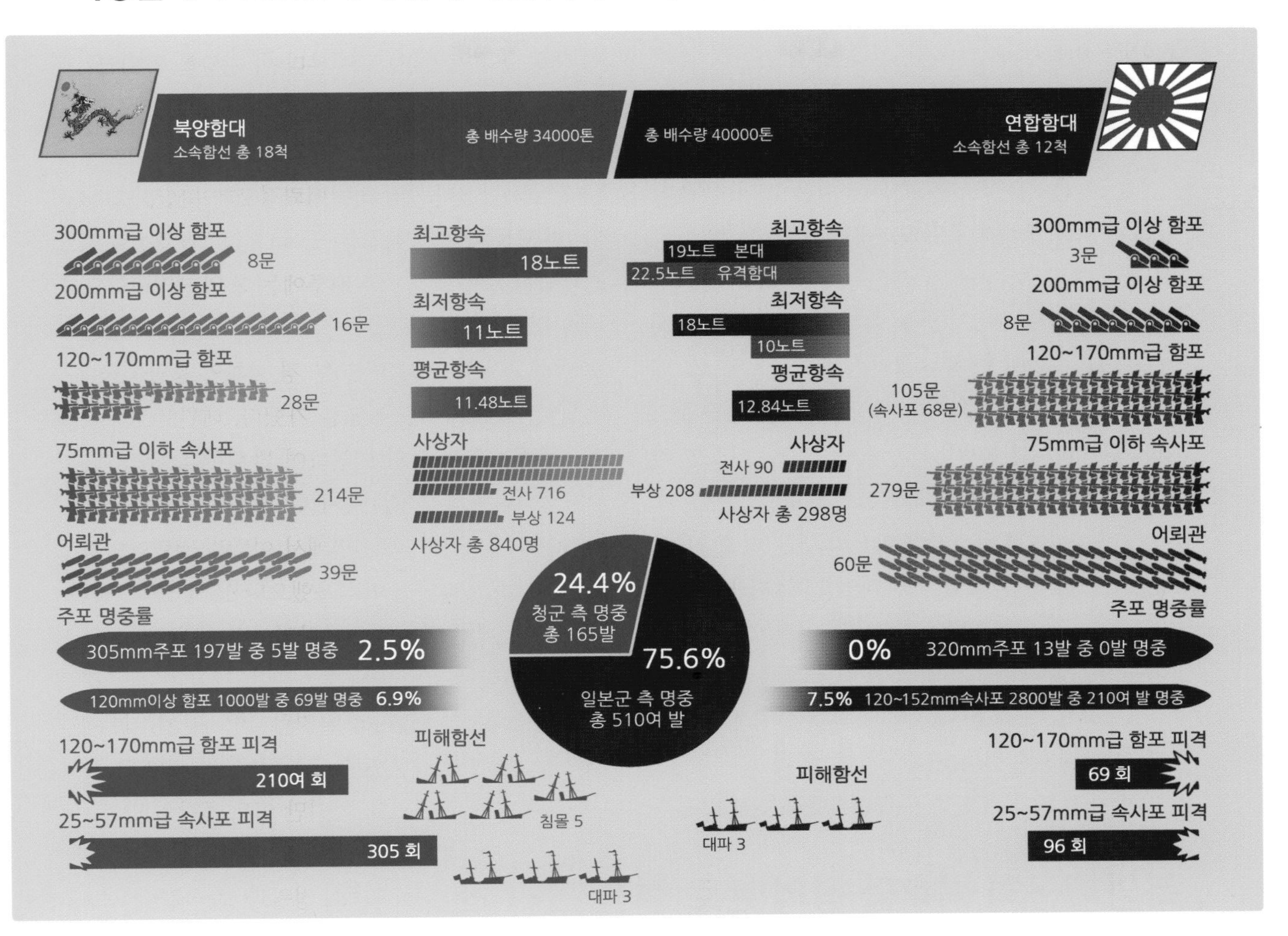

이었다. 첫 번째로 맞은 철갑탄은 폭발하지 않고 그대로 마츠시마를 관통해서 별다른 피해를 입지 않았지만, 두 번째 포탄은 내부에서 폭발했다.

이때 북양해군의 함포 사격은 비교적 정확하게 명중하는 편이었다. 황해 해전에서 305mm 함포는 총 197발을 사격해 5발을 명중시켰으며(2.54%) 4.7인치 함포의 경우 총 484발 중 48발을 일본 해군에 명중시키는 데(9.92%) 성공했다. 이는 정원과 진원을 상대하기 위해 준비한 320mm 함포가 총 13발을 사격해서 단 한 발도 맞추지 못한 것과 매우 비교되는 것이었다.

다시 돌아와서, 정확히 날아든 함포 사격으로 마츠시마에 화재가 발생해 탄약고까지 크게 위협했고, 우현 하갑판의 120mm 4번포와 탄약들을 유폭시켰다. 이로 인해 황해 해전에서 기록된 일본 해군 전체 사상자의 1/3이 여기서 발생했다. 113명에 달하는 장교와 수병들이 죽거나 부상당하는 심각한 피해에 직면했고, 선체가 5도 이상 기우는 등의 피해가 기록되었다. 마츠시마에 발생한 화재는 가까스로 진압되었으나 심각한 손상을 입은 기함을 철수시키기 위해 잠시 전투가 중단되었다. 일본 해군의 기함 역할은 하시다테에게 옮겨졌으며 마츠시마는 전열에서 완전히 이탈했다.

그사이 전투는 잠시 소강 상태로 진입했다. 마츠시마의 기함 임무를 하시다테에게 이양하면서 생긴 공백 동안 정원과 진원의 수병들은 잠시 휴식을 취하며 남아 있는 화재를 진압하고 응급 수리를 마친 뒤 다시 전열로 복귀했다. 16시 10분, 기함 임무를 교대한 일본 해군이 재차 공격해 왔다.

17시까지 일본 해군은 맹공을 퍼부었으나, 정원

과 진원의 두터운 방호력은 이를 저지할 수 있었다. 17시 45분, 마침내 양측이 준비한 탄약이 모두 바닥나면서 전투가 서서히 종막을 고하고 있었다. 정원은 305mm 함포탄이 4~5발 가량만 남으면서 전투 지속이 어려워졌고, 일본 해군 역시 마찬가지였다.

당시 함포들의 특성 때문에 탄을 많이 싣지 않았다는 점을 상기해야 한다. 이 당시 함선들은 브리치 로더식 함포의 특성상 사격 속도가 느려 많은 양의 탄약이 필요하지 않았다. 이에 따라 청일 양 국의 해군 모두 대량의 탄약을 싣지 않았다. 한 예시로 일본 해군의 순양함 츠쿠시와 북양해군의 초용급 순양함은 단함별로 고폭탄 34발, 유산탄 10발을 포함 약 100여 발의 탄약만을 휴대했다.

10인치 함포를 장착한 함선의 경우 함포 1문당 50발을 보유하는 것이 기본이었으며, 마츠시마의 경우 320mm 함포 1문당 60발, 4.7인치 함포 1문당 100발만을 휴대하고 있었다. 이러한 휴대 탄약을 모두 소진한 양측 해군은 더 이상 전투를 지속하기 어려운 상황에 이르렀다.

야간이 되자 이토 중장은 전투를 중단하고 철수할 것을 명령했다. 북양함대 역시 북서 방면으로 철수를 시작했다. 정원과 진원, 그리고 살아남은 순양함 내원과 정원, 광병, 포함 진남과 진중은 위해위가 아닌 여순으로 철수했다

양측은 모두 상당한 피해를 입었다. 일본 해군은 3척의 함선이 중파되었고 298명의 사상자를 냈다. 반면 청의 북양해군은 5척의 순양함이 격침 및 중파당한 것을 비롯해 840명의 사상자를 내야했다. 비록 정원과 진원은 각각 55명, 41명의 사상자를 내며 예상보다 적은 희생을 냈으나 나머지 순양함들의 손실이 막심했다.

황해 해전은 일단 일본 해군의 판정승으로 끝이 났으나, 이는 결정적인 것이 아니었다. 일본 해군은 아직 바다를 완벽하게 장악할 수 없었으며, 북양해군은 패배했을지언정 아직 정원과 진원 등 주력함과 6~7척 이상의 함선을 재배치할 능력을 갖추고 있었다. 더군다나 북양해군이 청 남부 해안 일대에 주둔 중인 남양수사의 증원을 받게 된다면 지금까지의 전과가 수포로 돌아갈 가능성이 컸다.

북양해군의 최후와 청의 본토 결전

평양 전투와 황해 해전에서 승리한 일본군은 본격적인 만주 공략을 위하여 보급로와 통신선을 개설하기 시작했다. 여기에 조선 정부를 압박, 보급선을 유지할 우마 및 백성들을 징발해 일본군을 원조할 것을 강요했다. 그러나 여전히 협조에 미진하자, 강제로 평안도 일대에서 인력과 군량을 수집하기 시작했으며 이로 인한 대민 피해는 매우 상당했다.

일본군은 평양에서 청군을 상대로 대승을 거둔 뒤 일시적인 휴식을 취한 후, 한만 국경선 일대로 진격하였다. 일본군은 정찰 보고를 통해 평양-의주를 이어 주는 대로가 가장 양호한 진격로임을 파악했다. 특히 평양전투에서 맹활약한 포병대의 기동에 가장 적합한 곳이기도 하였으며, 청군 역시 평양에 대한 육상 지원을 위하여 해당 대로를 이미 수리한 상태였다. 이 때문에 일본군은 청군이 정비한 도로를 적극적으로 활용할 수 있었다.

10월 18일, 본격적으로 평양에 전신선이 모두 가설되자 일본군은 본격적인 행동에 나섰다. 일본군은 의주 방면 공격을 위하여 이전까지 자국군에서 가장 큰 부대 단위였던 사단에서 벗어나 야전군 조직을 창설하였다. 제3사단과 제5사단으로 구성된 제1군은 야마가타 아리토모 원수의 지휘를 받았으며 전략 목표는 청의 지상군 주력을 섬멸하고 여순을 점령하는 것이었다.

이에 맞선 청군은 송경이 지휘하는 청군 49개 영 26,000명의 병력이었다. 평양 전투에서 청군이 패배하자 이홍장은 송경에게 한만 국경 일대를 방어하라는 임무를 맡겼다. 그는 유럽에서 신식 군사학을 배운 노련한 지휘관이었으며, 그는 당장 한만 국경 일대에 부족한 청군 전력을 효과적으로 운용할 수 있도록 압록강을 끼고서 방어선을 구축했다. 청군은 23,000명의 병력을 동원해 일본군이 도하할 것

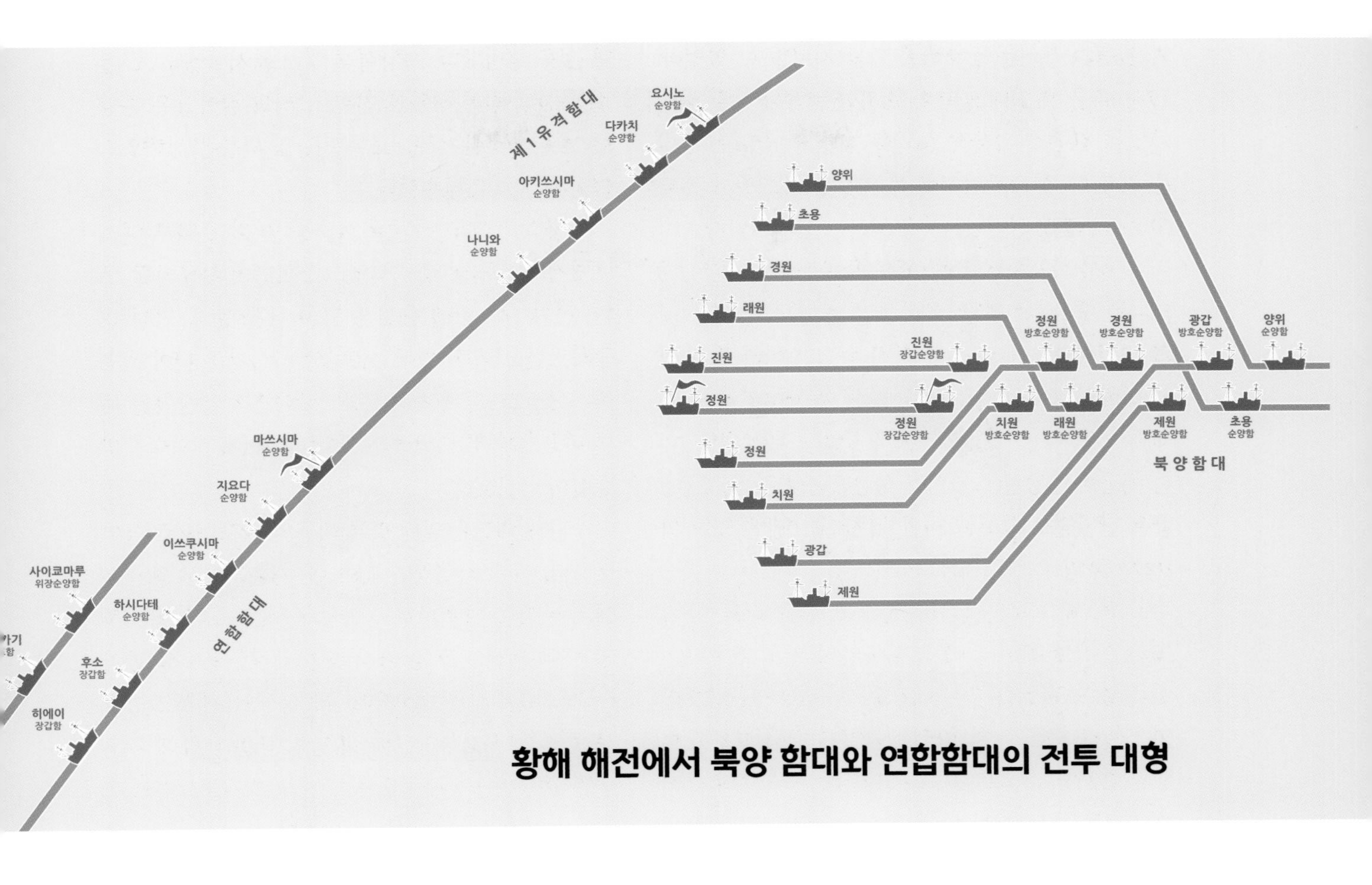

황해 해전에서 북양 함대와 연합함대의 전투 대형

으로 예측되는 의주 방면의 방어선을 강화했다. 약 16km에 달하는 방어선에 100여 개의 보루를 쌓았으며 봉천 등 만주 일대에서 병력을 추가로 소집하고 있었다.

그러나 일본군은 너무나도 간단하게 청군의 압록강 방어선을 돌파했다. 10월 24일, 뗏목과 부교를 동원해 일본군이 도하를 시도했고, 곧이어 사토 대좌가 지휘하는 제18연대 예하 7개 중대 및 소수의 기병, 2문의 야포를 동원해 강안을 방어하던 청군을 격파했다. 다음 날인 24일 본격적으로 제3사단 병력들이 일제 도하했으며 청군이 심혈을 기울여 만든 방어선은 순식간에 붕괴되었다. 증원부대가 급히 도착해 일본군의 도하 교두보를 차단하고자 했으나 이미 너무 늦은 상황이었다.

청군은 제대로 저항하지 못한 채 요새들을 내주었다. 일부 요새는 600m 내에 일본군이 접근해오자 청군이 모두 도주할 지경이었다. 일본군의 사상자는 경상자 1명 뿐이었으며, 사토 대좌는 성공적으로 압록강 좌안에 교두보를 확보하자 기병들을 보내 본대에 상황을 전파하였다.

교두보를 확보한 일본군은 10월 24일 야간부터 공병대를 동원해 3개 방면의 교두보를 확보하도록 하였다. 각각 너비 60m, 150m, 110m에 달하는 강을 도하해야했지만, 청군은 이렇다 할 대응을 하지 않았다. 결국 25일 새벽 4시 30분, 일본군 제3사단이 일제히 도하했다. 뒤늦게 오전 6시 10분부터 7시 45분까지 청군은 방어선 우익 일대에서 반격을 시작했음에도 도하해 온 일본군을 제대로 저지하지 못했으며 오전 10시 30분 압록강 일대의 모든 청군 방어선이 저항을 포기하고 단동 방면으로 패퇴해 버렸다.

일본군은 이 전투에서 33명의 전사자와 111명의 부상자를 낸 반면, 청군은 435명의 사상자를 냈다. 이는 도하전임에도 불구하고 양측 사상자가 그렇게 나오지 않았음을 의미하며, 전의를 상실한 청군을 상대로 일본군의 기습 도하가 매우 효과적이었음을 뜻하였다.

이후 제1군은 봉황성에 무혈 입성하였고, 이후 3사단과 5사단을 요동 반도 서안 일대로 투입하기

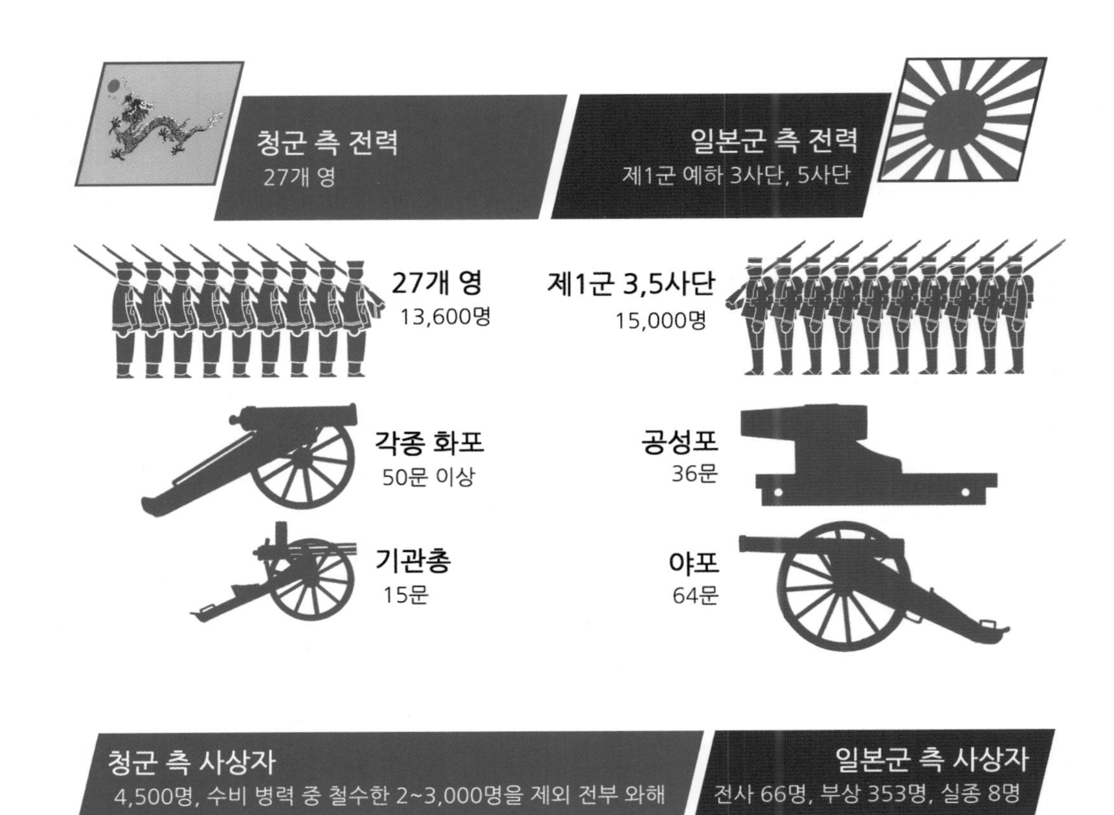

여순 방어전 양측 병력 및 피해 상황

시작했다. 공간을 내주고 시간을 벌어야 하는 청군이었으나, 소집된 병력으로는 요동의 전략적 요충지들을 모두 방어하기 어려운 상황이었다. 이미 탄약 문제가 심각하여 상해를 통해 해외 물자들을 구매하기 시작했지만, 재보급에 어려움을 겪고 있었으며 전반적으로 전선부대의 사기가 심각하게 낮은 상태였다.

청군의 입장에서 여순은 반드시 사수해야 하는 지역이었다. 조선에 해방(海防)을 제공할 수 있는 창끝 전력이 집결한 곳이자 북양해군의 심장부였다. 그러한 전략적 중요성으로 인하여 1880년대부터 이 지역에 대해 청 조정은 막대한 예산을 투자해 방어시설과 항만시설을 구축하였다. 더욱 크게 보자면 청에게 있어서 여순뿐만 아니라 대련과 위해위를 이어 주는 축선은 발해만을 사수하며 더 나아가 북경과 천진을 보호할 수 있는 전략적 요충지였다. 그렇기에 여순 방어를 위해 대규모 병력도 집결한 상태였다.

여순의 방어부대는 총 27개 영 13,600명에 달했으며, 전쟁 발발 직전 7,800명의 주둔군에 비하면 약 2배 가량의 병력으로 증강된 것이었다. 그러나 사기가 너무 낮은데다가 일부 지역에서 소집된 신병이 모두 합쳐진 숫자였기에 실제 전투력은 매우 낮았다는 평가를 받고 있었다.

게다가 대련을 방어하던 청군은 200여 명의 사상자를 낸 채 별다른 저항을 하지 않고 여순으로 도주했기 때문에 병력 통제도 상당히 어려운 상황이었다. 이런 상황에서 북양해군은 선택을 해야 했다. 여순 방어군을 지원할 것인지, 아니면 방어를 포기하고 위해위로 철수하여 산동반도 및 천진과 북경 방어에 지원을 해 줄 것인지에 대해서였다.

이에 대해 북양해군을 실질적으로 통제하는 이홍장과 제독 정여창은 같은 결정을 내렸다. 그들은 여순에서의 방어전을 포기하고 위해위로 철수하기로 했다. 이러한 결정의 원인은 서로 상이하다. 이홍장은 이후 일본과의 협상에서 북양해군을 마지막까지 남겨 두어 압박할 수 있는 카드로 쓰고자 했으며 동시에 전쟁의 막바지에 자신이 심혈을 쏟아 키워낸 함대가 무의미하게 손실되는 것을 피하고 싶었다.

반면 정여창 제독은 여순 방어가 현실적으로 어렵다는 평가와 함께, 청의 육군이 북양해군과 협조가 되지 않는다는 점을 지적했다. 또한 위해위에는 함대가 사용할 수 있는 보급물자가 많았기 때문에 전투지속능력을 유지하기 위해서는 결국 이동을 해야 할 수밖에 없다고 보았다. 이홍장과 정여창의 이유는 달랐지만 여순 방어에 대한 어려움은 인지했기에 북양해군은 빠르게 철수했다. 여순이 함락되던 11월 7일, 북양해군은 항구에서 빠져나와 위해위로 철수했다.

일본 해군은 북양해군이 적어도 11월 말까지는 황해 해전에서 입은 피해를 복구해야 한다고 추정했다. 이 때문에 여순에서 철수하지 못하리라고 판단하여 항구 봉쇄를 비교적 느슨하게 수행하고 있었다. 오히려 아직 살아남은 북양해군의 순양함과 어뢰정들이 상륙 중인 일본군 제2군을 공격할 것을 우려해 해상로 방어에 주력하고 있었다.

그러나 예상과는 달리 북양해군은 순양함 내원을 제외하고 이미 10월에 손상을 입은 모든 함선을 수리하였다. 일본 해군은 11월 8일에서야 이들이 여순에서 빠져나온 것을 알 수 있었으나 15일까지 북해군대의 위치를 파악할 수 없었다.

한편 여순 전투는 청군에게 큰 비극으로 종결되었다. 수비군은 13,600명의 병력과 50문 이상의 화포 및 15문의 기관총으로 무장하여 외견상 강력한 화력으로 일본군을 상대할 것으로 기대할 수 있었다. 11월 5일, 일본군은 최초로 청군의 방어선과 조우했다. 청군은 당시 1,500명의 수비대를 동원하여 매복한 채 지뢰를 폭파시켜 일본군의 진입을 저지하고자 했으나 선두부대 지휘관이 적절하게 이를 피함으로서 시도가 무산되었다.

여순 외곽에는 약 4,000여 명의 청군이 전투가 벌어지는 동안 일본군의 후미를 공격해 구원을 시도하기도 했지만, 그뿐이었다. 물론 여순 자체는 일본군이 보기에도 외견상 공략이 어려운 지역이었다. 그렇기에 그 어느 때보다도 지상에서의 포병 화력이 중요하다고 판단, 총공세를 하기로 한 11월 21일이 되기 전까지 최대한 많은 화포를 수송해 왔다.

일본군은 11월 21일, 공세가 시작되기 직전까지 일본군은 총 36문의 공성포와 64문의 야포를 동원할 수 있었다. 오전 2시경에 일본군은 총공세 준비를 마쳤고, 동이 틀 무렵 대규모 포격을 시작으로 여순 공방전의 시작을 알렸다. 짙은 아침 안개와 포연에 가려져서 포격의 정확도를 보장할 수 없었으나, 대체로 일본군의 포격은 청군의 요새진지 화력들을 효과적으로 제압했다.

낮 12시 30분이 되자 청군의 여순 방어선은 거의 무너졌다. 청군은 투입한 13,600명의 병력 중 4,500명의 사상자를 내며 완전히 붕괴했다. 그중

위해위 공략전에서 활약한 일본군 수뢰정

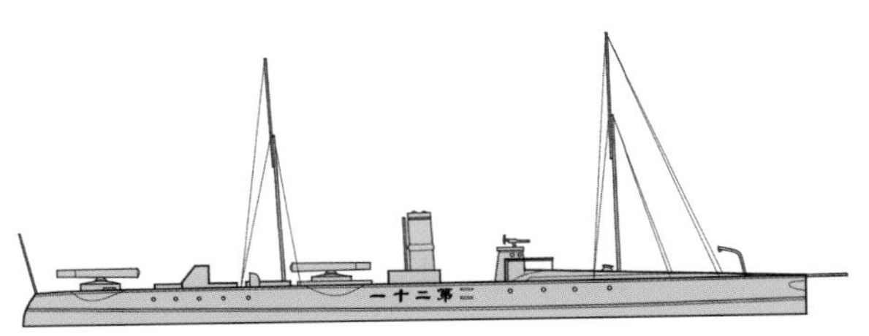

제21호형 수뢰정(第二十一号型水雷艇)

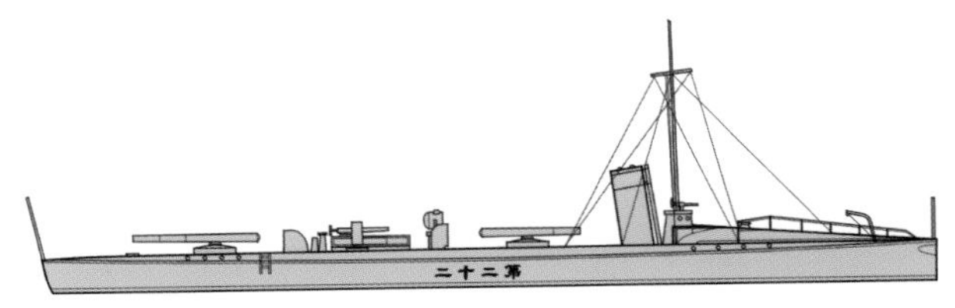

제22호형 수뢰정(第二十二号型水雷艇)

웨이하이웨이 공략전에서 일본군 수뢰정은 1895년 2월 4-5일 정원 격침 임무를 맡았다. 프랑스에서 건조한 21호 수뢰정은 갓 만든 신조함이었으며 배수량 80톤, 최고 속도는 20노트였다. 47mm 속사포 1문과 어뢰발사관 3기를 달았다. 22호 수뢰정은 독일에서 건조했으며 1893년 진수했다. 배수량은 85톤, 최고 속도는 19노트였으며, 47mm 속사포 2문, 어뢰발사관 3기로 무장했다. 22호 수뢰정은 정원 기습 작전에 참가했다가 침몰했다.

정여창 제독

정여창의 군 경력은 의외로 태평천국군에서 시작한다. 그러나 1861년 이후 이홍장 휘하의 회군에 합류했다가 1875년 북양함대 건설에 합류했다. 1888년 북양함대의 정식 출범 이후 제독이 되었다. 북양함대는 이홍장이 심혈을 기울였으나 1891년부터 해군 예산이 삭감되었기에 청일 전쟁 당시 외형에 비해 내실은 그리 좋지 않았다. 황해 해전 당시 정여창은 정원에 좌승하여 함대 사령관으로써 해전을 지휘했지만 패전했고, 이후 위해위 방어전에서 항복한 뒤 음독자살한다.

2~3,000여 명의 병력만이 나름대로 대오를 유지해 철수할 수 있었으며, 나머지 병력은 대부분 흩어져 버렸다. 그에 반해 일본군은 여순 전투 전체에서 66명의 전사자와 353명의 부상자, 8명의 실종자를 냈을 뿐이었다.

이 과정에서 일본군은 학살 사건을 일으켰다. 일본군 포로에 대한 청군의 살해 현장이 발견되었던 것이 그 원인으로 지목되고 있다. 여순 함락 후 일본군 제1사단은 최소 1,000여 명에서 2만에 이르는 청군과 민간인을 학살했다고 알려졌다. 청일전쟁의 러시아 측 기록자인 르제프스키는 1895년, 전투 직후 2,445명의 시신이 여순에 묻혔다고 상세하게 기록했으나, 이 숫자가 청군에 한정한 것임을 감안할 때 민간인까지 합쳐진다면 더 많았을 것으로 추정할 수 있다.

대련과 여순의 함락 이후, 일본군의 목표는 이제 청의 북양함대가 의지하고 있는 위해위로 정해졌다. 위해위는 57문의 중포와 6,500명의 수비병력을 보유하고 있었으며 무엇보다도 강력한 북양함대의 지원을 받을 수 있었다.

그러나 청군은 일본군의 예상 진격로를 잘못 판단하고 있었다. 일본군이 본격적으로 북경 등 청의 심장부로 진격할 것으로 보았고, 이에 북경-천진 축선에 10만 이상의 병력을 투입하여 방어선을 세우고 있었다. 정확하게, 산해관에 5만의 병력을, 그리고 북경에 55,000명의 군대를 소집해 방어전을 준비했다. 이를 위해 천진기기국은 40문의 야포와 10만 발의 탄약을 산해관 방어의 책임자 흠차대신 유곤일에게 제공했지만, 지휘계통의 문제 및 매우 혼란스러운 상황으로 인해 수십 일간 축축한 땅에 방치되어 사실상 사용이 불가능한 상태에 이르렀다.

반면 위해위를 비롯해 산동반도를 방어할 병력은 17,000명에 불과했다. 그나마 위해위의 수비병력 6,500명 중 4,000명은 북양해군 소속 수병과 시설 인원들이었기에 전투력이 현저히 떨어졌다. 또한 위해위 자체의 병력을 제외하고 1만 명의 청군 병력은 등주 등 반도 전체를 방위해야 했기 때문에 사방에 흩어져 방어선이 매우 얇은 상태였다.

일본군이 계속해서 요동 내륙으로 진격함과 동시에, 제2사단과 6사단은 연합함대와 함께 산동반도에 공세를 가하기 시작했다. 먼저 북양함대가 여순

이토 스케유키 제독

1843년 사쓰마에서 태어난 이토 스케유키 제독은 1871년 해군에 대위로 임관해 86년 소장으로 진급했다. 청일전쟁 동안 연합함대 사령장관으로 황해 해전 등에서 함대를 지휘했고, 청일전쟁 이후 공로를 인정받아 자작 작위를 받았다. 러일전쟁 동안에는 해군 군령부장이었으며 종전 이후 원수가 되었다. 1907년에는 백작으로 승작하였고 군에서 은퇴한 뒤 1914년에 사망했다.

항에서처럼 빠져나갈 수 없게 봉쇄선을 구축하고 지상군을 1895년 1월 10일부터 총 50여 척의 수송선단을 동원해 산동반도 방면으로 상륙전을 전개했다. 청군은 일본군의 상륙에 별다른 저항 없이 물러섰다. 오직 300여 명의 병력이 일본군 3여단의 상륙에 일시적으로 총격을 가했으나, 곧이어 통보함 야에야마의 포격을 받고서 철수했다.

1월 20일, 3여단 전체 병력이 산동반도의 영성(榮城)에 상륙했고, 이후 4여단, 11여단이 1월 24일까지 모두 상륙할 수 있었다. 일본군의 상륙 직후 위해위의 청군 지휘부는 정여창 제독의 주관 아래에 방어작전을 논의했다.

이때 청군에게는 2가지 계획이 있었다. 하나는 북양해군이 이번에도 위해위 방어를 포기한 뒤 베이징 인근의 대고 포대로 철수하여 후일을 도모하여 수도권을 방어하는 데 일조하거나 혹은 더 남쪽의 상해로 철수해 남양수사와 합세하자는 것이었다.

다른 계획은 위해위에 남아 지상군과 함께 지역을 방어하는 것이었다. 정여창 제독을 비롯하여 북양해군 지휘부는 잔류하여 일본군의 공세에 맞서는 것을 선택했다. 그러나 이는 반드시 지역을 방어하겠다는 결의에서 기인한 것은 아니었다.

그들이 방어를 결의한 데에는 위해위를 포기하게 된다면 전후에 자신들에게 취해질 청 조정의 처벌이 두려웠던 것이 컸다. 황해 해전에서의 패배와 대련, 여순의 실함에 있어서 북양함대 지휘부는 책임을 회피하기 어려웠다. 비록 여순에서의 철수는 이홍장의 의중이 있었으나, 그 역시 전쟁에 대한 책임을 지고 자신의 관직에서 해임된 상황이었다.

1895년 1월 25일, 전 부대가 상륙한 이후 일본군은 위해위로 진격하기 시작했다. 험준한 지형과 영하 15도를 넘나드는 끔찍한 추위와 눈보라에도 불구하고 1월 29일부터 본격적인 공세가 시작되었다.

청군의 방어 요새들은 여지없이 붕괴되었다. 일본군 11여단의 공세에 위해위를 방어하던 요새들이 상실되었으며, 장비 파기 역시 이루어지지 않아 일본군은 240mm 중포들을 노획해 위해위 포격에 사용하기 시작했다. 1월 30일에 이어진 공세에서도 청군의 방어선은 붕괴되고 있었다. 이 과정에서 공세를 이끌던 11여단의 여단장 오데라 야스즈미 소장이 북양해군 소속 순양함 제원의 포격으로 전사하는 등

200여 명의 사상자를 냈으나, 청군은 1,000여 명의 전사자를 내며 패퇴했다.

청군이 요새지대 방어를 포기하고 도주하자, 정여창 제독은 수병들을 차출하여 방기된 요새포 및 해안포와 탄약들을 파기하도록 지시했다. 요새지대에는 더 이상 북양해군을 위협할 수 있는 장비가 남아 있지 않았으나, 외부 증원과는 이제 완벽하게 차단되었다. 오로지 3,000명의 북양해군 승조원을 포함해 5,500여 명의 수비대만이 위해위를 방어할 뿐이었다.

북양해군은 적극적으로 위해위 방어에 나서는 편이었다. 함포를 동원해 해안의 일본군 진지를 포격하며 지상 방어를 지원하고 있었다. 일본군은 이러한 북양해군을 제압하기 위해 원거리에서 포격하고자 했으나, 환경적인 요소는 이러한 포격을 방해했다. 오히려 북양해군이 2월 3일 100~150명의 병력을 상륙시켜 일본군에게 빼앗긴 요새를 탈환하려는 시도까지 하고 있었다.

정면으로 공략하기에는 여전히 정원과 진원이 남아 있었기 때문에 시도하기 어려웠다. 이에 일본해군은 어뢰정대를 동원해 위해위의 북양해군 기항지를 습격하기로 했고, 폭풍우가 지나간 2월 4일 저녁부터 공격을 개시했다.

일본 해군은 총 8~10발의 어뢰를 발사했고, 이 중 2발을 정원에게 배정했다. 어뢰에 피격된 정원은 긴급히 대미지 컨트롤에 나섰으나, 피해가 심각해 아침까지 버틸 수 없을 것으로 판단, 전원 피함하라는 명령을 내렸다. 2월 6일까지 북양해군은 일본 해군 어뢰정에 의하여 정원을 비롯, 순양함 내원과 위원을 잃었다.

일본 해군은 총 15척의 어뢰정을 투입했으며, 이 중 2척이 침몰하고 4척이 파손되었으나 북양해군을 무력화한 것에 비하면 가벼운 손실이었다. 2월 4일부터 6일 사이에 북양해군은 주력함선을 손실하면서 돌이킬 수 없는 상황에 이르렀다. 2월 7일, 청군의 피해 사실이 전해지면서 일본군은 대대적인 공세를 펼쳤다.

위해위의 기항지를 보호하는 마지막 요새지대의 저항은 매우 격렬했고, 6척의 일본 군함이 피격되었으나 경미한 손상만을 입었다. 아직 잔류해 있던 북양해군의 어뢰정 15척이 갑작스럽게 항구를 빠져나오면서 일시적으로 일본 해군이 전투를 중단했지만, 곧바로 대응에 나선 순양함들에게 일방적으로 학살당했다. 15척 중 13척이 포격으로 파괴되었고, 나머지 2척 역시 요시노와 다카치호의 추격 끝에 해안가에 함선을 버리고 도주해 버렸다.

이제 승부의 추는 급격하게 일본군에게 기울어졌다. 마지막 남은 진원도 2월 9일, 일본군의 280mm 포탄이 어뢰 구획을 관통하고 흘수선 아래에서 폭발하면서 선체에 거대한 구멍이 만들어졌다. 결국 50분 만에 진원마저 좌초되면서 북양함대는 더 이상 저항의 의지를 이어갈 수 없었다.

사기가 저하된 청군 수비대는 2월 8일 반란을 일으켰으며, 이 반란은 12일까지 지속되었다. 북양해군 수병들이 반란을 일으킨 청의 지상군을 제압하며 상황을 통제했으나, 청군 전체로 볼 때 더 이상의 저항은 불가능하다는 것은 지배적인 판단이었다. 결국 정여창 제독은 2월 12일, 이토 중장 및 오야마 원수에게 항복을 제안했다.

일본군은 그의 항복을 받아들이고 청군 및 그들과 함께했던 외국인 군사교관단의 안전을 보장했으며, 14일 순양함 마츠시마에서 공식적으로 항복 문서에 조인했다. 직후 패전의 책임을 지고 정여창 제독을 비롯해 여러 고위급 장교들이 음독 자살을 선택했고, 2월 17일 일본군이 마침내 기항지로 진입하면서 잔존 함선 및 장비들을 노획했다.

위해위 함락은 결과적으로 북양해군에 종말을 고했다. 북양해군의 자존심이었던 정원을 비롯, 3척의 순양함과 14척의 어뢰정이 격침되었고 진원과 순양함 2척, 어뢰정 1척과 포함 6척이 노획되었다. 육해군 사상자 2,000명, 그리고 5,124명의 포로는 사실상 북양해군이라는 조직이 더 이상 남아 있지 않음을 의미했다.

일본군은 위해위 공략전에서 북양해군을 제거하며 압도적으로 승리했다. 육해군을 합쳐 전사 103명, 부상 265명 및 어뢰정 2척에 불과한 피해만을 입었을 뿐이었다.

위해위가 함락될 무렵, 만주에서의 청군도 패

색이 짙어졌다. 송경이 지휘하는 49개 영 26,000명의 청군은 어떻게든 일본군을 격퇴하기 위해 노력하고 있었으나, 중앙의 지원이 오지 않았다. 1895년 1월과 2월, 3차례에 걸쳐 만주 전역에서 청군은 반격을 가했지만 여의치 않았다. 오히려 폭설과 추위로 인해 일본군에게 큰 손실을 입히지 못하고 패퇴하는 상황이었다.

청 조정이 소집한 대부분의 병력은 산해관과 북경에 배치되어 있었다. 송경은 계속해서 요동반도 내부로 깊숙히 진격해 오는 일본군을 저지하기 위해 사력을 다했으나, 이미 전세는 완전히 기울어졌다.

지상전에서도, 해상전에서도 패배한 청은 평화협상을 시도했다. 3월 19일, 이홍장을 전권대신으로 한 청의 사절단이 시모노세키에 도착해 이토 히로부미 일본 총리와 협상을 시도했다. 초기 협상은 난항을 겪었는데, 이는 일본 측의 요구가 너무나도 과도했기 때문이었다.

3만 냥의 은과 경제적 이권, 대만과 여순-대련을 비롯한 요동반도 및 조선을 자주국으로 인정하는 것은 청의 심장부를 직접적으로 위협할 수 있는 사안이었다. 그러나 같은 달 24일, 이홍장의 목숨을 노리려던 암살 시도가 있었고, 이 때문에 일본 정부는 국내외적으로 난감한 상황에 놓이게 되었다. 덕분에 초기의 무리한 요구 사항이 수정되었으며, 3월 30일 만주-화북 일대에서 휴전이 선언되었다.

다만 대만의 팽호제도는 예외였는데, 일본군이 이 지역에 대한 군사작전을 진행 중이었기 때문이다. 마침내 1895년 4월 17일, 시모노세키에서 양측의 최종적인 평화조약이 조인되었다. 청은 조선이 자주국임을 인정했고, 요동반도와 팽호제도, 대만에 대한 영유권을 포기하고 2억 냥의 은자를 지불하는데 동의했다.

또한 일본인들에 대한 세금, 법적 특권을 부여하고 4개의 항구를 추가로 개항할 것이며, 조약 이행을 보장받기 위해 위해위를 점거할 것에도 동의했다.

그러나 이 과정에서 러시아와 프랑스, 독일이 개입했다. 이를 두고 3국 간섭이라고 하였다. 프랑스는 영일동맹의 힘이 세지는 것을 제지하기 위해 즉시 개입했다. 러시아는 북중국 일대에 관심을 크게 가지지 않았으나, 당시 러-프 동맹에 의하여 프랑스에 대한 신의를 보여주기 위해 개입을 결정했다.

독일은 극동에 대한 개입이 러시아의 관심을 분산하여 러-프 동맹을 약화시킬 것이라는 판단으로 간섭에 참여하였다. 더불어 산동반도 및 청도에 세력권을 구사하던 독일의 입장에서 일본의 입지가 넓어지는 것은 방관할 수 있는 일이 아니었다. 4월 23일, 3국 간섭은 일본에 요동 반도의 점령은 동아시아 지역의 평화를 불안정하게 할 수 있는 요소이며, 이를 즉각 반환해야 한다는 '조언'을 남겼다.

3국 간섭에까지 대응할 여력이 없었던 일본 정부는 요동반도를 포기하는 대신, 추가적인 재정적 보상인 3,000만 냥의 은을 청에 요구했다. 청은 이를 받아들였고, 5월 8일 개정된 시모노세키 조약이 비준되면서 청일전쟁은 일본의 승리로 막을 내렸다.

청별기(淸別技)

프랑스인 조르주 페르디낭 비고는 일본에서 활동하며 많은 그림과 사진을 남겼는데, 청일전쟁 중 조선에서 촬영한 사진집에 소켓형 총검을 장착한 소총을 벽에 기대 두고 당파창을 든 병사의 사진이 있다. 사진의 병사는 머리 모양 등으로 보아 조선인으로 보이지만, 특이하게도 청군의 군복을 입었다. 아마 조선인에게 여러 전리품을 주어 입히고 모델로 삼았을 것이다.

해당 자료를 바탕으로 임오군란 후 청의 주도로 조직된 신건친군좌영 병사의 복장을 묘사했다.

※ 니스 소피아 앙티폴리스 대학교 소장 Georges Ferdinand Bigot, Corée - 32 - Coréen en armes(1894) 참조

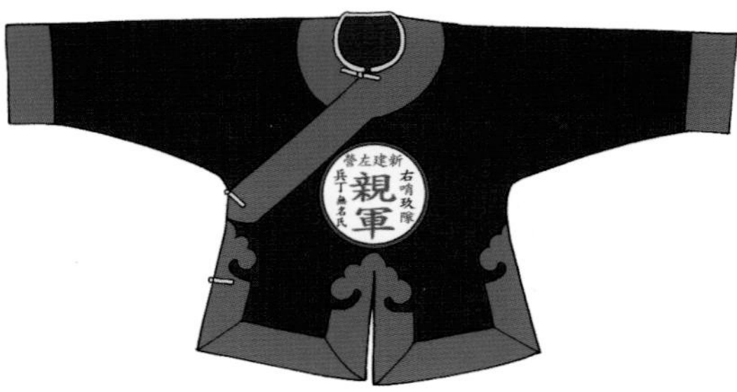

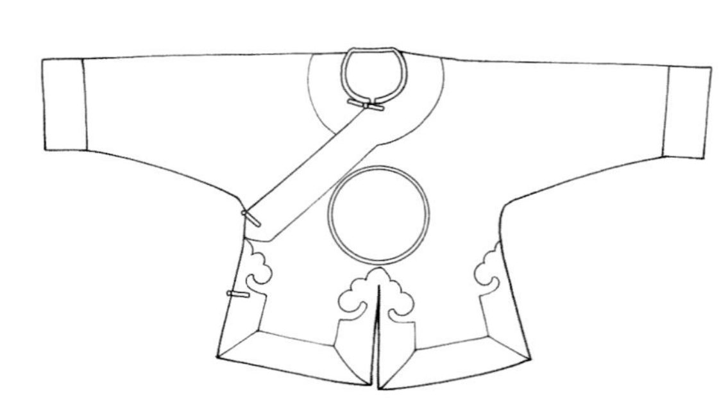

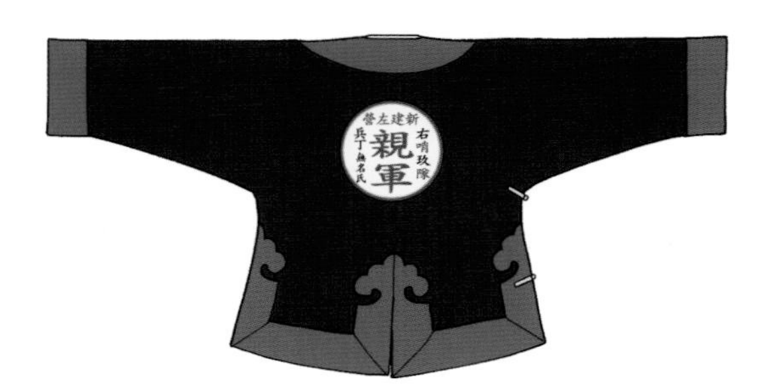

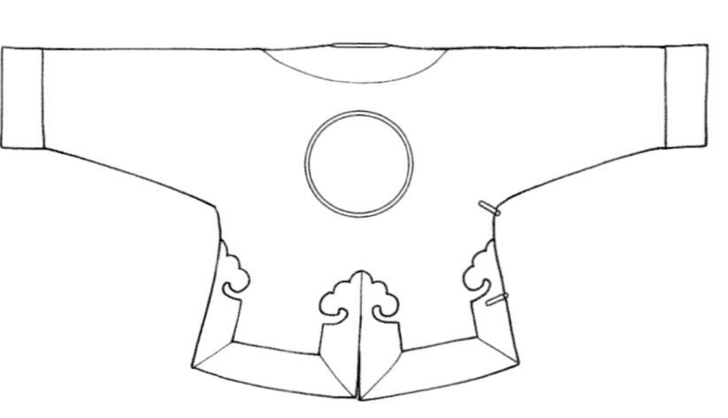

청군 부대별 군복

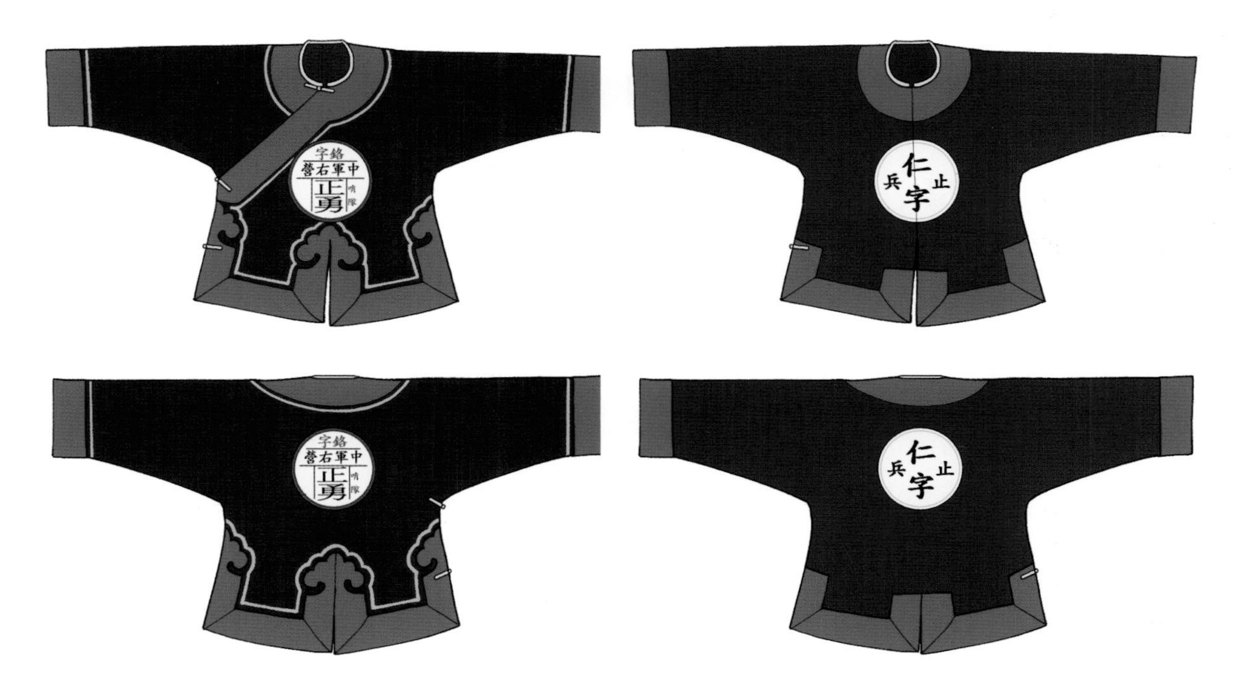

청일전쟁 당시 투입된 청군의 주력은 회군(淮軍- 1862년 이홍장이 대평천국군에 대응하기 위해 안휘성에서 조직한 의용부대로서 이후 정규군이 됨)이었다. 위의 왼쪽은 유명전이 지휘하는 회군의 주력 부대 명자영(명자군)의 군복 상의이다. 중앙에 장표를 달았으며, 끈으로 여미는 방식이었다. 오른쪽은 회군 인자영(인자군)의 군복 상의. 가운데 여밈 방식이다.

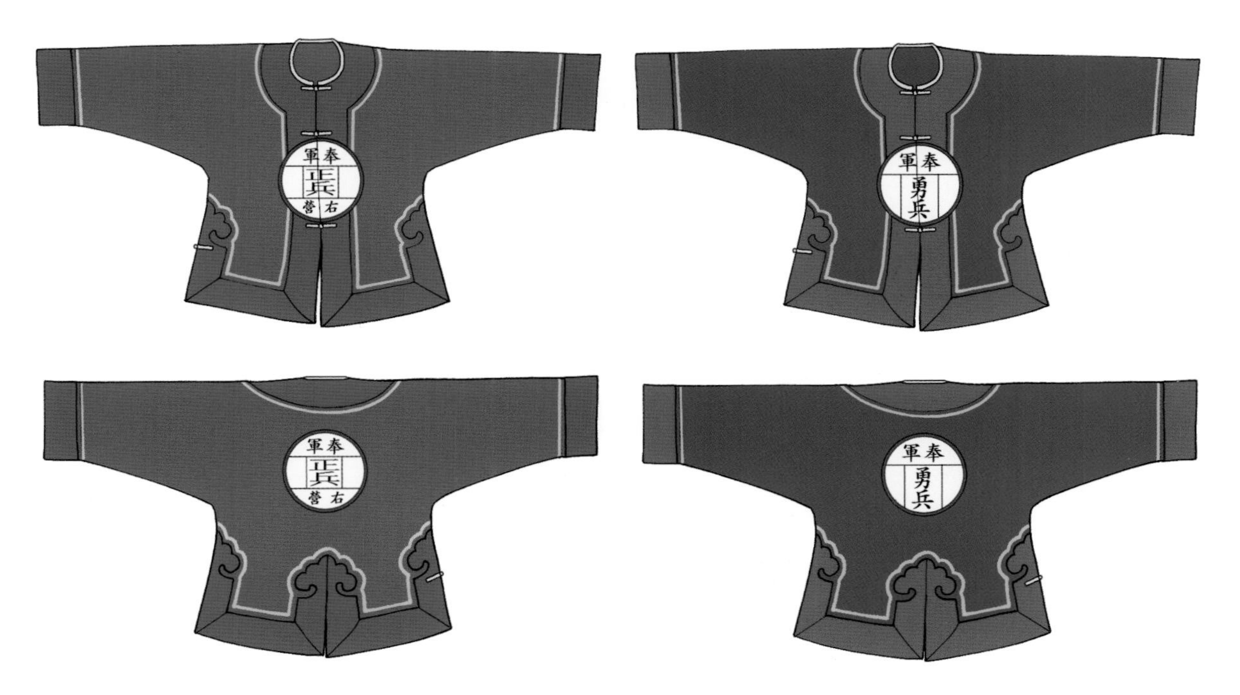

회군을 지원했던 봉군의 군복. 가슴에 正兵이라 쓰인 군복은 녹영에서 유래한 정규군, 勇兵은 원래는 임시 소집된 병사들이었지만, 동치제 시기 이후로는 상설화되었기에 청일전쟁 시점에는 용병 역시 정규군이었다.

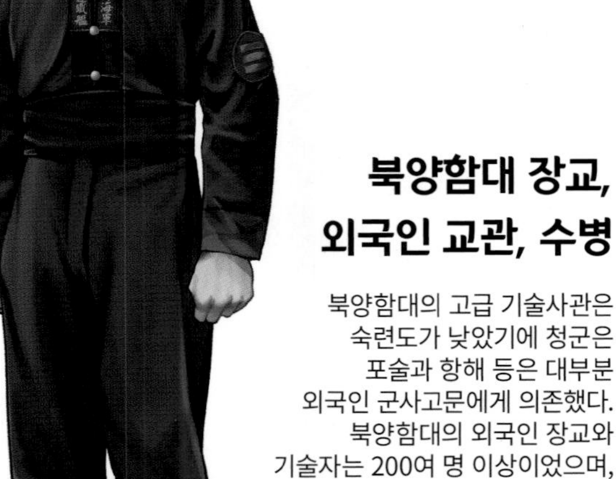

북양함대 장교, 외국인 교관, 수병

북양함대의 고급 기술사관은 숙련도가 낮았기에 청군은 포술과 항해 등은 대부분 외국인 군사고문에게 의존했다. 북양함대의 외국인 장교와 기술자는 200여 명 이상이었으며, 미국인이자 진원의 부함장 필로 노턴 맥기핀(Philo Norton McGiffin- 그림의 인물) 등 여러 명이 청일 전쟁 동안 중상을 입거나 전사했다. 청군 수병은 가슴에 소속을 표기했다. 그림의 수병은 북양함대 진원함 소속이다.

일본 해군 장교와 수병

좌측의 정복을 입은 인물은 중장, 우측의 장교는 함장급인 대령이다. 수병은 군모에 근무 함선을 표시했는데, 그림의 인물이 소속한 후소는 양차 대전 중의 전함 후소와는 별개 함선이다. 청일전쟁 시점에서는 꽤 구형함이었다.

제2차 동학농민운동

일본 통제하의 조선군 재무장

1895

동학 제2대 교주 최시형(崔時亨)

제2차 동학농민운동

일본 통제하의 조선군 재무장

조선군의 재무장과 양호도순무영

경복궁 쿠데타 이후 일본은 조선군을 무장 해제하였다. 그러나 이는 일본이 청에 끊임없이 제기하였던 문제, 즉 조선은 자주독립국이라는 주장에 정면으로 배치하는 문제이기도 하였다. 경복궁을 점령하고 한성을 장악하면서 일본은 무력으로 자주독립국의 주권을 스스로 짓밟아 버렸다. 이에 일본은 청과 전쟁을 치르는 동안 조선 정부가 전쟁에 협조하도록 하여 일본군의 부담을 줄여야 했다. 이에 따라 조일 양국의 관계를 새롭게 규정해야 할 필요성이 제기되었다.

특히 러시아 등 서구 열강들은 일본군의 이러한 행동에 대해 경계심을 품고 있었으며, 외무대신 무츠는 이 경계심을 해소하기 위해 압수한 조선군의 장비를 되돌려주어 재무장을 허용하는 대신, 조선군과 새롭게 편성될 경찰 조직에 일본군 장교단을 초빙하여 훈련하는 형태로 통제하는 것을 구상했다. 그러나 여전히 구상은 난항을 겪고 있었다.

일본 정부는 조선 정부의 군사적 협력을 끌어내기 위해 가조약안을 마련, 청에 공식적으로 선전포고한 8월 1일 주조선 일본 공사 오토리를 통해 전달했다. 그러나 조선은 이에 대해 이의를 제기했다. 경복궁 쿠데타로 발생한 외교적인 마찰과 전쟁 중 필요한 군사적인 문제, 즉 조선군의 동원 및 물자 징발을 두고서 20일 가까이 협상이 질질 끌렸으나, 결국 8월 20일 공수동맹의 형태로 조일잠정합동조관을 체결했다.

이는 무츠의 제안대로 조선군을 재무장하고 일본군이 이를 통제하는 수준에서 한 걸음 더 나아가 아예 전쟁 당사국으로 참여시키려는 계획이었다. 조선 정부는 계속해서 청일전쟁에 대해 애매한 입장을 유지함으로써 어느 쪽에도 가담하지 않으려고 했으나, 일본은 이를 처음부터 막고자 했다. 무엇보다도 청군 주력이 집결한 평양 전투를 앞둔 상황에서 한성 이남 방어에 일본군 병력을 빼낼 여유도 없었다. 이미 한성-부산 사이의 병참부 병력 50% 이상을 북상시킨 상황에서 조선군이 일본군의 공백을 메꿔 주기를 바라고 있었다.

조일잠정합동조관 체결에서 4일 뒤인 8월 24일, 우선 친군장위영 소속 병력 400명이 경복궁 수비 업무를 일본군으로부터 이관받았다. 이 과정에서 400정의 총기를 반환받았다. 동시에 장위영에 숙영하며 조선군을 교육하던 일본군 부대 역시 한성 외곽으로 빼내기 시작했다.

그러나 이러한 무기 반환 조치는 형식적인 것에 불과했다. 9월 9일, 조선 정부는 일본군의 재무장 약속에도 불구하고 자체적으로 친위영을 설치하고 서양 군사교관단을 고용하여 군대를 재무장하려 시도하기 시작했다. 이는 고종이 직접 내린 재무장 명령이었으며, 일본 공사관조차도 이에 대한 정보를 수집할 수 없었다.

이러한 시도는 조선 정부의 자문역인 미국인 그레이트하우스가 일본 공사관에 왕명

을 벌어 압수당한 조선군 장비의 반환을 요구하는 과정에서 확인되었다. 이 시도는 일본 정부의 압력으로 무산되었으나, 조선군의 재무장 속도는 상당히 더뎠고, 그에 따른 불안감이 상당했음을 알 수 있다.

한편 북상하는 일본군을 지원하기 위해 소수의 조선군이 종군하기도 하였다. 친군장위영의 이두황이 지휘하는 장교 3명 및 병력 50명이 9월 4일 개성에서 합류한 이후, 일본군 제5사단의 사단사령부 호위 업무를 진행했다. 이 부대는 직접적인 전투 목적으로 파견되진 않았으며, 정찰 및 현지인과의 통역 등을 위해 작전을 수행한 것으로 보인다.

9월 16일, 평양 전투에서 일본군이 청군을 격파하고 승리하자 상황이 변하기 시작했다. 일본군을 격퇴해 주리라 믿었던 청군이 붕괴하여 국경 외곽으로 쫓겨나면서 내부적인 혼란이 가중되었다. 청과 밀통하던 대원군 세력의 입지가 약화하였으며, 승리한 일본군의 보급로가 길어지자 조선 내의 불만도 가중되었다.

일본군은 현지에서의 물자 징발을 위하여 한전, 즉 조선의 화폐를 확보하기 위해 혈안이 되었으나 이는 어려운 일이었다. 일본군이 요구하는 조선의 화폐량은 이미 유통되는 양보다도 훨씬 많았다. 그러자 물가가 폭등하기 시작했고, 이에 일본은 조선 정부에 통화장정을 체결, 자국 화폐를 조선에서 강제로 유통할 수 있도록 조치했다.

그러나 이는 조선의 지방관리 및 민중들을 자극했으며, 특히 개항장에서 멀리 떨어진 내륙까지 보급선이 늘어지자 반감은 더욱 고조되었다. 개항장과는 달리 내륙 지역의 조선인들은 일본인들을 자국 경제를 좀먹는 침탈의 원인으로 보고 있었고, 무엇보다도 경복궁 쿠데타 이후 적대적 감정이 고조되면서 직접적인 사보타주가 발생하였다.

풍도 해전 직전 일본 해군 전신선을 파괴한 것을 시작으로, 일본군 병참부 및 전신선에 대한 조선인들의 공격이 집중되었다. 당초 삼남 지방에서 집중된 사보타주는 점차 시간이 지나면서 부산-한성으로 이어지는 보급선 및 전신선을 크게 위협했다. 만주에서의 전역을 준비하는 일본군에게 있어서 위험한 후방을 제압해 줄 부대가 필요했다.

이러한 상황에서 2차 동학농민운동의 발발은 일본군에게 있어서 반드시 제압해야 하는 불안 요소였다. 일본 정부는 조선 정부를 압박해 10월 16일, 오토리 공사를 통해 정식으로 동학농민군을 진압해 달라고 요청했다. 이렇듯 일본 정부가 조선 정부에 정식으로 진압을 요청한 것은 명분 때문이었다.

10월 16일 이전까지 일본군은 군용 전신선 및 병참부가 공격받더라도 방어 행위 이상의 군사행동을 할 수 없었다. 이는 조선 국내의 민란이라는 범주에 해당하는 문제였기 때문이었으나, 공식적으로 조선 정부가 진압 작전에 들어간다면 조일 양국이 체결한 공수동맹에 따라 청일전쟁의 일부로서 군사력을 투입할 수 있는 공식적인 명분이 될 수 있었다.

당초 조선 정부는 선무사를 파견하여 동학농민군을 효유한다는 방침을 세웠으나, 일본 정부의 요청을 수용, 군사력을 동원한 진압을 결정했다. 물론 일본 정부의 요청만이 있었던 것은 아니었다. 10월 초에 들어서면서 동학농민군으로 추정되는 무장세

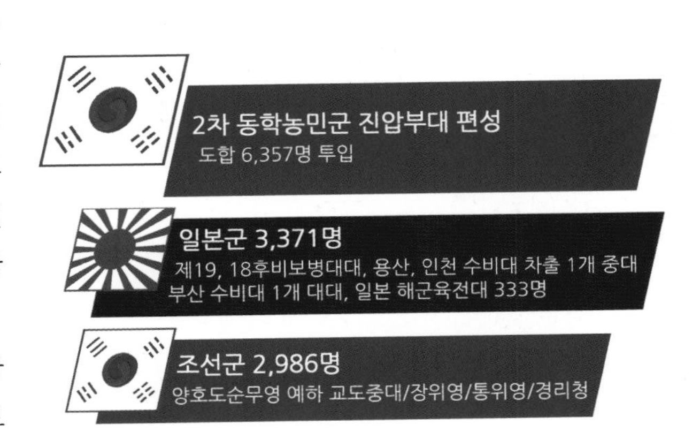

력이 경기 지역까지 북상, 활동을 개시하면서 일본군은 직접적인 위협을 느끼고 있었다. 10월 8일, 죽산과 안성의 수령으로 장위영 영관 이두황과 경리청 영관 성하영의 부임을 건의했을 지경이었다.

공식적으로 동학농민군에 대한 진압이 결정되자, 조선 정부는 10월 20일, 호위부장 신정희를 양호도순무사로 임명하였다. 토벌사령부 격인 양호도순무영도 함께 설치되었다. 양호도순무영의 부대는 통위영, 장위영, 경리청 등 수도 방위를 맡은 주요 군영들이 차출되었으며, 여기에 강화도의 친군심영 역시 파견되었다. 추가로 일본군에게 훈련받은 교도중대도 이에 포함되었다. 이들은 군무아문이 통제했으며, 각 지역 지방관 휘하에 있던 지방군 및 민보군 등의 지휘권도 행사할 수 있었다.

양호도순무영에 소속된 조선군의 병력은 총 2,986명이었으며 일본군 미나미 코시로 소좌가 지휘하는 제19후비보병대대 소속 719명의 병력이 실질적으로 이들을 통제했다. 제19후비보병대대는 1894년 7월 29일, 풍도해전 및 아산-성환 전투 직후 시모노세키 해협 방어부대의 일부로서 히코시마에 배치되어 있었다. 이들의 목적은 청의 북양함대가 급습할 것에 대비하여 시모노세키를 방위하는 것이었으나 평양전투와 황해 해전에서 일본군이 모두 승리하면서 더 이상 그럴 필요가 없어졌다. 이에 따라 10월 28일, 조선으로의 출동 명령을 받고 29일 히로시마로 이동, 11월 7일에 제물포에 상륙했다.

지휘관 미나미 소좌는 지난 10여 년 동안 조슈, 사쓰마, 도호쿠 지역의 반란을 진압한 경력이 있었으며, 19후비보병대대 병력 역시 그러한 반란 진압 작전에 투입된 전적이 있었다. 따라서 동학군 진압을 위한 경험이 충분하다고 판단되어 이들이 투입된 것이었다.

이들 이외에도 다른 일본군 부대 역시 투입되었다. 한성 수비대 목적으로 파견된 제18후비보병대대와 용산, 인천 수비대에서 차출한 각 1개 중대, 부산 수비대의 1개 대대, 츠쿠바 및 북양함대로부터 나포한 포함 조강에서 차출한 일본 해군육전대 333명 등 총 15개 중대 3,371명이 1894년 2차 동학농민군을 진압하기 위해 투입되었다. 조선과 일본은 6,357명의 병력을 당시 10만이라고 불리던 동학군을 진압하기 위해 투입했다.

이에 따라 제19후비보병대대를 중심으로 3개의 부대가 편성되었다. 제2중대는 서로분진대로서 공주 방면으로 진격하기로 되어 있었다. 제3중대 및 대대 본부를 중심으로 한 중로분진대는 청주로, 제1중대가 주축이 된 동로분진대는 충주가 목표였다. 여기에 조선군 부대들이 이들에게 사실상 배속되어 지휘받았다.

이는 청일전쟁의 한 부분이었으며, 동시에 일본군이 만주에서의 전역을 안정화하기 위한 제2 전선에 돌입한 결과이기도 했다.

친군진남영 병사

청주에 주둔하던 친군진남영은 스나이더-엔필드로 무장하고 있었다. 충청도는 김개남이 지휘하던 동학군에게 위협받고 있었는데, 진남영은 지역 민병과 일본군 소대의 가세로 김개남 부대를 저지하고 대승을 거둔다.

공주성 전투 양측 병력

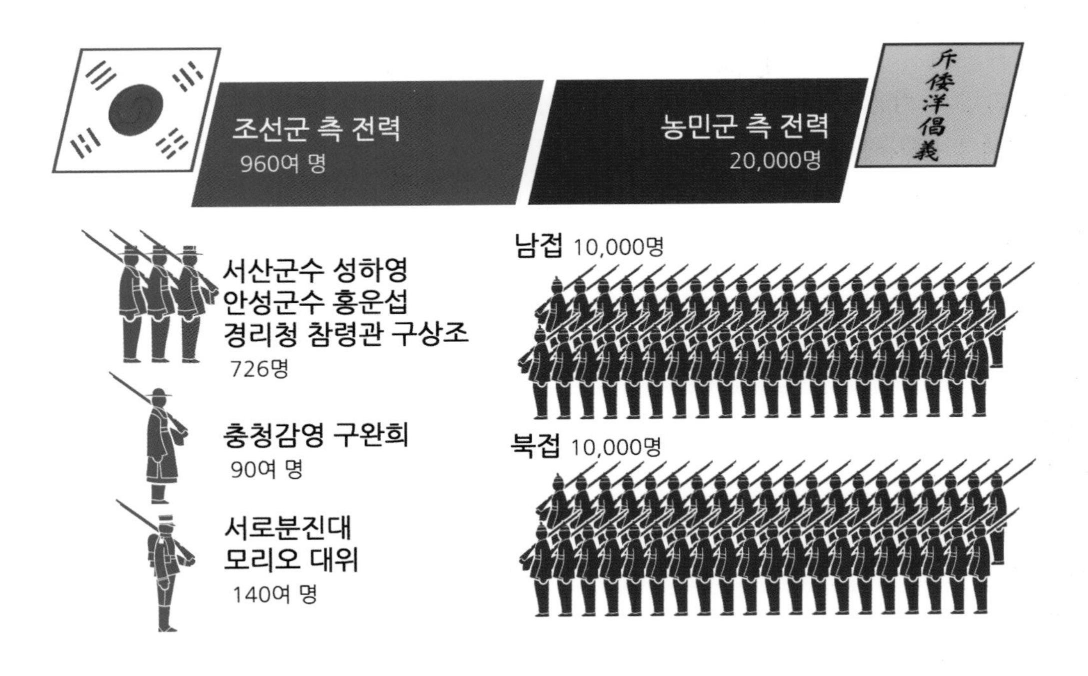

공주성을 향한 경주

한편 동학농민군은 일시적인 휴전 이후에도 지속적인 교전을 벌이고 있었다. 집강소 설치 이후에도 여전히 나주, 남원, 운봉 등은 이를 거부하고 저항하였기 때문에 1만의 동학군이 출동하는 등 충돌이 빚어졌고, 여기에 삼남 지방에서는 동학에 거부감을 느낀 지방 사족 세력이 포군을 조직해 이들과 크고 작은 격전을 벌이고 있었다.

이러한 상황에서 일본군이 경복궁을 장악하고 조선 정부를 무력화하면서 위기감이 고조되었다. 이에 따라 동학은 9월에 다시 봉기를 위하여 병력을 소집하는 한편, 전봉준 등 남접 지휘부를 인정하지 않았던 북접과의 연합도 이뤄졌다. 이에 따라 9월 18일, 동학교주 최시형의 기포령에 따라 북접의 동학군이 남접의 동학군에 호응하면서 동학 대도소가 설치된 보은에 경상, 충청 북부, 경기, 강원 등 각지에서 호출된 동학군이 집결하기 시작했다.

1차 봉기에 비하여 2차 봉기는 훨씬 더 크고 강력했다. 당초 삼남 지방 일대에 국한되었던 봉기는 이제 경기 남부까지 위협하기 시작했으며, 무엇보다도 충청도 공주를 두고 양측이 경쟁하기 시작했다. 충청도에서 집결한 북접 동학군과 전라도에서 집결한 남접 동학군은 공주를 장악하고 경기도까지 진출한 동학군과 연결하고자 계획하고 있었다.

공주는 그러한 교통의 요지였다. 이곳은 한성과 호남 지방을 이어주는 육로교통의 요충지였으며, 만약 이곳을 동학군이 장악하게 된다면 전라-충청 지역에서 경기도를 바로 위협할 수도 있는 위치에 있었다. 그렇게 때문에 당시 충청감사였던 박제순은 공주에 대한 방어를 최우선적으로 삼고 있었다.

그러나 54개 충청도 관할 군현 중 이미 10개 군현의 무장이 해제되어 군이 유명무실해진 상황이었으며, 간신히 친군진남영이 주둔하고 있던 청주와 관찰사가 있었던 공주를 중심으로 일부 지역만이 정부의 관할권을 유지할 수 있었다.

충청도에서 관찰사가 실질적으로 방어에 동원할 수 있는 부대는 친군진남영뿐이었다. 그러나 이들은 400여 명에 불과했으며 그나마도 청주 방어에 진력할 수밖에 없었다. 공주와 마찬가지로 청주 역시 교통의 요지이자 충청도의 조선군 주력 거점이었기 때문에 동학군은 집중적인 공격을 가하기 시작했다.

10월 22일, 동학군은 청주의 충청병영을 포위하는 등 공세적인 행동에 나섰고, 9일 뒤인 10월 31일, 이두황이 지휘하는 장위영 병력과 구상조가 지휘하는 경리청 1개 소대 및 일본군 26명이 청주로 급파됐다.

그러나 이 당시 충청도는 2차 동학농민군 봉기에 제대로 대응할 수 있는 여력이 없었다. 우선 아산-성환 전투 및 풍도 해전 등 청일전쟁 초기의 전투가 충청 권역에서 벌어졌다. 그 과정에서 청군과 일본군에 의한 약탈과 파괴, 방화 등으로 충청 전역이 불안감에 휩싸였으며 무엇보다도 부산에 상륙한 일본군 제5사단이 해당 지역을 통과하면서 물력과 인력 소모가 심해진 상태였다.

박제순이 충청감사로 부임했을 때는 정부의 통제력이 상당 부분 상실된 직후였다. 총 54개 군현 중 10개 군현이 무기고를 피탈당한 상황이었으며 나머지 지역 역시 제대로 된 대응에 나설 여력이 없었다. 그나마 친군진남영 병력 400여 명이 주둔한 청주와 감영 및 공주목에서 동원할 병력이 있는 공주 일대를 가까스로 통제할 뿐이었다.

9월 하순부터 양호도순무영에서는 경군을 급히 충청 지역으로 파견했지만 재봉기한 전라도의 남접 동학군에 호응하여 충청권역에서 북접 동학군이 집결하자 당장 주요 성읍 방어도 어려워졌다. 10월 말부터 11월의 상황은 한층 더 급박하게 돌아갔다. 충청권역의 주요 거점을 향해 대규모의 동학군이 공세에 돌입했다.

가장 먼저 전투가 벌어진 곳은 친군진남영이 주둔 중이었던 청주였다. 상당산성을 급습해 군수물자를 확보한 북접 동학군은 10월 22일부터 청주읍성을 공격하기 시작했다. 당시 친군진남영은 스나이더 엔필드 소총으로 무장한 400여 명의 병력으로 이들을 격퇴했다. 그리고 양호도순무영에 증원군을 요청했으며 이에 따라 죽산과 안성으로 보내진 이두황의 장위영 부대와 성하영의 경리청 부대를 돌려 청주 방면으로 파견했다.

직후 10월 26일, 충청병사 이장회의 지휘를 받은 진남영이 반격을 가해 동학군을 밀어냈으나, 여전히 수적 열세로 인하여 추격하지 못하고 증원부대

경군의 주력 화포

경군은 원형 탄창을 가진 10연장 M1883 개틀링과 크루프제 6cm 산포 M1870을 운용하고 있었다. 이들 장비는 전주성 전투 당시 동학군에서 노획한 바 있었지만 제대로 사용하지 못했고, 우금치 전투에서 이들 두 화포는 가공할 화력을 발휘해 경군 승리의 주역이 되었다.

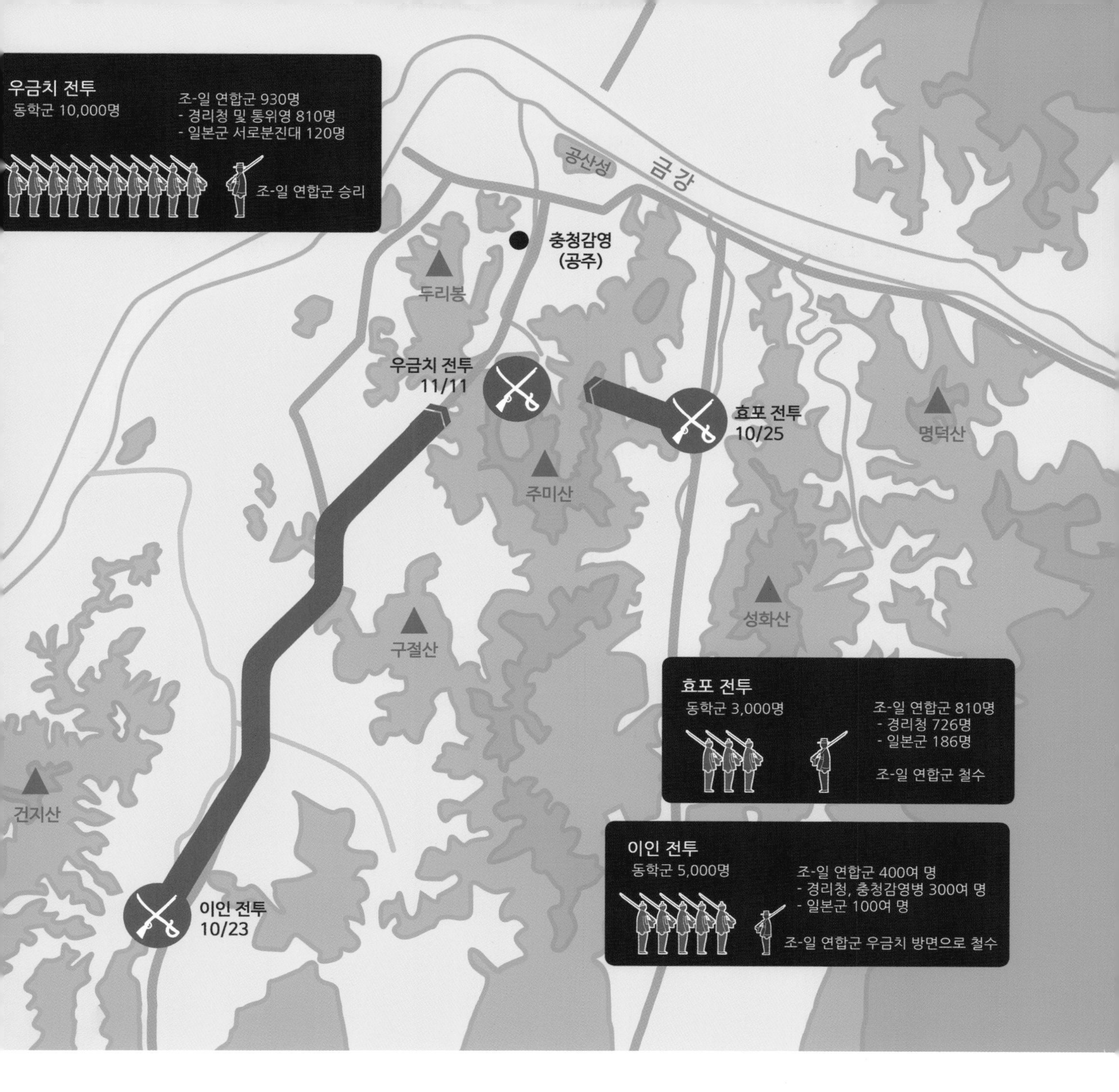

만 기다리고 있었다. 5일 뒤인 10월 31일, 이두황의 장위영 부대 및 경리청 1개 소대, 그리고 일본군 26명이 파견되면서 청주 방면은 위기를 벗어날 수 있었다.

이에 따라 충청감사 박제순이 다급하게 증원군을 요청함에 따라 진남영병 100명을 공주 방면으로 파견했다. 그러나 11월 2일, 이 증원부대는 동학군에게 포위되어 지휘관 영관 염도희를 포함 73명이 전사하면서 완전히 부대가 와해되어 버렸다. 이는 2차 동학농민운동 기간 동안 경군이 입은 가장 큰 인명 피해였으며, 이로 인하여 공주 방면에 대한 지원은 사실상 불가능해졌다. 가용 병력의 1/4을 한꺼번에 상실한 조선군은 청주 방면에 더 집중할 수밖에 없었다.

이렇게 되면서 충청감영이 위치한 공주성 방위는 자체적인 전력으로만 치러야 했다. 11월 13일, 충청감영은 전봉준이 보낸 통문을 수령함으로서 최후 통첩을 받았다. 이 시점에서 공주성을 지킬 수 있는 병력은 소수의 감영병과 포군 정도였다. 당초 지원되었어야 할 친군진남영 병력 100명이 합류해야 했지만 이미 궤멸했다.

충청감영은 공주에 도착한 스즈키 소위의 소규

모 일본군 부대에게 방어군을 지휘해 달라고 요청하는 한편, 순무영 선봉 이규태에게 긴급히 증원 서한을 보냈다. 또한 청주에서 보은 장내리를 초토화시킨 이두황의 장위영 부대 역시 호출했다. 이 중 가장 가까운 곳에 있던 것은 이두황이 지휘하는 장위영 부대였지만, 이들은 충청감영을 돕는 대신, 청주의 진남영을 지원하기 위해 목천 세성산 방면으로 이동해 버렸다.

공주성이 위급하게 되자 선봉장 이규태가 지휘하는 통위영과 경리청이 공주로 진로를 틀었다. 11월 16일, 서산군수 성하영과 안성군수 홍운섭, 경리청 참령관 구상조가 지휘하는 경리청 병력이 공주에 도착했다. 이들은 충청감사 박제순의 지휘를 받아 효포 방면에 배치되었으며 그 병력 수는 726명이었다. 11월 21일, 모리오 마사이치 대위가 지휘하는 서로분진대 병력 186명이 추가로 증원되었다.

한편 논산에서 합류한 전봉준과 손화중의 동학군은 공주 공략을 위해 경천점과 노성에 진영을 설치했다. 전봉분의 부대는 효포와 곰티를 넘어 공주의 동쪽을, 다른 부대는 이인으로 보내 공주의 남쪽을 공격하는 것을 골자로 했다. 손화중의 부대는 공주 동쪽 12km 지점의 대교 방면에 배치하여 옥천-청주 방면 가도를 통제하도록 하였다.

이렇듯 공주를 둔 전투는 2차 동학농민운동의 분수령이라고 불러도 과언이 아니었다. 동학군은 남접과 북접 연합군 2만을, 조선군과 일본군은 도합 1,000여 명의 병력을 공주 전역에 투입했다. 18일 간 이어진 공주 전역에서는 이인, 효포, 우금치가 가장 격렬한 전장이 되었으며, 곧바로 양측이 격돌했다. 공주성에 본격적으로 증원부대가 합류하기 전, 이인에서 11월 20일 일본군 서로분진대와 조선군 경리청 부대 일부가 하루종일 전투를 벌였다. 당시 이인은 동학군이 장악하던 지역이었고, 이 지역의 통제 여하에 따라 공주 방어의 성공 유무가 결정될 수 있었다.

11월 20일 새벽부터 성하영이 지휘하는 경리청 3개 소대 및 구완희의 충청감영병 4개 분대가 이인으로 진격했으며, 여기에 일본군 소위 스즈키 아키라가 통솔하는 100명의 일본군 역시 합류했다. 전투는 하루종일 이어졌으나 화력을 앞세운 조선군 및 일본군이 동학군을 강하게 몰아붙였다. 봉황산 방면에서 조선군이 산 남쪽 기슭을 둘러싸며 화력을 퍼부었고, 일본군 역시 북쪽 방면에서 모루 역할을 하며 강하게 압박을 가했다.

한편 구완희가 지휘하는 충청감영병 4개 분대 역시 남월촌에 주둔하는 동학군을 격파하면서 순식간에 봉황산을 세 방면으로 포위했다. 동학군은 포위를 피하기 위해 이인의 뒷산인 취병산으로 철수했으며, 조선군이 이인 방면을 확보할 수 있었다. 그러나 이인을 점령한 직후 경군은 충청감사 박제순의 명령에 따라 공주성으로 급거 회군했고, 일본군 역시 전장에서 빠져나갔다. 이를 놓치지 않고 동학군은 다시 진격하여 이인 방면을 감제할 수 있는 봉우리 2곳을 점령했다.

이인 전투와 동시에 대교 방면에서도 격전은 이어졌다. 효포 방면을 방어하던 홍운섭의 경리청 병력 300여 명은 대교에서 손병희가 지휘하는 북접부대 5,000여 명이 전봉준의 남접부대와 협공한다는 정보를 수집했다. 이에 21일 새벽 기습적으로 대교 후방을 들이쳐 동학군을 격파했다.

그러나 여전히 위협은 가중되었다. 11월 21일, 북접과 남접의 동학군 2만이 공주를 향해 진격해 온다는 소식이 전해졌다. 이에 일본군 서로분진대가 공주성 방어를 지휘하기 시작했고 같은 날 효포에서 양측은 다시 격돌했다. 효포는 우금치와 함께 공주성으로 진입할 수 있는 주요 길목 중 하나였으며, 전략적인 중요성에 대해서는 양측 모두가 인지하고 있었다. 그러나 앞서 효포를 방어하던 홍운섭의 부대가 독단적으로 대교 방면을 기습하러 떠나면서 해당 지역이 일시적으로 공백기에 접어들었다.

21일, 주간 내내 양측은 효포를 점령하기 위해 진입했다. 이때 동학군은 3,000여 명의 병력을 투입해 810명에 불과한 조선군에 비해 수적 우세를 누릴 수 있었으나, 전선에서 승부를 내지 못했다. 비가 내리고 어두운 구름이 끼는 등 기상 상황이 좋지 못해 양측 모두 결전을 피하고 지지부진한 사격전만 이어가고 있었다. 그러나 다음 날인 22일, 모리오 대위가 지휘하는 서로분진대 소속 일본군이 전투에 가세하

12월 9일 오전 7시 20분
청주성 남문 고지에 일본군 및 조선군 배치, 문의 방면 동학군과 첫번째 교전.
- 오전 8시 전까지 동학군을 신탄진 방면으로 패퇴시킴.
청주성
작성산
선도산
12월 9일 오전 8시
신탄진 방면 동학군이 청주성으로 접근
- 오전 9시까지 격전이 이어짐
- 조일연합군 일부가 동학군 후방으로 우회하여 철수로 차단
- 오전 10시 40분 동학군 격퇴
12월 8일
일본군 군로실측대 문의에서 청주에 도착.
김개남 부대
구룡산
당산
12월 9일 오전 6시 40분
문의 방면에서 동학군 10,000명 관측 (대포 및 후장식 총기로 무장)
가덕산
12월 9일 오전 6시
신탄진 방면에서 동학군 15,000명 관측
북접군
샘봉산
금강
신탄진
고해산
회덕
계룡산
진잠
친군진남영 부대 저지선
- 대전, 유성에서 궤멸
철봉산
10일 오전 8시
군 전체 공주방면으로 철수
방면 철수 이후 완전히 와해
연산
안평산
청주성 전투
김개남 부대 25,000명
조-일 연합군 240명
- 청주병사 이장회 친군진남영 200명
- 구와하라 소위 일본군 1개 소대 40명
조-일 연합군 승리
천동산

면서 동학군은 끝내 효포 방면 돌파에 실패했다. 대교에서 패배한 동학군이 가세했음에도 화력 격차를 극복할 수 없었다.

11월 20일부터 11월 22일까지 벌어진 1차전에서 동학군은 조선군 및 일본군에게 패배했다. 특히 효포를 둔 전투에서 동학군이 패배한 것이 결정적이었으며, 이 때문에 다시 최초 진영을 꾸렸던 논산으로 철수해 재정비할 시간을 가졌다. 조선군과 일본군은 아직 수적으로 불리하다는 판단 때문에 후퇴하는 동학군을 추격하기보다는 방어선을 강화하는 쪽을 선택했다.

12월 4일, 12일간 재정비를 마친 동학군은 공주 방면 포위를 위해 기동을 시작했다. 이인 방면을 방어하고 있던 성하영과 백낙완의 조선군이 포위당하면서 재차 전투가 벌어졌다. 이 상황에 대해서 서로분진대를 지휘한 모리오 대위는 오후 3시경부터 수적으로 우세한 동학군의 공세로 경리청 부대가 밀리고 있다고 기록했다. 이때 동학군은 판치와 이인을 강하게 압박하며 공주성 남부를 노리고 있었다.

당시 공주 방면의 조선군과 일본군은 여전히 수적 열세를 면치 못하고 있었다. 조선군과 일본군 전력은 통위영 및 경리청 병력 810명과 일본군 186명이었다. 하지만 이 당시 일본군 서로병진대의 경우 1개 소대 병력이 빠져 있어서 실제로는 140여 명에 불과했을 것이다.

이때 모리오 대위는 상관인 미나미 소좌에게 즉각 증원군을 요청했다. 공주 전역의 분수령인 전투를 앞둔 시점에서 1,000여 명 규모의 병력으로 최소 2만 이상의 동학군을 쉽게 저지할 수 없다고 보았다. 그러나 이 요청은 거부되었다. 미나미 소좌의 중로분진대 역시 청주 남쪽의 문의, 증약에서 북접 동학군 12,000명과 격전을 치르고 있었기 때문이었다.

이 때문에 미나미 소좌는 적극적으로 공세에 나서는 대신 공주성을 사수하고, 성 밖에서 한 발자국도 나가서 싸우지 말라는 엄명을 내렸다. 즉 모리오 대위가 자체적으로 공주 전역을 방어해야 하는 상황에 이르게 되었다.

다시 돌아와서, 오후 4시가 되자 경리청 부대는 공주성 방면으로 급거 철수해야 했다. 그러자 모리오 대위는 경리청 병력 250명을 월성산으로, 280명을 향봉으로 보내 연계하도록 했으며 이인 방면의 경리청 부대 280명은 우금치로 철수하도록 했다. 판치가 뚫리면서 이인 방면도 포위를 당할 가능성이 높아졌기 때문이다.

그러면서 서로병진대의 1개 소대 역시 우금치로 보내 이인 방면에서 철수한 조선군과 합류했다. 모리오 대위 자신은 향봉의 조선군에게 합류해 월성산 방면을 지원하고자 했다. 오후 5시 20분, 조선군이 철수를 마쳤다. 이들은 방어전면을 축소해 우금치와 이인 방면 가도의 통제를 시도했다.

이 당시 동학군은 공주성으로 향하는 3면을 포위하고 있었다. 충청감영 동쪽의 효포에서부터 남쪽의 우금치, 그리고 서쪽의 두라봉을 잇는 대규모 포위망이었다. 수비를 맡은 조선군이 수적 열세에 밀려 철수하자, 동학군은 계속해서 공주성 서부를 중심으로 공세를 집중시켰다.

12월 5일의 전투는 우금치에서만 벌어지지 않았다. 우금치에 1만의 동학군이 투입되었고, 공주성 서부의 봉황산과 우금치 남쪽에 위치한 오실마을에서도 동시에 대규모 전투가 벌어졌다. 이인과 효포의 방어선이 붕괴되면서 우금치만이 이제 공주성으로 가는 마지막 길이 되었다. 모리오 대위의 말처럼 우금치를 빼앗기게 된다면 더 이상 공주를 지킬 방도가 없었다.

동학군은 동쪽의 판치에서부터 서쪽의 봉황산에 이르기까지 대규모 병력을 길게 포진한 반면, 조선군과 일본군은 부족한 병력을 나누어 주요 거점 방어에 집중했다.

가장 먼저 우금치에는 전봉준 직속 부대 4,000여 명과 논산에서 모은 6,000여 명의 병력을 합쳐 도합 1만여 명이 300여 명의 조선군 및 일본군이 방어하는 우금치를 들이쳤다. 우금치 정상을 향해 오전 10시부터 개시된 대규모 전투는 고지전 양상에 가까웠다. 조선군과 일본군은 우금치 고지대를 장악한 채, 산 아래에서 돌격해오는 동학군을 거의 일방적으로 학살하다시피 했다.

그러나 전투 시작 4시간이 지난 오후 2시까지도 우금치 방면의 조선군과 일본군은 동학군을 완전히 격퇴하지 못하고 여전히 수적 열세에 눌려 있었다. 그때까지 4~50차례에 걸쳐 이뤄진 동학군의 돌격은 많은 사상자를 야기했다. 동학군은 1만 여 명의 병력이 500명으로 감소할 때까지 계속해서 돌격전을 감행했다.

봉황산 전투 역시 치열하게 전개됐다. 봉황산은 우금치에서 금강까지 남북으로 방어해 주는 산자락이었으며, 이곳이 돌파된다면 우금치는 후방이 뚫리게 되었다. 이때 봉황산 방면을 방어하던 통위영 2개 소대 및 충청감영병 4개 분대는 동학군의 공세에 10여 차례의 돌격을 받아내야 했다. 특히 상대적으로 빈약했던 충청감영병이 지키던 두리봉 방면이 위태로웠다. 이에 견준봉을 방어하던 백낙완이 140명의 병력 중 80명을 차출해 봉황산 방면을 증원하는 등 격전이 이어졌다.

오실마을 일대에서 벌어진 전투 역시 우금치 전투 못지않은 전장이었다. 약 1만여 명의 동학군이 오실마을 일대로 진입해오기 시작하자, 일본군 1개 분대 및 조선군 1개 분대가 이들의 공세를 막아섰다. 비록 소수의 병력이었음에도 불구하고, 후장식 화기와 지형지물에 의지한 이들의 화력은 동학군이 맨몸으로 이겨내기 어려운 격차였다.

결국 이날 우금치 일대에서 벌어진 전투의 승리는 결국 동학군을 외면했다. 가장 큰 원인은 이전부터 지적되어 온 화력 문제였다. 이미 11월 29일 이후부터 공주 방면의 경리청 및 통위영 부대에게 일부 개틀링 포대가 들어와 있었다. 앞선 효포 전투에서 동학군이 전주성에서 노획한 개틀링 기관총 1문을 조선군이 다시 탈환하였으며, 양호도순무사 신정희 역시 이규태에게 11월 29일 이후로 개틀링 기관총을 추가로 지급받았다. 또한 이때 군무대신과 상의해 포병대를 추가로 보낼 것을 시사하고 있었다.

이미 우금치 등 공주 전역의 조선군 및 일본군은 화력을 강화해 둔 상황이었다. 그러한 화력이 고지대를 선점한 상황에서 동학군 전열을 강타했다. 결국 12월 5일의 공주 전역은 동학군의 처참한 패배로 끝을 맺어야 했다. 가장 심각한 피해를 입은 것은 우금치 방면을 정면으로 공격한 남접 부대였으며, 봉황산과 오실마을 일대를 공략한 북접 역시 만만치 않은 피해를 입었다.

2차 동학농민운동 간 조일양국군 탄약 소모
1894년 11월부터 1895년 5월까지 양 군 소모탄약

1894년 11월
6,283발 소모 (조일양군 합산)

1894년 12월
9,895발 소모 (조일양군 합산)

1895년까지 탄약소모량 (27개소 전투 도합)

일본군
19,173발

조선군
75,000발(교도중대 25,273발 포함)

1회 전투 평균 소모량

1회 전투 시 평균
3,487발 소모

1회 전투 시 조선군
2,780여 발 소모

일본군
710발 소모

공주 전역이 12월 5일 종결된 이후, 다음날인 6일까지도 여전히 양측의 대치가 이어지고 있었다. 조선군과 일본군은 동학군의 파상 공세를 저지했지만 소지한 탄약을 모두 소진해 후방에서 지원을 받아야 하는 등 재정비가 필요했다. 이러한 대치는 오래가지 않았다. 12월 7일, 홍성 등 내포 지역의 동학군을 제압한 이두황의 장위영 부대가 들어오기 시작했고, 동시에 효포의 동학군이 기습을 받아 붕괴하면서 노성-논산 방면으로 철수했다. 이렇게 공주성을 향한 경주는 동학군의 패배로 종막을 내렸다.

공주 전역 이외의 지역들

공주 전역이 치열하게 전개되는 동안, 충청도의 다른 지역 역시 전투에 휘말리고 있었다. 12월 4일부터 5일 사이에 벌어진 전투에서 공주에만 2~3만의 동학군이 투입되었고 청주 남방의 문의에 12,000명의 동학군이, 홍주에 1만 명 등 최소 5만의 동학군이 전투에 참가하고 있었다.

미나미 소좌와 중로분진대는 조선군 교도중대와 함께 원래대로라면 우금치 전투 등 공주 일대 전투를 지원해야 했다. 당초 계획도 공주에서 서로분진대 및 조선군 부대와 합세해 전라도 방면으로 진격하는 것이었다. 그러나 회덕 방면에서 동학군 북접 부대가 집결했다. 이들은 문의-옥천-회덕을 장악하고 있었으며, 앞서 파견한 교도중대 1개 소대 및 일본군 지대는 증약에서 수적 열세로 인해 패퇴했다.

결국 증약에서 양측이 격돌하면서 미나미 소좌의 부대는 12월 1일부터 6일까지, 5일 이상 발이 묶여 버렸다. 때문에 청주성 방면을 수비하던 친군진남영 부대까지 호출해 문의 방면 전투에 투입해야 하는 상황이 되었다.

한편 새로운 동학군 부대가 북상해 오고 있었다. 전라도 남원에서 움직이지 않고 있던 김개남의 남접 동학군이 청주를 향해 올라오고 있었다. 당초 김개남의 남접 동학군은 9월 말부터 집결해 자체적으로 세력권을 확대하고 있었다. 그러나 2차 동학군 봉기 시기를 두고 전봉준과 손화중 등 남접 지도부와 의견 충돌이 있었다.

김개남은 즉시 봉기를 요구했으나, 전봉준과 손화중은 이를 거부했다. 청일전쟁이 벌어지는 결과에 따라 움직여도 늦지 않는다는 이유였다. 그러나 10월에 들어서며 청군이 일본군에게 압도당하자 이번에는 전봉준 등 남접 지도부가 봉기를 결정했다. 전봉준은 삼례에서 남접 동학군을 모아 충청도로 북상했고, 손화중은 남해안 일대를 방어하며 무장에서 일본군의 공격에 대비했다.

그러나 김개남은 전봉준을 따르지 않고 남원에 그대로 남아 있었다. 하지만 11월 말부터 본격적으로 북상을 시도했는데, 이는 공주 전역에서 동학군 북접과 남접 연합군이 패배한 것과 연관이 있었음을 알 수 있다. 김개남 부대는 청주를 거쳐 북상하고자 했는데, 문제는 겨울이 다가온다는 점이었다. 일본군도 병참 문제로 허덕이는 상황에서 동학군이라고 상황이 좋을 리가 만무했다.

결국 김개남 부대는 속전속결로 청주를 통과해 북상을 시도했으며, 이 과정에서 지나가는 군현에서 폭력적으로 물자들을 수집했다. 창고를 부숴서 곡식을 탈취하는가 하면 읍내 주민들의 재산을 탈취하고 각종 행정문서를 소각해 읍의 행정을 완전히 마비시키는 등의 행위가 이루어졌다.

이에 양호도순무영은 김개남 부대를 저지하기 위해 연기 방면으로 경리청 부대 2개 소대를 홍운섭의 지휘 아래에 출동시켰으나, 이들의 예상과 달리 김개남 부대는 신탄진을 거쳐 청주로 향하는 중이었다. 양호도순무영은 다급하게 가까운 거리에 있었던 일본군 중로분진대 및 교도중대에게 진격로를 차단하라는 전령을 보냈으나, 이들은 연산에서 벌어지는 전투로 인해 김개남 부대를 요격할 수 없었다.

공주 방면의 부대 역시 이들을 막을 수 없었다. 더 큰 문제는 청주 방면의 방어 전력이 부족했다는 점이었다. 다른 지역과는 달리 청주 지역은 민보군 등 정부에 협조하는 세력이 결성되지 못했다. 우금치 전투 이전 상당산성에 보관된 군수물자를 모두 빼앗긴 탓에 민보군을 무장시킬 장비도 부족했을 뿐더러, 청주성에 친군진남영이 있기 때문에 이들에게 큰 의존을 하고 있던 것도 이유였다.

결국 300명 규모의 친군진남영 부대만이 김개남 부대를 상대할 수 있는 청주 지역의 유일한 군대였다. 청주의 충청병영은 다급하게 서리와 관노, 동민까지 동원해 병력을 확충하고자 했으나 25,000명에 달하는 김개남 부대에 비하면 너무나도 적은 숫자였다. 이러한 상황에서 소규모의 일본군이 청주성으로 갑작스럽게 찾아왔다.

이들은 전투부대가 아니라 철도 부설을 위해 노선 조사차 방문한 군로실측대를 호위하는 소대였다. 구와하라 에이지로 소위가 지휘하는 이들은 12월 8일 청주성에 입성했고 그 즉시 충청병사 이장회의 요청에 따라 방어전에 협조하기로 하였다. 12월 9일 자정, 동학군이 문의와 신탄진 방면에서 12km 지점까지 도달했다는 급보가 오자 새벽 1시가 척후대를 내보내 정찰을 실시했다.

오전 6시, 신탄진에서 15,000명이, 문의에서 10,000명이 접근한다는 척후대의 보고가 들어왔다. 청주성은 적은 병력으로 방어하기가 어려웠기 때문에 구와하라 소위는 성 외곽에서 매복전으로 맞섰다. 병력을 셋으로 나누어 구와하라 소위 본인은 18명의 병력과 함께 신탄진 방면으로, 미츠모토 군조에게 1개 분대의 절반을 맡겨 문의 방면으로, 구몬 군조에게는 잔여 부대를 인솔해 군로조사원 및 군수품을 보호하도록 했다. 조선군 200명 역시 이들과 합류해 매복하고 있었다.

한편 김개남의 동학군은 소규모의 조선군이 있다는 것만 알고 있을 뿐 일본군이 갑작스럽게 청주에 도착한 것도, 이들이 매복한 것도 알지 못하고 있었다. 오전 7시 20분경, 문의와 신탄 방면에서 합류한 동학군이 청주성 남문 500m 지점까지 진입했다. 직후 친군진남영 병력 5~60명이 방어하던 진지에 집중 사격을 퍼부어 이들을 밀어냈다. 그러나 우회한 구와하라 소위의 병력이 이들의 측면에 집중 사격을 시작하며 기습을 가했다.

전투는 매우 짧게 이어졌다. 측면에서 기습당한 동학군은 4~5분 가량 대응 사격을 가했으나 급속히 와해되어 버렸다. 흩어진 병력을 재집결시켜 오전 8시부터 김개남은 일본군 및 친군진남영에게 반격을 가했으나 1시간 동안의 격전 끝에 대패했다. 이번에는 친군진남영이 모루 역할을 하는 동안, 일본군이 우회하여 퇴각로를 차단하기 시작했기 때문이었다.

전투는 오전 10시 40분 상황이 종료될 때까지 거의 일방적인 학살 양상으로 돌입했다. 대규모 전투가 있었던 공주 전역과 청주 방면의 전투가 종결되었음에도 여전히 동학군의 세력은 강했다. 12월 10일, 패퇴한 동학군은 논산 방면에 다시 수만의 병력을 모아 재집결했다. 당초 기존에는 우금치 전투에서 패배한 뒤 동학군이 붕괴된 것으로 보았으나 실제로는 논산 방면에서 남접과 북접의 동학군이 연합하여 상당한 병력을 모으고 있었다. 여기에 청주에서 패배한 김개남 부대가 잔존 병력을 수습해 합류하면서 더 큰 세력을 이루고 있었다.

한편 일본군 중로분진대는 옥천에서 금산-진산을 거쳐 12월 9일 연산 방면으로 진입하였다. 제19후비보병대대 제3중대 및 대대본부, 그리고 조선군 교도중대로 이루어진 이들은 약 400여 명 규모에 불과했다. 양측은 황산성에서 조우했다.

일본군은 속전속결을 위해 12월 10일 오전 7시를 기해 공세를 가하려고 했으나 군수품을 수송해야 할 조선인 인부들이 흩어지면서 오전 11시로 다시 공세를 늦춰야 했다. 동학군은 일본군의 공세에 맞서 산꼭대기에 불을 질러 시계를 가리기 시작했고, 미나미 소좌는 2개 분대를 우회하여 측면 타격을 지시했다.

정오가 되어 일본군 본대가 황산성에 이르자, 동학군이 이들을 급습했다. 미나미 소좌는 이들이 최소 3만 이상의 대군이라고 보고했으며, 무장 상태 역시 양호하다고 언급했다. 마우저, 레밍턴, 스나이더 소총 등으로 무장한 동학군 정예부대라는 의미였다. 일본군은 전위소대를 보내 곧바로 동학군의 지휘소를 타격하도록 했고, 나머지 부대를 보내 좌익과 우익, 그리고 후방에서 가해지는 공세를 저지하도록 했다.

양측이 치열하게 사격전을 벌이는 동안, 오전 11시 즈음에 우회시킨 일본군 2개 분대가 동학군의 측면을 강타했다. 이를 기점으로 중로분진대는 동학군 지휘소를 공격하던 전위소대에 증원부대를 보내 종심 돌파를 시도했다. 동학군은 화력전에서 밀리기 시작하자 오후 2시 30분부터 조금씩 후퇴하기 시작했다.

그러나 여전히 양측은 팽팽히 전선을 유지했다. 일본군의 화력은 우세했지만 수적으로 열세였기 때문에 치명타를 가할 수 없었다. 하지만 은진에 나갔던 일본군 1개 지대가 등장하면서 다시 전선이 요동쳤다. 미나미 소좌의 본대가 동학군

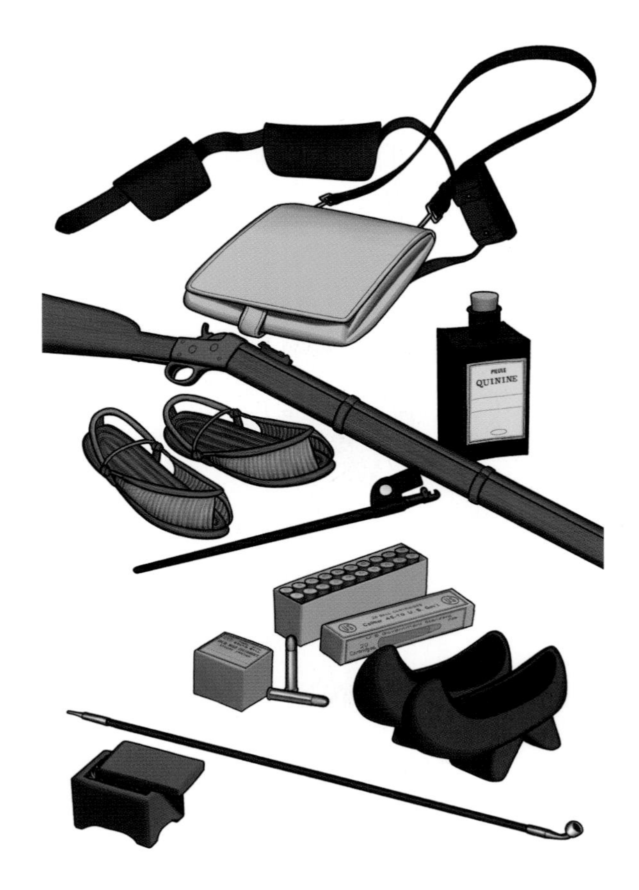

경군 병사의 복장과 개인 장비. 경군은 의외로 나름의 의료 체계를 갖추고 있었으며 금계랍(퀴닌)을 지급하여 만능(?)치료약으로 사용할 정도였다. 그림의 총은 레밍턴 롤링블럭으로 심영병 및 지방군의 주력 소총이었다.

에게 포위당한 사실을 파악한 뒤 곧바로 동학군의 후방을 강타했던 것이다.

예상치 못한 은진 방면에서의 공격은 동학군을 동요하게 만들었다. 치열한 전투는 오후 4시가 넘어서면서 서서히 승패의 윤곽을 드러내게 만들었다. 오후 4시 45분, 일본군 전위소대는 동학군 주력을 노성과 은진으로 밀어내는 데 성공했다. 일부 부대는 노성과 연기 방면으로 후퇴했다. 이 과정에서 일본군은 전체 동학군과의 전투에서 발생한 유일한 전사자 1명을 내게 되었다.

비슷한 시기, 노성 봉화산에서는 공주 우금치 전투에서 패배한 전봉준의 남접 동학군 잔존 부대가 재집결하고 있었다. 이들은 연산에 증원군을 보내는 한편, 남은 병력 2,500명을 노성 봉화산에 모아 상황을 주시했다. 기회가 된다면 다시 병력을 모아 공주를 압박할 심산이었다. 그러나 연산 전투에서 동학군 주력이 또다시 패배하였고, 공주 방면의 조선군과 일본군이 노성 방면으로 진격해 오고 있었다.

일본군 1개 소대와 장위영 부대, 그리고 통위영 부대 등 총 810명의 병력이 모리오 대위의 지휘를 받아 남하하고 있었으며, 12월 10일과 11일 사이에 노성 방면의 잔존 동학군을 다시 소토산과 황화대로 밀어냈다. 마지막 남은 병력들이 이 지역을 방어하고자 했지만 별다른 성과를 낼 수 없었다. 연산에서 6시간 이상 싸웠던 것과 비교했을 때 소토산과 황화대 전투는 고작 1시간 30분, 40분에 불과한 전투 시간을 보일 뿐이었다.

결국 공주 방면의 패배와 김개남 부대의 늦은 기동, 그리고 청주 방면에서의 패배는 동학군에게 돌이킬 수 없는 후퇴를 강요했다. 동학군은 노성과 연산 방면에서 조선군과 일본군을 격파해 공주와 청주를 다시 한번 노리고자 했었다. 우금치에서 심대한 타격을 받았으나, 연산에 집결한 동학군은 여전히 대규모의 군세를 유지하고 있었다. 신식 무기로 무장한 정예부대까지 투입하며 상황을 반전시키고자 했으나 끝내 돌이킬 수 없는 결과로 이어졌다.

제2차 동학농민군의 소멸

충청도 전역이 끝나면서 북접과 남접의 동학군은 호남과 영남 방면으로 계속해서 패퇴했다. 12월 중순부터 일본군은 한반도 해역에서의 작전을 지원하기 위해 목조 슬루프 츠쿠바와 풍도 해전에서 나포한 포함 조강을 경남 통영에 배치하고 있었다.

12월 17일, 동학군 1,000여 명이 전라좌수영을 습격해 400여 명의 조선수군 좌수영병을 격퇴시키자, 조선 수군 지휘관들은 곧바로 통영에 배치된 일본 해군에게 구원을 요청했다. 이를 수

락한 일본 해군은 곧바로 12월 20일 전라좌수영을 구원하기 위해 이동했으며, 21일 해역에 도착하자 육전대를 편성해 좌수영성에 배치했다.

츠쿠바 함장 쿠로오카가 지휘하는 55명의 육전대는 조선 수군과 합세해 동학군의 공세를 격퇴했다. 이때 동학군은 조선 수군의 복장을 보고 일본군으로 착각해 일시적으로 퇴각했다가 다시 공격해 왔지만 곧바로 후방을 공격한 일본 해군 육전대에 의하여 패퇴했다.

그러나 여전히 순천 방면에서 압박해 오는 동학군의 규모는 조선군을 압도하고 있었다. 12월 30일, 일본군 부산 수비대가 1개 중대를 증파했고, 2일 뒤인 1895년 1월 1일, 일본군 소함대가 합류해 전라도 지역의 동학군을 서남부로 몰며 초토화 작전을 진행했다. 1월 4일부터 이어진 대규모 진압 작전은 다음 달인 2월 17일, 부산 수비대가 복귀할 때까지 이어졌다.

나주 방면 전투도 만만찮았다. 이 지역은 나주목사 민종렬이 방어하고 있었는데, 유일하게 동학군에게 넘어가지 않고 조선 정부 관할에 남아있던 지역이었다. 나주목사 민종렬은 당시로서 상당히 능력이 있는 인물이었으며, 1893년에 부임하여 관내를 잘 다스렸다는 평가를 받았다.

1894년 1차 동학농민운동이 시작되자 곧바로 수성군과 민보군을 결성하였으며 소총과 화포류로 무장해 손화중의 동학군이 진입하지 못하게 하고 있었다. 나주 방면의 병력은 전라병영을 포함하였으나 주력은 포군 5~600명이었다. 천보총과 대완포 등으로 무장했다는 기록으로 보아 전장식 퍼거션 캡 소총과 서양식 대포류를 장비한 것으로 보여진다. 이들은 나주-광주 방면의 동학군과 교전하면서 진압 작전에 일조하고 있었다.

영남 지역은 대구판관 지석영을 중심으로 상주와 대구의 민보군 및 포군이 집결했다. 대구토포사로 임명된 지석영은 대구부를 포함 12개 읍의 방어를 책임지게 되었다. 이 지역에서도 동학군이 영남 일대를 휩쓸었고, 이미 하동에서 통영 방면의 조선군 및 포군들이 패배하면서 진주 방

무장해제 후 재건된 조선군은 복제도 서양식으로 변경했다. 그림의 전라좌수영병은 기존 형식의 군모 외에는 완전히 신식 복제로 차려입었고, 가슴에는 행낭을 메고 있다.

면이 위협을 받았다. 이는 부산 방면 방어까지 위험해지는 문제였으며, 이에 따라 지석영이 12개 읍 병력은 물론, 진주와 하동의 잔존부대까지 흡수해 경남 일대에서 동학군과 전투를 벌였다.

일본군 부산 수비대 역시 3개 소대 및 군수 지원부대 등 200여 명의 병력을 지석영에게 증원했으며, 이에 따라 11월 25일부터 하동 일대에서 가장 큰 전역이 전개되었다. 하동의 섬진강 유역을 따라 이어진 격전이었으나, 동학군이 패퇴하면서 붕괴되었다. 이렇듯 1895년 2월까지 동학군에 대한 조선군과 일본군의 섬멸전이 이어

졌으며, 상당한 수의 인명이 살상되었다.

삼남에서 동학군이 치열하게 싸우는 동안, 황해도의 동학군 역시 봉기하였다. 이들은 1894년 1차 봉기 당시에 북접의 영향을 받아 이에 호응하지 않았으나, 청일전쟁이 벌어지면서 상황이 변했다. 10월 16일 교주 최시형이 기포령을 내리자, 황해도의 동학군은 빠르게 조직되었다.

황해도 일대 동학군의 규모는 매우 방대했다. 조선 정부가 대응에 나서고자 했을 때는 이미 해주성 인근 지역을 비롯하여 장연, 옹진, 강령, 해주의 동학군 수만 명이 집결하고 있었다. 약 20일 동안 세력을 키운 동학군은 10월 25일부터 황해감영이 있는 해주성 남쪽 일대를 공략했다.

해주성은 무력하게 함락되었다. 해주성 방어는 고사하고 감영 자체를 방어할 여력조차 없었기 때문이다. 해주성의 함락은 매우 혼란스럽게 이루어졌다. 황해감사는 다친 후 구금되었고, 양호도순무영에 보고조차 하지 못한 채 가까스로 한성의 본가에 간략한 상황을 설명하는 편지만을 보낼 수 있었다.

다행히 황해감사의 비장 중 하나가 황주의 병영으로 탈출해 조정에 보고를 전할 수 있었다. 해주성을 점령한 동학군은 무장을 강화하는 한편, 창고에 저장된 곡식과 민간의 재산을 탈취하며 군수품을 확보했다. 또한 황해감영의 주요 행정문서들을 파괴하면서 행정체계를 완전히 붕괴시켰다.

감영뿐만 아니라 옹진반도에 있던 황해수영 역시 함락되었다. 10월 28일, 황해수영을 방어하던 수군의 저지선을 돌파한 동학군은 황해수사에게 부상을 입히고 모든 군수물자를 탈취했다. 결국 황해도 내에서 정부 통제가 이루어지는 곳은 황주의 병영뿐이었다.

그러나 황해도의 조선군은 이렇다 할 준비를 하지 못했다. 원래대로라면 주요 지상군은 황주의 병영에 집결되어야 했다. 그러나 청일전쟁의 여파로 인해 기존의 지방군 역할을 하던 포군이 해산되었고, 무기고가 약탈당해 많은 장비를 유실했다.

그나마 흩어진 병력를 모아서 싸울 준비를 했으나, 해주성과 황해감영이 함락되면서 동원에 필요한 도 내 행정체계가 무너져 버려 무산되었다. 양호도순무영은 50명의 포군을 소집하라는 명령을 내렸으나 여의찮았으며, 비슷한 시기 의정부에서 황해도를 방어하기 위해 200명 규모의 포군을 소집해 뇌관식 소총과 탄약들을 지급하고자 했지만 모두 시행할 수 없었다.

이렇듯 황해도 자체의 군대로 동학군을 저지할 수 없자 급히 한성에 주둔하고 있던 일본군이 투입되었다. 표면적으로는 동학군이 10월 26일 해주성이 함락될 때 군량미를 구입하기 위해 들어온 일본군과 일본 상인을 공격한 데 대한 대응 차원이었다. 10월 30일, 스즈키 소위가 지휘하는 70여 명의 일본군이 용산에서 출발해 개성-금천을 거쳐 평산으로 진입했다. 그러자 해주성의 동학군은 점령 9일 만에 감영를 버리고 부대를 나누어 빠져나갔다.

황해도 동학군의 지도자 임종현이 지휘하는 6,000명~7,000명 가량의 부대는 북쪽으로 빠져나갔다. 아직 통제권을 유지하고 있는 황해병영을 상대하기 위해서였다. 이를 위해 신천을 공격한 동학군은 뜻밖의 복병을 만났다. 바로 스즈키 소위가 지휘하는 일본군이었다. 해주-신천 경계 지역에서 일본군은 동학군을 기다리고 있었고, 곧 전투가 이어졌다.

일본군은 이미 정찰병을 보내 동학군의 진로를 파악하고 있었다. 게다가 공격 목표인 신천에는 진사 안태훈이 지휘하는 의병들도 일본군과 합세하였다. 약 300여 명의 의병들은 일본군과 협조해 동학군과 교전을 벌였고 결국 격퇴했다. 그러나 동학군의 위세는 여전히 대단했다. 장연, 송화, 문화, 평산 일대를 점령하고 황해도의 군사적 거점인 장수산성과 수양산성까지 함락시키면서 기세를 떨쳤다.

일본군은 분명히 강력했으나 70여 명에 불과하였기 때문에 모든 전선을 담당할 수 없었다. 지역 유생들과 보부상들은 의병을 만들어 일본군을 보조하기 시작했다. 전열을 정비한 조선군과 일본군은 11월 중순이 되자 곳곳에서 동학군과 접전을 치렀다. 황해도에서 이어진 격렬했던 전투의 분수령은 11월 27일, 해주성에서 벌어졌다.

신천에서 패배했던 임종현의 부대 7,000여 명을 포함해 동학군 3만여 명은 해주성을 향해 진격했다. 이 전투에는 황해도에서 동원할 수 있는 모든 동학군이 투입되었다. 해주성 서쪽의 장연, 옹진뿐만 아니라 북쪽의 재령, 신천, 문화, 남쪽의 강령 등 10개 읍에서 호응했으며 해주성 동쪽에서도 조선군의 후방을 차단하려는 시도가 이어졌다.

이에 해주성에서 대응할 수 있는 부대는 황해감영에서 새로 소집한 포군 100명과 일본군 50명이 전부였다. 전투는 27일 오전부터 벌어졌고, 수적 열세에 빠진 조선군과 일본군은 일시적으로 성을 빼앗길 뻔했으나, 연안에 파견되어 있던 일본군과 황해병영 및 황해감영 소속의 조선군 병력 1,000여 명이 급거 증원되었다. 이들은 해주성 서쪽 장대현에서 전투를 벌였으며, 예기치 못한 측면 타격을 받은 동학군은 패퇴했다.

조선군과 일본군은 이들을 추격했다. 각각 평산과 장연, 연안 등지로 철수하는 동학군을 쫓았다. 이어진 신임 감사 조희일의 유화책이 이어지자 적잖은 동학군은 전세가 기울었음을 알고 무기를 반납하고 투항했지만, 여전히 저항은 이어졌다. 1895년 1월 22일, 양호도순무영이 해체되었음에도 황해도의 잔존 동학군은 전투를 지속했다. 2월 13일 다시 한번 신천을 공격하는가 하면, 10일 뒤인 23일에는 장연을 공격했다. 24일에는 장연부사가 도주할 정도로 꽤 강렬한 공세를 가했다.

결국 이런 상황에서 강화도의 조선군까지 급거 투입되어 동학군 진압에 나섰다. 9월, 여전히 장수산성이 함락되지 않자 황해감영은 감영병 100명과 포군 1,200명을 투입해 함락시켰지만 험준한 지형을 이용해 조선군과 일본군이 진입하기 어려운 곳으로 계속해서 이동하였다. 이러한 흐름은 남부지방의 동학군이 단기간에 궤멸적인 타격을 입은 것과 달리, 황해도의 동학군은 매우 오랜 기간 저항을 이어 나간 결과가 되었다.

이들은 부족한 군수품, 특히 전장식 소총의 탄약을 확보하기 위해 혈안이 되었다. 1차 봉기 이후 각 지역에서 노획한 연환을 사용할 수 있었지만, 패색이 짙어지면서 이러한 공급이 뚝 끊겼기 때문이었다. 이에 궁여지책으로 종이 탄약을 생산하기도 하였다. 문자 그대로 종이를 전장식 소총의 탄약처럼 뭉쳐서 사용한 것이었으며, 문어풀을 고아서 종이를 단단하게 굳힌 뒤 소총에서 사용하였다. 그러나 이러한 종이 탄약의 살상력이 낮다보니 정말 급한 상황이 아니면 생산되지 않았고, 동학군은 민가에서 놋쇠 그릇이나 가마솥을 녹여 수철환을 제작해 조선군과 일본군의 화력에 대응했다.

이렇듯 처절하게 저항하던 동학군은 전반적으로 1894년과 1895년 사이에 대부분 제압되었지만, 일부는 계속 잔류하여 이후 을미의병 등에 참가하는 등 명맥을 이어 나갔다.

양호도순무영과 조일 양국군의 대립

한 편 이러한 진압 작전이 전개되면서 조일 양국군 사이에서는 대립이 이어졌다. 양호도순무영은 경복궁 쿠데타 사건으로 무력화된 조선의 군사력을 수습해 동학농민군 진압과 일본군과의 협조를 위해 하나의 지휘부로 재편성한 조직이었다. 이들은 중앙 및 지방의 군사력을 모두 통제할 수 있는 군사조직이었으며, 특히 동학군과의 주요 전투에 참가한 조선군을 지휘하는 역할을 맡았다. 순무영이라는 조직은 이미 조선왕조에서 이전부터 등장한 임시 군사기구였다. 전란 및 민란 등에 대비하기 위해 중앙의 군대와 지방의 군대를 통합 운용할 수 있는 막강한 권한을 가졌다.

그러나 평양성 전투 당시 조선에 공수동맹을 맺을 것을 압박하던 일본 정부는 1894년 7월 23

양호도순무영과 일본군 제19후비보병대의 관계

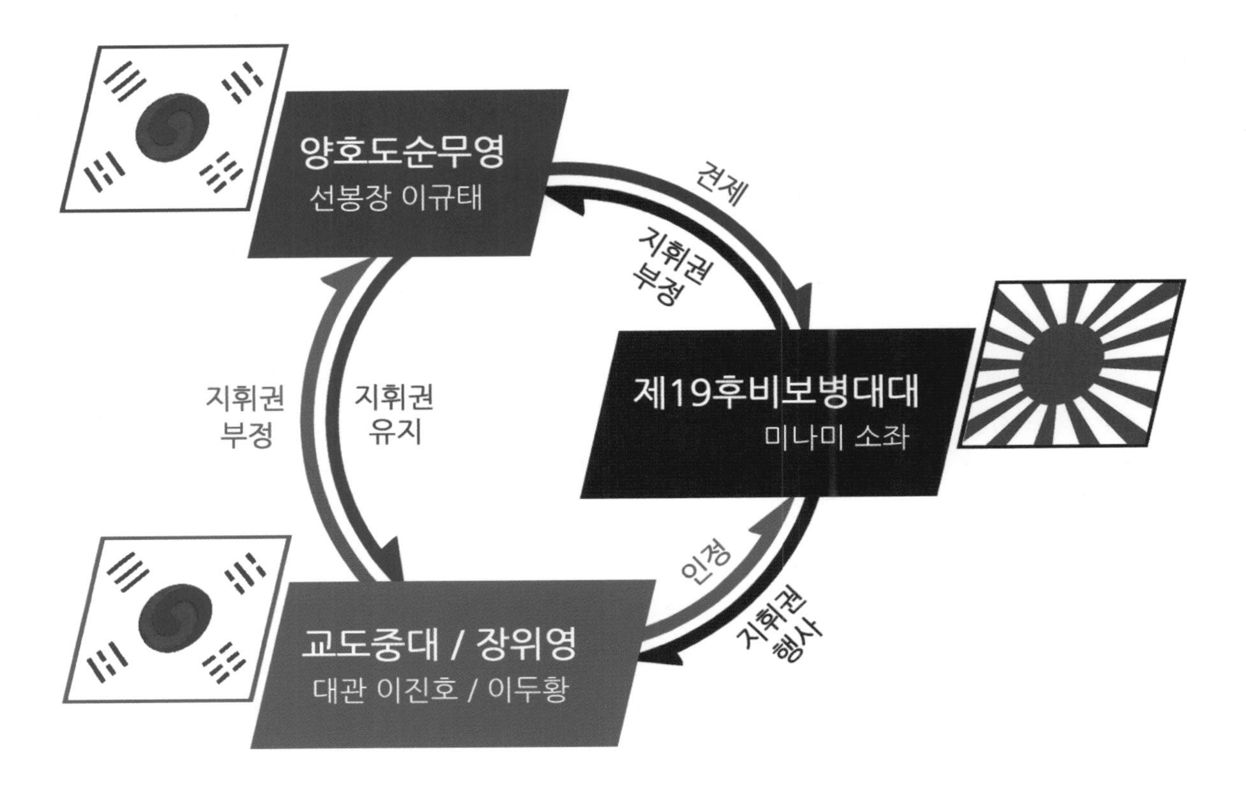

일 경복궁 쿠데타 과정에서 조선군으로부터 압수한 무기를 돌려주고 군사력을 재건한다는 빌미로 조선 정부를 굴복시켰다. 그 과정에서 양호도순무영의 지휘권을 요구하였으며, 이로인해 사실상 일본군의 통제 하에 넘어가게 되었다.

이러한 과정에서 양호도순무영에서 파견한 직속부대인 선봉대 지휘관 이규태는 일본군에게 지속적으로 조선군의 지휘 권한을 요구했다. 일본군은 조일 양국 간의 합의를 근거로 선봉장 이규태의 지휘권을 부정하고 조선군 부대를 통제하고 있었다.

양호도순무영에 소속된 조선의 군사력은 당시로서 상당한 편이었다. 선봉장 이규태가 지휘하는 통위영을 비롯해 이두황이 지휘하는 장위영과 성하영의 경리청, 그리고 이진호의 교도중대와 더불어 각 지역 지방관들이 이끄는 지방군 및 민보군 등이 있었다. 중앙군 전체 전력의 대부분이 이곳에 소속되었으며 이후 중군 황헌주가 지휘하는 친군심영까지 소속되었다.

특이하게도 양호도순무영의 각 부대 지휘관들은 외국군과 연관이 많은 이들로 편성되었다. 이진호의 경우 연무공원에서 다이 준장의 미국식 군사교육을 받은 인물이었고, 친군심영 중군 황헌주는 청군과 함께 내한한 독일인, 영국인 군사교관단에게 교육을 받았던 중견급 장교였다. 이외에 평양성 전투에서 일본군과 함께 참전했던 이두황도 있었다.

총 2,986명의 중앙군 병력이 양호도순무영에 소속되었으니 이는 재건된 조선군 전력의 절대 다수를 차지하는 수치였다. 원칙적으로 이들은 조선 정부의 군무아문과 양호도순무영이 직접 통제하도록 되어 있었다. 그러나 실질적인 지휘는 일본군 제19후비보병대대에서 행사했다. 이러한 문제는 결국 조선군과 일본군 사이의 상하관계에 대한 문제로 이어졌다.

어디까지나 조약상 일본군은 조선군의 '동맹군'이었으며, 이는 일본이 표방하는 '조선은 자주독립국'이라는 논지에 따른 것이었다. 하지만 일본 정부가 조선의 군대를 재편성할 필요성을 느끼기 시작했고, 청일전쟁에서 승기를 잡아 가면서 재편된 조선군의 통제를 일본군이 행사할 필요성이 생기고 있었다. 실제로 일본 공사 이노우에 역시 일본군 사관과 조선군 사이의 지휘 문제에 대해 "명분상 조선군을 지원하는 역할이나, 실제로는 조선군의 진퇴와 행동을 일본군 사관 감독하에 두게 해야 한다." 라고 강조하기도 하였다.

19후비보병대대장 미나미 소좌 역시 조선군을 실질적으로 자신의 지휘권 내에 있는 것으로 인식했다. 그는 이후 자신의 경력서에 "조선군 3개 대대, 교도중대(조선군) 1개 및 충청, 전라 양도의 지방병"을 지휘했다고 기록하였다는 점을 볼 때, 스스로도 조선군을 지휘했다고 판단하고 있었다.

그러나 이러한 일본군의 지휘권 장악에 대해 조선군 역시 만만찮게 저항하였다. 특히 선봉장 이규태의 반발이 가장 강했다. 그는 일본군의 지휘권에 대해 지속적으로 부정하고 있었고, 특히 선봉대와 함께 행동하는 일본군 모리오 대위와 마찰을 빚고 있었다. 이규태는 양호도순무영 내에서도 중요한 역할인 선봉대가 제대로 된 지휘권을 행사하지 못하고 있음에 격분했다. 원칙대로라면 이규태의 선봉대는 통위영뿐만 아니라 장위영, 경리청, 친군심영 및 지방군을 모두 통제해야 하는 것이 맞았다.

그러나 일본군은 그러한 선봉대의 지휘권을 부정했고, 더불어 사실상의 지휘부 역할을 해야 하는 선봉대를 다른 일반 부대와 똑같이 대우하고 있었다. 이러한 문제는 공주성 전투에서 극명하게 드러났다. 충청감사 박제순의 지원 요청에 미나미 소좌는 조일 양국군에게 구원병을 보낼 수 없다고 지시했지만, 이규태가 선봉대와 성하영의 경리청 부대를 이끌고 독단적으로 공주로 진입했다. 이로인해 모리오 대위와의 마찰이 빚어졌고, 미나미 소좌 역시 지시를 무시한 이규태에 대해 추궁하는 등 양국군 지휘부 사이의 충돌이 심해졌다.

게다가 일본군은 조선군이 동학군과 내통하는지에 대해 지속적으로 의심을 감추지 않았다. 일본군은 조선군뿐만 아니라 협조하는 조선의 지방관들 역시 잠재적인 내통자로 간주했다. 당시 일본 정부와 일본군은 대원군이 동학군과 내통하고 있다는 의심을 품고 있었다. 그런데 조선군 내에 대원군이 강한 영향력을 여전히 유지한다고 판단한 것이 의심의 이유가 되었다. 이미 이 문제 때문에 양호도순무영 내의 친(親)대원군 계열 지휘관들이 배제된 상황이기도 했다.

심지어 선봉대에서 복무 중이던 별군관을 잡아가 심문하는 등의 일이 벌어지자 양측의 불신은 극에 달했다. 결국 사실상 조선군 부대들은 일본군의 보조부대 역할을 하며 모든 부분에서 통제받을 수밖에 없었다. 무엇보다도 탄약 공급을 일본군이 모두 통제하는 것이 문제였다. 일본군은 각 교전마다 소모된 탄약 수량을 빠짐없이 기록해 필요할 때마다 조선군에게 군수물자를 제공하는 정도에 그쳤다. 게다가 일본군이 조선군을 분산시켜 소규모 지대를 편성하면서 조선군 장교들과 사병들을 분리하여 통제하기 시작했다. 이러한 과정을 거치면서 양호도순무영의 조선군에 대한 지휘체계는 완전히 붕괴되기 시작했다. 결국 2월 28일, 양호도순무영이 해체될 무렵 사실상 조선군의 모든 지휘권은 일본군에게 넘어가 버렸다.

이러한 일본군의 양호도순무영에 대한 통제와 장악은 이후 이어질 조선군에 대한 영향력 확대와 연결되는 것이기도 하였다.

服飾

동학농민군의 복장 동학농민군 중 지휘관은 노획한 구식 갑주를 입었고, 병사들은 평복 그대로인 경우가 대부분이었다. 가슴에는 부적을 달아 전쟁터에서의 안전을 기원했다.

구군복

조선 후기 무관과 고급 관료들이 입던 구(具)군복은 이전의 군복인 철릭에 비해 소매를 좁혀 활동성을 높였다. 동다리의 붉은 소매부(홍수)와 노란 중앙부 색상 조합은 영화나 드라마 등과는 달리 등장 시기가 늦어 19세기 초에 도입되었다.

신군복

왼쪽은 친군영의 군복 상의들, 위에서 아래로 내려올수록 후기형이며, 마지막은 소매 및 여밈 방식이 확연히 서구식으로 바뀌었음을 확인할 수 있다.

閔泳純

을미사변과 아관파천

을미의병의 봉기 및 중앙군 재건

1895~1897

시위연대장 부령(副領) 현흥택(玄興澤)

을미사변과 아관파천

을미의병의 봉기 및 중앙군 재건

중앙군 개편과 훈련대/시위대 창설

제2차 동학농민운동이 진압될 무렵, 일본은 조선군을 지속적으로 통제하기 위해 새로운 부대의 창설을 논의했다. 1895년 1월 17일, 일본 공사 이노우에는 고종에게 조선군의 편제를 일본군과 동일하게 개편해 훈련대를 조직할 것을 요구했다. 이노우에는 군무아문의 일본인 고문인 구스노세 유키히코의 자문을 받아 장차 훈련대를 근위대로 편성하자는 의견을 피력했다.

이에 따라 조선의 기존 국방 시스템이 개편되었다. 갑오개혁을 거치면서 기존의 육조를 2부 8아문으로 개편하면서 병조의 국방 업무 일체를 군무아문으로 이관하였다. 이 중 실제 군령권을 행사할 수 있는 것은 군무아문 예하의 친위국과 진방국, 해군국으로 각각 중앙군과 지방군, 해군을 담당하도록 하였다. 그러나 해군이 실제로 미비한 상태였고, 기존의 수군진이 모두 지방에 위치했기 때문에 해군국은 사실상 진방국의 통제하에 들어섰다.

그러나 최초의 근대적인 국방 사무를 담당한 부서임에도 불구하고 여전히 일본군의 입김이 강하게 작용하였기 때문에 많은 부분에서 한계점을 지니고 있었다. 가장 큰 문제는 기존의 친군영제를 더 이상 유지할 수 없었다는 지점이었다. 이는 조선이 자체적인 군대를 육성하기보다는 일본군의 의도대로 개편해야 함을 의미했다.

이미 1894년 8월, 왕실의 친위부대인 용호영을 통위영에 이속하여 없앴고, 각 영의 지휘관이 갖춘 관직과 지위를 부정하는 등 군권을 심하게 약화시켰다. 그와 함께 육군장관직제와 군부직제를 통해 조선의 군제를 일본식으로 개편하여 영향력 확대를 노렸다.

육군장관직제로 인하여 조선은 기존의 영초 체제의 지휘체계 및 계급체계를 모두 포기했다. 파총, 대관, 초관 등의 직제는 근대적인 계급체계로 치환되었으며 이후 대한제국군에서도 사용하게 될 참, 부, 정으로 시작하는 위관, 영관, 장관급 계급이 등장했다. 부사관 계층 역시 이때부터 독립적인 체계를 갖추게 되었다.

또한 2월 12일 신식 부대의 형태를 갖춘 훈련대가 정식적으로 창설되었다. 다만 이보다 앞선 1894년 11월 28일, 군무아문이 제1독립훈련대의 창설과 이들의 예산 경비를 탁지아문에 요청한 기록을 보아 모체가 된 부대들이 준비되고 있었음을 짐작할 수 있다. 이미 일본군 편제는 조선군도 경험한 바 있었다. 평양성 전투에서 일본군을 보조한 교도중대와 경복궁 쿠데타 이후 1894년 7~8월 기간 일본군에게 교련을 받은 장위영 부대였다.

1894년 11월 28일에 창설된 제1독립훈련대의 경우 이전 통위영 부대를 모체로 하여 창설되었으며 이외에 제2독립훈련대, 평양의 제3훈련대가 뒤이어 만들어졌다. 훈련연대는 한성에서 창설한 제1독립훈련대와 제2독립훈련대를 모체로 구성되었으며 약 800명

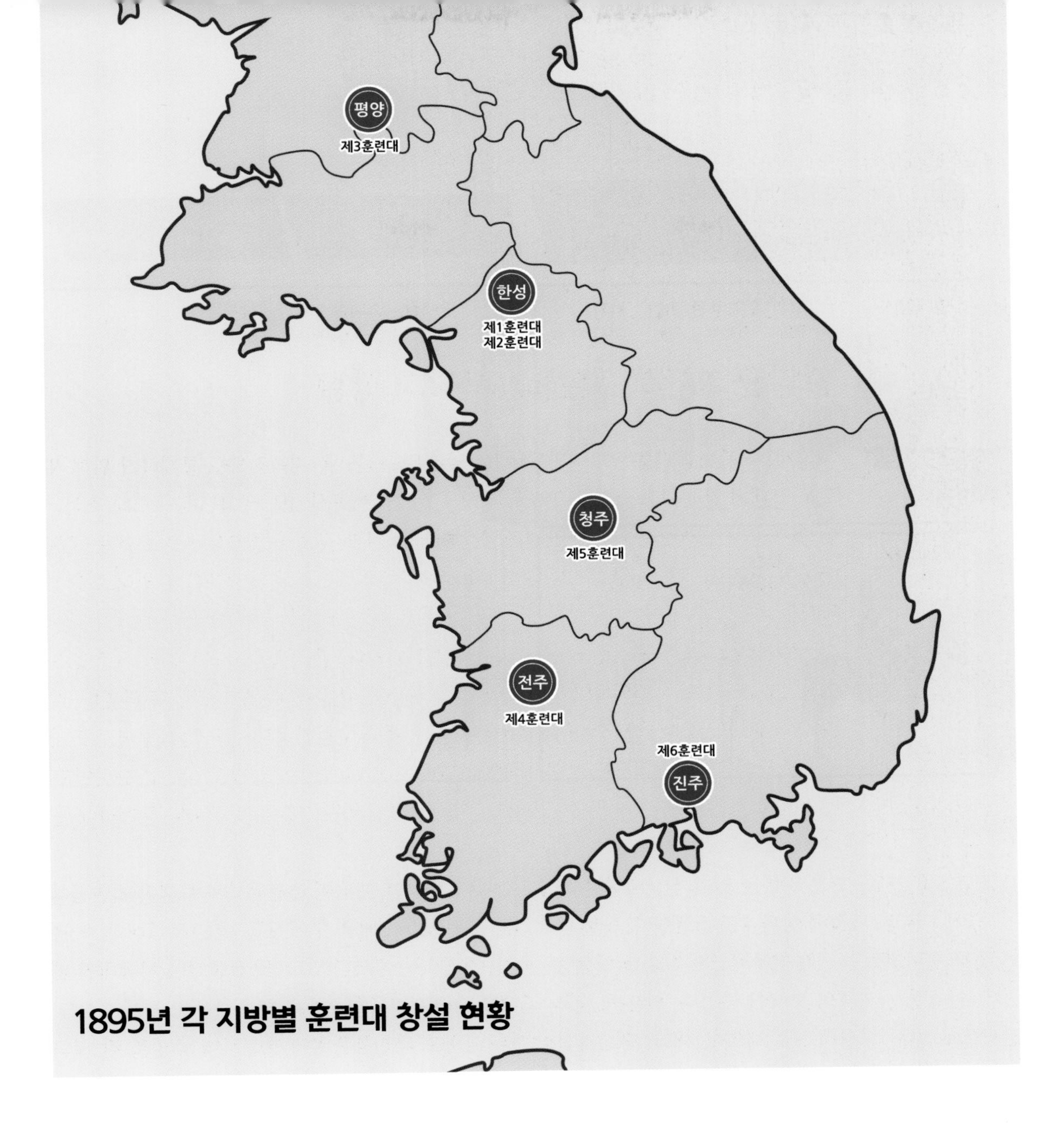

의 병력을 갖췄다. 또한 훈련대사관양성소도 창설해 초급장교들을 양성하고자 하였으며 이들을 기초로 하여 근대화된 조선군의 주축을 다지고자 했다.

이 당시 훈련대에서 가장 큰 편제 단위는 연대였으며, 그 아래로 2개 대대, 4개 중대, 12개 소대로 편성되었다. 통상 1개 중대는 200명의 병력으로 편성되었고, 1개 대대는 400명으로, 연대는 800명으로 편성되었다.

해체된 6개의 친군영 소속 병사들로 구성된 신설대(新設隊) 역시 1895년 5월경에 창설되었다. 훈련대에 배속되지 않은 채 해산된 병사들을 모아 만든 부대로 주로 후방 지원 목적이 강한 병종으로 구성되었다. 이들은 공병대와 치중병대, 마병대로 구성되었는데, 장교 430명과 사병 4,800명으로 이뤄졌다. 세부적으로 본다면 8개 공병대대와 2개 치중병대대, 2개 마병대대를 구성할 수 있었으며 절대다수의 병력이 공병으로 편성되었다.

신설대는 당시 조선군 조직 내에서 가장 큰 부대 편성이었으나, 실질적인 전투력으로 활용되지 못한 것은 일본군의 영향에서 많이 벗어난 부대였기 때문이었다. 동학농민운동 진압 과정에서 일본군과 많은 교류를 했던 친군장위영이나 통위영과는 달리 해체된 6개 친군영 부대 다수는 이들에게서 큰 영향을 받지 않았다. 이러한 문제로 다수의 구 친군영 소속 부대가 2선급 부대로 개편되어야만 했다.

신설대와 거의 동시에 시위대도 편성되었다.

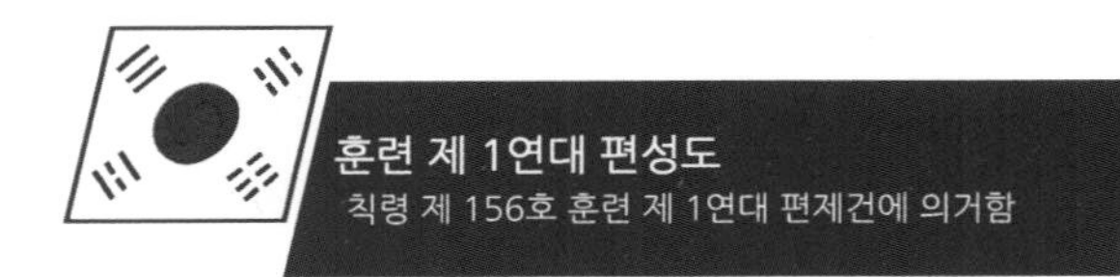

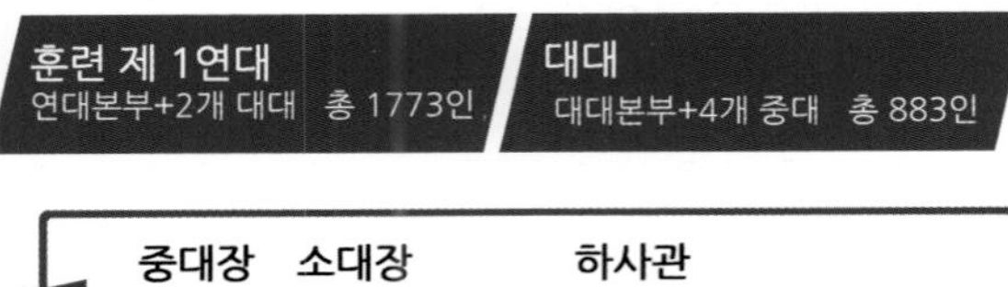

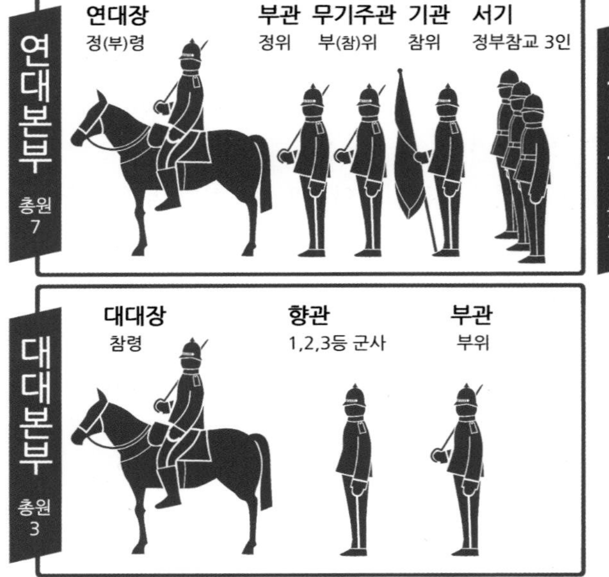

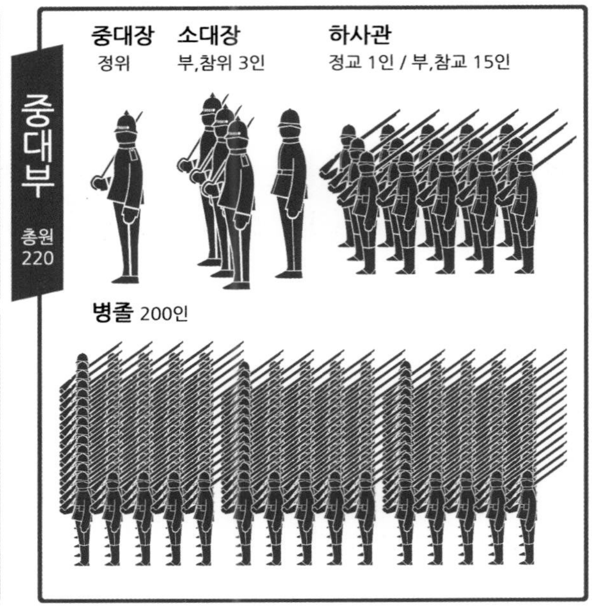

1895년 5월 25일, 조선 정부는 앞서 설치된 신설대에서 2개 대대를 차출해 시위대를 창설했다. 가장 많은 숫자를 차지했던 공병대에서 2개 대대를 차출했는데, 이들이 시위대의 모체가 되었다. 일본이 삼국간섭으로 인해 일시적으로 세력이 후퇴하자, 조선 정부 내에서 일본의 입김도 줄었다. 그 틈을 타서 친일적인 훈련대를 대신해 왕실을 보호할 새로운 부대를 창설하려는 노력이 이어졌고, 이들이 바로 시위대였다. 앞서 1894년 9월에 시도한 친위영은 실패했으나, 1895년 5월의 시위대 창설은 성공적이었다.

시위대 역시 훈련대와 동일한 편제를 갖췄다. 가장 큰 편제 단위는 연대였으며, 2개 대대-4개 중대-12개 소대로 구성되었다. 다만 이들은 일본군의 통제를 받던 훈련대와 달리 구 연무공원의 미 군사교관단 대표 다이 준장의 통제를 받았으며, 기존의 취타대 역시 재편하여 38명의 군악대가 연대 내에 편성되었다. 이외에 100여 명의 무예청 소속 무예별감이 있었음이 군사비 예산에서 확인된다.

특기할 점으로는 훈련대와 신설대, 시위대는 서로 다른 군복을 착용했을 것으로 추정된다. 1894년 말부터 조선의 군부는 총세무사에게 훈련대가 사용할 군복 800여 벌을 구매했고, 이는 훈련대 병력 총원 수에 맞는 수였다. 그러나 신설대나 시위대에 배당된 피복 구매 비용이나 영수증은 발견되지 않았다. 아마도 훈련대는 일본으로부터 수입한 신식 군복을 입었을 가능성이 크지만, 신설대나 시위대는 기존의 친군영 시기 군복을 지속적으로 입었을 가능성이 있다.

다만 1894년 10월 조선 정부가 1,000여 정의 Gew71 마우저 소총을 구매한 기록이 있고, 이전에 청으로부터 지원받은 마우저 소총 2,000여 정도 있었기에 훈련대와 시위대는 모두 마우저 소총으로 무장한 것으로 보인다. 그러나 신설대까지 지급할 마우저가 부족해 1895년경 조선 정부는 이노우에 공사를 통해 레밍턴 롤링블럭 소총 2,000여 정과 탄약 등을 요청했으나 공급이 어렵다는 이유로 거절당했다. 이로 보아 신설대는 친군영에서 사용하던 레밍턴 롤링블럭 소총을 운용했음을 짐작할 수 있다.

이렇듯 1895년 5월을 기준으로 조선의 중앙군은 훈련연대와 시위연대, 그리고 신설대 10개 대대,

그리고 100여 명의 무예청 병력으로 구성된 5,700명의 정규 병력을 운용하게 되었다. 그러나 지방군은 사정이 달랐다. 제2차 김홍집 내각은 1895년에 들어서서 지방군을 개혁하고자 했고, 기존의 육군·수군 지휘체계를 정지시켰다. 1895년 3월 1일 각 지방에서 육군과 수군을 지휘하던 감영, 유수영, 병영, 수영 등의 지휘권을 상징하는 병부가 반납되었고, 군영의 마패 역시 같은 조치를 받았다.

이는 기존의 전통적인 체제의 조선 지방군이 새롭게 창설될 신식 지방부대의 등장에 무력으로 반발할 것을 사전에 억누르기 위한 조치였다. 일본의 입김이 강하게 들어간 신식 지방부대에 대해 전통적인 지휘체계를 갖춘 조선의 지방군 부대들이 결코 고운 시선을 보내지 않을 것이 예상되었기 때문이다. 그러나 이 과정에서 해체된 부대의 공백 기간이 너무나도 길었다는 것이 문제가 되었다. 신규 지방군 부대의 창설이 이루어지지 않은 상태에서 기존의 부대들이 해체된 탓이었다.

1895년 6월, 8도의 감영병 및 함북 지방의 방위를 담당하던 안무영, 그리고 수도방어를 위해 존재했던 5개 유수부가 공식적으로 해체되었고, 바로 다음 달인 7월에는 조선 수군의 사령부였던 삼도수군통제영도 같은 절차를 밟았다. 이렇듯 지방의 친군영제 역시 빠르게 제거되었다.

조선 정부는 이들을 대신할 제4훈련대, 제5훈련대, 제6훈련대 등을 청주 등 주요 도시에서 창설할 예정이었다. 만약 1895년 연말까지 무리 없이 재건이 이루어졌다면 5,600명의 중앙군을 포함, 1만여 명의 정규군을 운용할 수 있었다. 그러나 이는 예산 부족 등으로 인하여 지지부진했다.

한편 군대에 소속되지는 않지만 일종의 실질적인 군사력으로서 전용될 수 있는 경찰조직도 이즈음에 본격적으로 창설되었다. 1894년 7월 8일, 갑오개혁 이후 치안을 담당하기 위해 창설된 경무청은 한성부를 총 5개 부로 나누어 치안 업무를 담당하게 하였다. 초기에는 100여 명으로 구성되었으나 1년 뒤인 1895년 6월경 순검 정원을 1,540명으로 지정했다. 이 중 630명이 한성부에서 근무했으며, 이후 40명을 추가로 충원해 670명의 병력을 유지하였다.

이는 한성의 치안 병력을 늘림과 동시에, 부족한 중앙군을 보조하려는 일환이었다. 실제로 박영효는 병력이 부족한 중앙군을 보조하기 위해 이들에게 레밍턴 롤링블럭 소총을 지급하여 사격 훈련을 시키기도 하였다.

갑오개혁 이전 좌우 포도청이 병조에 소속되었고, 포도대장이 종2품이었던 것에 비해, 경무청은 군 조직에서 독립하여 내무아문에 소속되었고, 경무청의 총책임자인 경무사의 지위는 판서와 같은 정2품으로 상향되어 명실상부하게 군으로부터독립했다. 다만 이 과정에서 기존 군대가 담당했던 수도 내 치안 업무가 근대식 경찰 제도로 이관되면서 크고 작은 충돌이 벌어졌다. 1895년 을미사변 당시, 한성부 내의 치안 병력은 이들이 주로 담당하고 있었다.

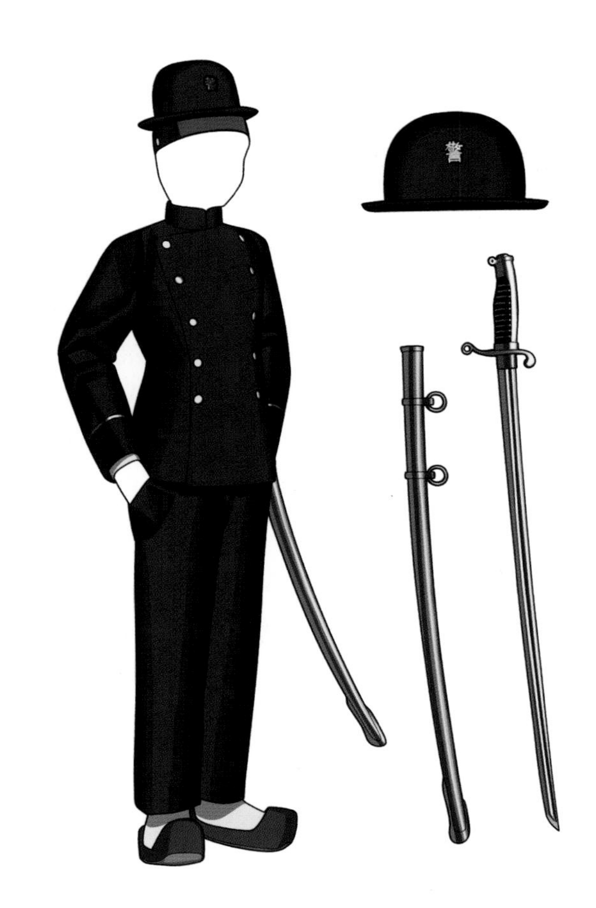

1894년 창설한 근대식 경찰 조직인 경무청 소속 순검들은 중앙군의 보조 임무도 맡았다. 순검은 더블 브레스트 제복에 군에서 사용하는 것과 흡사한 갓형 모자 또는 투구형 모자를 썼다. 그림의 순검은 갓형 모자를 썼으며, 무장으로는 세이버를 패용했다. 그러나 1895년부터는 소총을 지급받았고, 1899년부터는 권총까지 도입되었다.

을미사변과 훈련대

이러한 군제개혁을 거치는 과정에서 조선의 정국은 다시 한번 요동치고 있었다. 청일전쟁 과정에서 시모노세키 조약을 통해 요동 반도를 장악한 일본에 러시아를 필두로 독일과 프랑스가 개입하였다. 이들은 요동 반도의 일본 할양을 거부했고, 즉각 청에 반환할 것을 요구했다.

러시아는 자국의 연해주-만주 경략에 있어 일본의 요동 반도 장악이 위협적이라고 보았고, 독일 역시 청도의 조차지 안위 보장을 위해 러시아와 함께했다. 그리고 프랑스는 최근 러시아와의 관계가 증진되자 이에 대한 의리를 드러내기 위해 러시아의 행보를 지지했다. 이렇듯 유럽 열강들이 직접적으로 개입하며 일본을 압박하는 정국이 이어졌다. 일본의 이익선이 만주에서 다시 조선으로 후퇴하는 상황이었다.

자연스럽게 조선의 왕실과 내각 역시 이에 영향을 받았다. 러시아를 끌어들여 일본을 견제할 수 있다고 보았기 때문이다. 이에 따라 친일 내각이 축출되었고, 일본의 입김이 강하게 들어갔던 군의 지휘부 역시 교체되었다. 시위대가 창설되었던 1895년 7월 17일, 훈련대 연대장에 당시 군부 부령으로 재직 중이던 홍계훈을 임명했고, 시위대 연대장 역시 부령 현흥택으로 임명했다.

이는 기존의 일본군, 그리고 일본인 군사고문들을 대신하여 왕실이 직접 조선군을 통제하겠다는 의미였다. 더군다나 의욕적으로 경무청을 강화하고 있었던 박영효 역시 음모로 인하여 내각에서 축출되면서 조선 내에서 일본의 세력이 크게 약화하고 있다는 인상을 받기 시작했다.

무엇보다도 조선 왕실이 일본군의 입김이 강했던 훈련대를 해체하고 시위대를 중심으로 한 중앙군을 개편하려는 움직임과 94년 9월부터 끊임없이 시도해 오던 조선 정부의 외국인 군사교관 고용을 통한 견제 시도가 가시화되었다.

이에 따라 일본 정부, 특히 주조선 공사관 및 일본 육군성은 이전에 시도하지 않았던, 그러나 매우 충격적인 방법을 구상했다. 그것은 공공연하게 친러 정책을 추진하는 왕비를 살해하는 방법이었다. 1894년 7월 23일의 쿠데타로 집권시킨 조선의 친일 개화 정부가 왕비, 그리고 그 뒤에 있는 고종과 그 추종 세력에 의하여 축출되고 있자 축소된 이익선인 조선마저 상실할 것이라는 걱정에 조급해졌기 때문이었다.

9월 1일, 주조선 일본 공사 업무를 수행하던 이노우에 대신 퇴역 육군 중장인 미우라 고로가 신규 공사로 부임했다. 그는 조선 왕실을 기만하는 한편, 일본인 군사고문이자 공사관 주재무관인 구스노세 유키히코 중좌 및 공사관 경찰, 수비대 등과 협력하기 시작했다. 다만 조선 정부에서 근무하던 18명의 일본인 고문관들은 이러한 사실에 대해 상세히 알지 못했는데, 이는 비밀을 지키기 위한 목적이었다.

그러나 이 당시 조선 주둔 일본군의 지휘권은 양분되어 있었다. 미우라 고로는 공사관이 통제하던 공사관 수비대 및 경찰뿐 아니라 한성에 주둔 중인 1개 대대 규모의 일본군 경성 수비대까지 통제하고자 하였다. 그러나 이들은 공사관이 아닌 본국의 지휘를 우선하는 조직이었으므로 미우라와 본국의 각료들 사이에 마찰이 빚어지기도 하였다.

결국 실제 을미사변에 투입할 수 있었던 군사력은 1개 중대 규모의 공사관 수비대와 경찰, 그리고 5~60명 규모의 낭인 및 훈련대였다. 훈련대는 지속적으로 왕실의 해체 경고를 받고 있었고, 홍계훈이 연대장으로 취임함과 동시에 시위대가 창설되자 자신들의 지위에 불안감을 느끼고 있었다. 이러한 틈을 타 미우라 고로는 을미사변 자체를 조직 해체에 불만을 가진 조선군 훈련대가 궁을 습격해 왕비를 살해한 사건으로 꾸미고자 했다.

그러나 예상외의 일이 벌어졌다. 10월 10일에 시행하기로 했던 계획에 앞서 10월 7일 새벽 2시, 기습적으로 훈련대에 대한 해산 명령이 떨어졌다. 시위대 및 순검들과 잦은 마찰을 빚었던 훈련대에 대하여 조선 왕실과 정부가 끝내 해산을 명령했던 것

을미사변 당시 일본이 조선에 파견한 군사고문은 중령 계급의 구스노세 유키히코였다. 도사 출신의 구스노세는 1880년 사관학교를 졸업하고 프랑스 유학을 다녀왔으며 1894년부터 조선에서 근무했다. 을미사변 이후 군사재판에 회부되었으나 무죄 판결을 받았고, 이후 영전하여 러일전쟁에서는 포병을 지휘하였고 육군대신까지 올랐다.

을미사변의 정범으로는 일본 낭인들이 잘 알려져 있지만 이들은 공사관이 고용한 히트맨에 가까웠고, 주력은 공사관 수비대와 공사관 경찰, 그리고 일부 조선 훈련대가 맡았다. 공사관 수비대의 지휘권은 일본 공사에게 있었으나 소속은 일본 육군이었으므로 복제는 동일하게 메이지19년식을 착용했다.

이었다. 이에 따라 계획을 2일 앞당긴 10월 8일에 시행하기로 바꿨다.

이들은 체계적으로 조선의 궁성 방어를 무력화시켰다. 당시 한성 내의 경비는 훈련대, 시위대 등의 정규군뿐 아니라 경무청 역시 담당하고 있었다. 이 중 시위대는 궁성 방어 임무에 동원되다 보니, 외곽의 경비는 대부분 순검에게 맡겨져 있었다.

이에 따라 공사관과 연결되어 있던 일본 경찰들은 고의로 경무청 순검들의 발을 묶어 두었다. 해산 명령을 받은 훈련대 군인들이 경무청을 습격할 것이라는 거짓 정보를 흘려 궁궐에 지원을 가지 못하도록 사전에 조치한 것이다. 그러나 경복궁 쿠데타와는 달리 을미사변의 계획은 상당히 엉성했다. 일본 정부와 군이 본격적으로 구상했던 앞선 쿠데타와는 달리, 이번 계획은 일본 육군성과 일본 공사관 일부만이 찬동했을 뿐이었고, 조선 정부 내의 일본인 고문관은커녕 같은 공사관 내의 관리들까지도 따돌린 채 진행했기 때문이었다.

공덕리에 있던 별장에서 대원군을 데려오는 과정에서도 엉성함이 드러났다. 이 과정에서 별장을 경비하던 순검 10여 명이 저항했으나 공사관 경찰과 낭인들에게 제압되었으며, 실랑이 끝에 교자에 대원군을 태웠으나 시간이 크게 지체되었다. 게다가 이들이 서대문에 이르러 우범선이 지휘하는 훈련대 제2대대와 합세했지만, 일본군 공사관 수비대가 집결 장소를 오인하여 잘못된 지점으로 향하는 바람에 계속해서 시간이 지체되었다.

그러는 사이 궁궐 내에서는 불온한 움직임을 감지하고 있었다. 이미 10월 8일 새벽 2시경, 조선군 시위대는 삼군부 앞에서 일본군 공사관 수비대와 훈

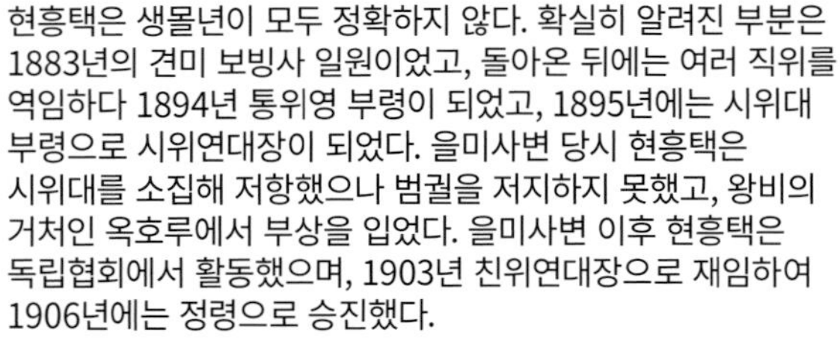

현흥택은 생몰년이 모두 정확하지 않다. 확실히 알려진 부분은 1883년의 견미 보빙사 일원이었고, 돌아온 뒤에는 여러 직위를 역임하다 1894년 통위영 부령이 되었고, 1895년에는 시위대 부령으로 시위연대장이 되었다. 을미사변 당시 현흥택은 시위대를 소집해 저항했으나 범궐을 저지하지 못했고, 왕비의 거처인 옥호루에서 부상을 입었다. 을미사변 이후 현흥택은 독립협회에서 활동했으며, 1903년 친위연대장으로 재임하여 1906년에는 정령으로 승진했다.

1888년부터 조선에서 군사고문으로 일한 윌리엄 다이 준장은 을미사변 당시 시위대를 지휘해 일본군과 훈련대에 맞섰고, 마지막까지 현장에 머물러 사건에 대한 많은 증언을 남겼다.

련대가 집결해 있다는 보고를 받았다. 이에 시위연대장 현흥택 부령은 병력을 집결시키는 한편, 훈련연대장 홍계훈 부령에게도 지원을 요청했다. 이에 따라 다이 준장과 러시아인 왕실 건축가 사바틴은 시위대 병력을 소집하고자 했으나 당직을 서던 장교들이 자리를 모두 비운 상태였다.

이 때문에 새벽 4시까지 적절한 대응조치가 이어지지 못했다. 게다가 입직한 300~400명의 병력 이외에는 대부분이 자택으로 퇴근한 상황이었기 때문에 날이 밝기 전까지 이들을 제시간에 소집하는 것은 어려운 일이었다. 이렇듯 시위대 소집이 늦어지면서 훈련연대장 홍계훈과 군부대신 안경수는 급하게 잔여 훈련대 병력 2개 중대를 지휘해 광화문에 가까스로 전력을 모을 수 있었다.

결국 새벽 4시가 되자 일본군 공사관 수비대와 훈련대는 춘생문과 추성문까지 포위하기 시작했다. 고종은 경복궁이 포위당했다는 사실에 이범진을 보내 미국 공사관과 러시아 공사관에 지원을 요청하라고 명령했다. 그러나 새벽 4시 30분이 되자 첫 교전이 벌어졌다. 조선군 300여 명과 일본군 교관들이 광화문을 열어 달라고 요청했으나 홍계훈과 군부대신 안경수가 지휘하는 훈련대는 이를 거절했다.

을미사변 전투 진행도

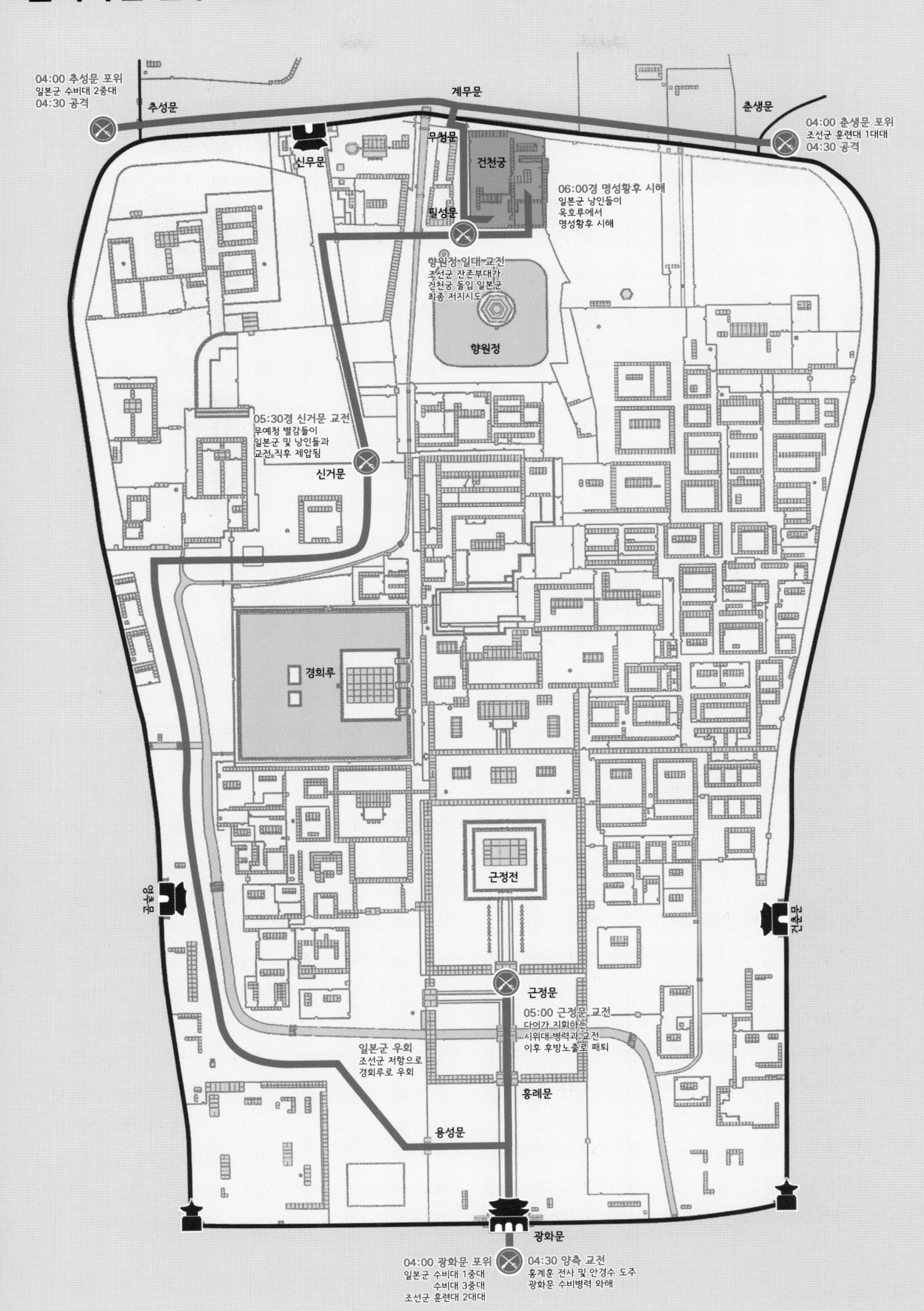

04:00 추성문 포위
일본군 수비대 2중대
04:30 공격
추성문
계무문
춘생문
04:00 춘생문 포위
조선군 훈련대 1대대
04:30 공격
신무문
무청문
건천궁
필성문
06:00경 명성황후 시해
일본군 낭인들이
옥호루에서
명성황후 시해
향원정 일대 교전
조선군 잔존부대가
건천궁 돌입 일본군
최종 저지시도
향원정
05:30경 신거문 교전
무예청 별감들이
일본군 및 낭인들과
교전 직후 제압됨
신거문
경회루
근정전
용성문
건춘문
근정문
05:00 근정문 교전
다이가 지휘하는
시위대 병력과 교전
이후 후방노출로 패퇴
일본군 우회
조선군 저항으로
경회루로 우회
홍례문
용성문
광화문
04:00 광화문 포위
일본군 수비대 1중대
수비대 3중대
조선군 훈련대 2대대
04:30 양측 교전
홍계훈 전사 및 안경수 도주
광화문 수비병력 와해

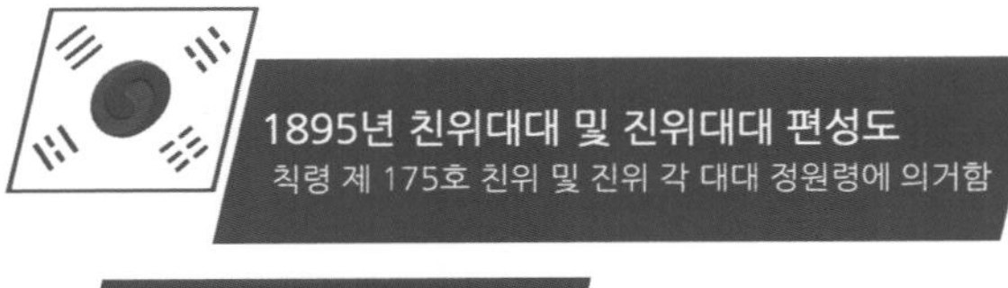

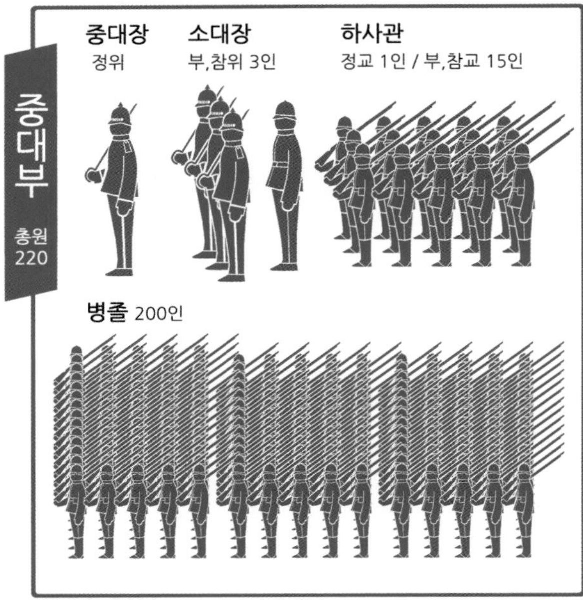

훈련대 연대장 홍계훈은 즉시 해산하라는 명령과 함께 광화문 앞에서 이들을 제지하였다. 그러나 이 과정에서 총격전이 벌어졌으며, 홍계훈은 일본군 장교가 쏜 총에 전사했다. 이외에 일부 병사들이 전사하거나 다쳤으며, 지휘관을 잃은 훈련대는 우왕좌왕하였다. 군부대신 안경수가 이들을 수습하려고 했지만, 상황은 더 나빠졌다. 총격전과 함께 일본군은 사다리를 걸치고 돌파를 시도했다. 광화문 이외에도 춘생문과 추성문으로도 일본군과 훈련대, 그리고 낭인들이 침입해 오자 광화문에 있었던 수비 병력 대부분이 흩어져 버렸다.

이렇듯 안경수와 홍계훈이 지휘하던 훈련대 병력이 무너지고, 일본군 공사관 경비대와 경찰, 그리고 낭인들이 경복궁을 향해 돌입하기 시작했다. 이들을 저지하기 위해 다이 준장이 지휘하는 조선군 시위대 3~400명이 경복궁으로 들어오는 길을 막고 있었다. 이들 역시 갑작스러운 공격으로 인해 근정문 일대에서는 얼마 버티지 못하고 패퇴했다. 그러나 그렇게 쉽게 물러나지는 않았다. 다이 준장은 패퇴한 시위대 병력들을 계속 재편해서 근정전으로 향하는 일본군과 낭인들을 끈질기게 저지했다.

이 당시 경복궁 내의 구조 문제도 일본군의 진입을 저지하는 데 한몫을 했다. 근정전에서 건청궁으로 향하는 길은 일본군과 낭인들에게 돌파하기 힘든 구조였다. 건청궁으로 향하는 길은 미로와 같은 구조였으며, 행랑에 의지해 저항하는 조선군 시위대가 언제 공격해 올지 모르는 진입로였다. 게다가 교태전 뒤는 대부분이 경사가 진 언덕이었으며, 일본군과 낭인은 언덕 아래에서 위로 돌파하는 진형을 갖춰야 했다. 공격은 어렵고 수비에 적당한 지형인 셈이었다.

이 때문에 일본군과 낭인들은 근정전을 바로 돌파하지 못했다. 대신 훨씬 안전하고 이동로도 편한 궁궐 서쪽의 경회루 방면으로 우회하는 쪽을 선택했다. 궁의 동쪽은 건물로 인해 우회가 불가능했다. 그래서 경회루를 우회하여 신거문을 통해 진입하는 루트를 선택한 것이었다. 하지만 이때도 저항이 있었다. 궁궐에 입직한 무예청 소속의 무예별감들은 경회루와 신무문 사이에 위치한 신거문에서 일본군 및 낭인들과 전투를 벌였다. 그러나 응전한 무예별감의 숫자는 일본군 및 낭인들에 비해 수가 너무 적었다.

무예별감들의 저항은 금방 제압되었다. 끝까지 저항하던 10여 명이 포로로 붙잡히고 나머지는 패주했다. 건청궁으로 향하는 길이 열리면서 근정전에서 저항하는 시위대 역시 후방이 노출되어 패주했다. 시위대 연대장 현흥택도 일본군에게 붙잡혔다가 탈출했으며, 일본군이 데려온 흥선대원군의 등장에 경복궁 내 잔존 수비 병력들이 저항을 포기한 것도 한 가지 이유였다.

한편 지휘계통이 달랐던 일본군 경성 수비대는 경복궁 내의 교전을 상당히 심각한 문제로 인식하고 있었다. 혼비백산한 조선군 장교들은 일본군 경성 수비대에 지원을 요청해 오고 있었다. 당시 경성 수비대는 자국 공사관 및 자국민 보호 이외에도 조선 왕실에 대한 보호 의무 조항이 있었다. 당시 러시아는 일본군의 한성 주둔에 대해 매우 불편한 심기를 드러내고 있었고, 전란이 종결되었으니 속히 철군하라는 요구를 하고 있었다.

게다가 삼국간섭으로 러시아가 일본을 크게 압박하자 일본 정부는 양보안을 제시했다. 그것은 일본군 경성 수비대의 지위는 인정하되, 이들이 조선 왕실의 안위를 보장해야 한다는 조항이었다. 이 때문에 경성 수비대 역시 출동하였으나, 야간인 상황이었기 때문에 쉽게 움직이지 못했다. 1개 중대만이 출동해서 정탐을 실시했으나 제대로 이루어지지 못했고, 조선군 장교들에게 상황을 문의했지만 혼란이 심각했던 탓에 정보 확인이 어려웠다. 결국 날이 밝기 전까지 일본군 경성 수비대 역시 출동을 보류한 채 경복궁에서 벌어진 교전에 대비해 병영을 굳게 지키고 있을 뿐이었다.

날이 밝아 오자 유일하게 남은 사람은 시위대를 이끌고 교전을 지휘하던 다이 준장뿐이었다. 일본군은 그에게 퇴거 명령을 내렸으나, 그는 거절했다. 자신은 미국인이며 일본군의 명령을 따를 수 없다고 선언했지만 곧 강제로 끌려나가야 했다. 이렇게 건청궁까지 돌파당한 이상 더 이상 일본군을 제지할 수 있는 수단은 없었다. 왕비는 무력하게 살해되었으며, 그 시신은 옥호루에서 불태워졌다.

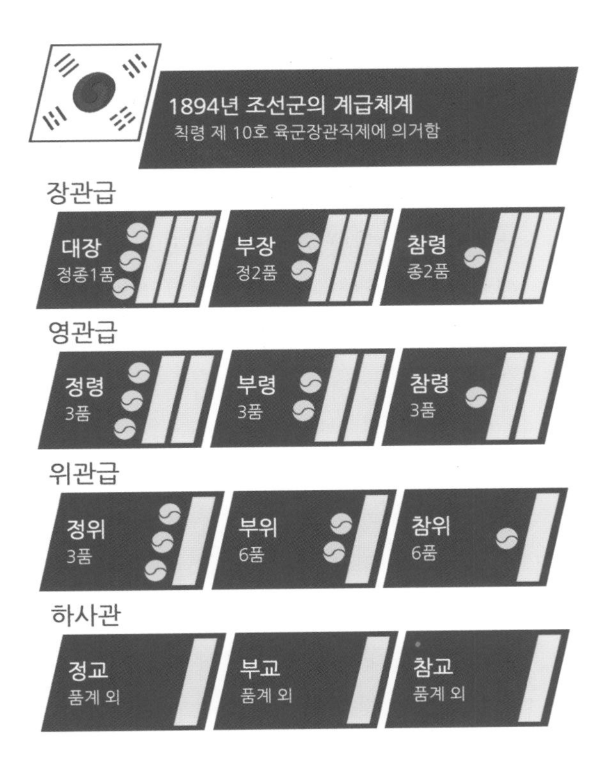

일본군 경성 수비대가 전 병력을 차출하여 경복궁에 진입했을 때는 이미 상황이 모두 종결된 직후였다. 이러한 혼선의 원인은 경성 수비대와 공사관 수비대의 지휘권이 달랐기 때문에 벌어진 촌극이었다. 경성 수비대는 일본 육군대신의 통제를 받는 동시에 조선군과도 긴밀한 협조체계를 구축한 반면, 공사관 수비대는 일본 공사의 통제만을 따를 뿐이었다. 경복궁 쿠데타와는 다르게 엉성한 계획이었으나, 그 파급 효과는 일본 정부가 생각한 그 이상으로 몰아닥쳤다.

춘생문 사건과 을미의병의 봉기

을미사변의 여파는 매우 심각했다. 당초 일본은 시위대와 훈련대 간의 충돌 과정에서 왕비가 살해당했다는 식으로 사건을 축소하고자 했으나, 현장에 거의 마지막까지 남아 있던 미국인 다이 준장과 러시아인 건축설계사 사바틴의 증언이 있었다. 그 덕분에 사건의 전모가 드러났고, 조선 내 각국 공사들은 일본에 대한 압박 수위를 높였다.

친일적이던 영국 공사마저도 해당 사건에 대해서 일본 측에 대해 강경하게 나섰고, 러시아와 프랑스, 그리고 미국 공사는 공사관 경비대를 보내 조선 왕실을 직접 보호할 것이라며 일본 정부를 압박했다. 실제로 을미사변 직후 제물포에 기항했던 미국, 러시아 해군 함선들은 즉시 수병들을 내보내 한성 시가지에서 무력시위를 벌이기도 했다. 무엇보다도 왕비를 살해하기 위해 공사관 수비대와 경찰, 그리고 낭인들을 직접 동원한 일본에 대한 비난 여론이 국내외에서 강하게 쏟아졌다.

사건 직후 김홍집 내각은 새롭게 왕궁을 경비하는 부대들의 상태를 강화하고자 했고, 장기적으로 새로운 부대의 편성을 논하고 있었다. 가장 먼저 훈련대 대대장 등 지휘관들을 해임하고, 사실상 훈련대를 해체하기 시작했다. 사실상 친일 성향의 부대를 해체하여 일본 정부와 일본군의 입김을 제어하겠다는 것이었다.

대신 육군 편제 강령을 반포하여 조선의 육군을 중앙군과 지방군이 일원화되도록 시도했다. 중앙군은 친위대로, 지방군은 진위대로 이름지었다. 친위대 1개 대대는 4개 중대를, 진위대 1개 중대는 2개 중대를 유지하도록 하였다.

친위대 제1대대는 전 시위연대 소속의 병력을, 친위대 제2대대는 전 훈련연대 소속의 병력으로 편성하였다. 1개 대대는 총 884명으로 구성하였으며, 이 당시에는 연대 편성 없이 군부 직할의 부대로서 운용하였다.

한편 진위대는 가장 먼저 평양과 전주에서 창설되었다. 이곳에는 당초 제3훈련대와 제4훈련대가 설치되어 있었는데 아마도 이 인원들이 진위대로 재편된 것으로 보인다. 진위대는 친위대의 1/2 감축 편성이었으므로 1개 대대가 440명 가량으로 편성되어 있었다.

무엇보다도 이번 군제 개편에서 중요한 지점은 각 병과의 분리라는 측면이었다. 앞서 육군장관 직제를 통해 전통적인 계급 체계에서 벗어나 근대적인 군 계급 체계를 확정했다면, 이번에는 보병과 기병, 포병과 공병이 서로 분화되었다는 점이었다. 군부 예하의 조직인 군무국은 당초 보병과와 기병과만을 통제하였지만, 이번 조치를 통해 포공국 소속이었던 포병과와 공병과도 인수할 수 있었다. 이에 따라 조선군은 4개 전투병과가 비로소 완전히 독립할 수 있었다.

그러나 이러한 군제개혁은 다시 한번 풍파를 맞아야 했다. 을미사변으로 말미암아 일본 및 친일파 세력이 밀리자, 친미-친러파가 연계하여 고종을 경복궁에서 탈출시켜 미국 공사관으로 이어시키려는 시도가 있었다.

을미사변이 발생한 지 두 달이 되어 가던 1895년 11월 28일, 구 시위대 병력으로 구성된 친위대 제2대대를 주축으로 한 세력이 경복궁으로 향하였다. 이 사건은 매우 큰 규모로 진행되었고, 친미-친러파 주요 인사뿐만 아니라 군 내의 주요 장교들 역시 가담했다. 더불어 서양 선교사인 언더우드와 헐버트, 러시아 공사 베베르 및 르장드르와 다이 준장 및 닌스테드까지 참여한 사건이었다.

친위대 제2대대 이외에도 일부 공병대 및 마병대도 이 사건에 가담하였으며 궁내부 관료 27명 중 13명이 연루되었을 정도였다. 그러나 이러한 쿠데타 시도는 이미 11월 27일에 일본 공사관 및 친일 내각에 의하여 발각되었다. 김홍집은 구 훈련대 출신자들로 구성된 제1대대를 동원하였으며, 유사시 한성에 주둔 중인 일본군 수비대의 증원을 요청하기로 했다.

친미-친러파 및 조선군 내 장교단, 그리고 외국인들의 쿠데타는 이러한 대비 상황을 알지 못한 채 28일 자정을 기해 진행되었다. 밤 12시 30분경, 경복궁 북동쪽에서 3발의 총성을 시작으로 당직 중이던 다이 준장과 르장드르, 언더우드, 아펜젤러, 에비슨, 닌스테드 등이 리볼버 권총 등으로 무장한 채 궁궐 진입을 시도하였다.

30분 뒤인 새벽 1시부터 일단의 서양인과 조선인들이 경복궁 인근으로 집결하기 시작했고, 일부 병력이 춘생문과 북장문의 담을 넘거나 성문을 파괴하려고 시도했다. 이들이 구체적으로 고종을 어디로 피신시키려 했는지는 명확하게 알 수 없다. 기존에는 미국 공사관으로 향하고자 했으나, 정작 궁내부 세력 및 친미파 세력, 그리고 미국 공사관 내부 인사들과는 조율이 제대로 되지 않은 상황이었다.

결국 서로 손발이 맞지 않은 데다가 일본 공사관 및 친일 내각이 이러한 사실을 모두 알고 대비를 했기 때문에 쿠데타는 곧바로 실패로 돌아갔다. 당시 어윤중을 필두로 한 친위대 제1대대 소속 5개 소대가 친위대 제2대대를 저지하였으며, 이후 항복시키는 데 성공했다.

이 사건으로 일시적으로 일본은 조선 내 정국을 주도할 수 있었다. 내친김에 친일 내각은 사건 직

을미의병과 청국군 패잔병

을미의병의 주력은 해산령이 내려져 갈 곳을 잃은 지방군 병사와 민보군, 포군이었으며 전투력이 상당해 중앙군도 고전했다. 청일전쟁 뒤 청군 패잔병 중 일부는 귀국하지 못하고 조선에 머무르며 도적화되었는데, 이들은 용병처럼 의병장들에게 고용되었다. 최신 장비를 지니고 있어 고용비는 비쌌다고 한다.

후인 1895년 12월과 1896년 1월에 일본 공사에게 의뢰하여 24명의 일본군 교관단을 고용해 조선군을 전면적으로 훈련하고자 하였다. 시위대와 훈련대 출신으로 구성된 친위대를 완벽한 일본식 부대로 개편하여 더 이상 춘생문 사건과 같은 쿠데타 시도를 하지 못하도록 하려는 조치였다. 이외에도 군부, 사관양성소, 친위대대, 기병대를 위한 추가 군사교관단 파견을 요청하기도 하였다.

조선군을 장악한 일본과 친일 내각은 을미개혁을 통해 확실히 정국을 제압하고자 하였다. 그러나 조선 내의 정국은 결코 이들의 생각대로 돌아가지 않았다. 을미사변과 춘생문 사건 등을 겪으면서 일본에 대한 불만이 전국적으로 팽배하고 있었다. 무엇보다도 지방군과 이서층을 대책 없이 혁파하고 순식간에 지방을 공백지로 만들면서 문제는 점점 더 커졌다. 하지만 한성 이외에 주요 지역에서 친일 내각의 명령을 물리적으로 따르게 할 수 있는 세력은 급히 창설한 진위대 일부와 파견한 소규모 순검들뿐이었다.

이렇듯 갑오개혁과 을미개혁의 과정에서 친일 개화 정부가 제대로 된 대책 없이 지방군을 모조리 해산하는 수순으로 넘어가자, 일본 언론마저도 이를 비판할 정도였다.

> 중앙정부의 위망(威望)은 거의 경성 문밖을 넘어 1보步도 지방에 미칠 수 없다. 비도는 지방에 산만(散滿)하여 오직 폭발의 틈만을 엿본다고 하는 위급한 때를 당하여 갑자기 종래의 지방군을 해산하니, 한편으로 이를 대신할 신병제(新兵制)도 아직 정비되지 않았다. 만약 해방병사가 하루아침에 직업을 잃은 원한을 정부에 돌리고 혹은 목전의 기갈에 몰려 난민과 결합하여 각지에서 폭발하기에 이른다면 지금의 조선 정부라는 것은 여하히 이를 진무할 것인가. 지방병 해방은 무모한 경거(輕擧)이다.

일본 언론의 우려대로 해산된 지방군 다수가 을미의병에 투신하거나 혹은 내통하고 있었다. 이러한 상황에서 1895년 12월 30일에 실시된 단발령은 이러한 불만을 폭발시키는 매개체가 되었다. 순식간에 전국적인 무장봉기가 이어졌으며, 살해당한 왕비의 복수를 명분으로 유림 세력이 의병을 결집시키자 순식간에 거대한 규모의 병력이 소집되었다. 이들이 해산된 지방군 및 포군과 민보군 세력 등을 합류시키면서 더 이상 중앙정부가 통제하기 어려운 상황이 만들어졌다. 1894년 동학농민운동 당시 조선 정부를 지원하기 위해 소집되었던 모든 지방의 무장세력이 친일 내각을 향해 총구를 돌린 것이나 마찬가지였다.

고종 역시 1895년 10월 8일 이후부터 지방의

을미의병 당시 순검들

소규모의 봉기는 중앙에서 친위대와 순검을 내려보내 진압을 시도했지만, 봉기가 대규모화되며 진압이 어려워졌다. 순검들은 북방 출신의 병사나 무예청 출신 사람들이 많았기에 총은 물론 칼도 능숙하게 사용해 일본 낭인들도 칼로 제압할 정도였다.

근왕 세력들에 봉기를 촉구하고 있었다. 그러나 본격적으로 을미의병의 활동이 거세진 것은 1896년 1월경이었으며 충청도를 필두로 경기, 강원, 전라, 경상도 등으로 확산되었다. 더 이상 지방의 순검 및 소규모 정규부대로는 이러한 대규모 무장봉기를 제압할 수 없었다. 을미의병은 수도권 내의 주요 군사시설인 남한산성까지 함락시킬 정도로 강력한 전투력을 자랑하고 있었다. 봉기한 병력 1,000명 중 400명이 포군 출신이었으며 레밍턴 롤링블럭 등 후장식 화기로 무장하여 친위대와 전력이 크게 차이가 나지 않았다.

다급해진 친일 내각은 중앙의 친위대와 순검들을 지방으로 파병하기 시작했다. 1895년 11월 5일, 충주-홍주-공주를 구원하기 위한 1개 중대를 급파한 것으로 시작하여 전국 각지로 친위대 병력이 대거 빠져나가기 시작했다. 전선은 점차 넓어졌고, 해주와 개성 등 경기-서해 일대에 1개 중대가, 원주 방면과 춘천 방면을 구원하기 위해 각각 1개 중대, 2개 중대가 파견되었다.

일본 정부 역시 조선 정부가 요청한 마우저 소총 탄약을 공급하기 시작했다. 이는 청군으로부터 노획한 탄약들이었다. 1895년 30만 발의 마우저 소총 탄약을 공급한 것에 비해, 1896년 2월에는 무려 50만 발에 달하는 탄약을 제공했다. 프랑스 공사관은 이 당시 조선 정부가 보유한 병력은 고작 1,500명뿐이며 그나마도 절반 가량의 병력인 700명이 남한산성으로 파견되어 수도 한성 인근의 안전만을 확보할 수 있다고 언급했다.

이에 조선 정부는 추가로 1개 대대의 친위대를 창설하기로 하였다. 이들은 1896년 1월 27일, 친위대 제3대대로 명명되었으며 공병대에서 차출한 병력으로 구성되었다. 884명의 병력이 추가된 친위대는 안동, 춘천 등으로 파병되어 을미의병을 진압하고 있었다.

그러나 이러한 병력 증강으로도 전국적으로 봉기 중인 을미의병을 제압하기는 어려웠다. 남한산성에 파병된 친위대가 크루프 야포 2문을 상실하면서 패배하자 중앙에서 추가 병력을 파견하기 시작했다. 대구부와 안동부 역시 지방군을 소집해서 의병과 접전을 벌였으나 진압군이 열세에 처해 있었다. 동학농민운동 때 민보군 지휘관으로 맹활약하던 김석중은 대구 관찰사로 부임하여 600여 명 규모의 전장식 화기로 무장한 부대를 만들어 대항했지만, 끝내 패배하여 그조차 살해당했다.

충주성 역시 위험했다. 4,000여 명에 달하는 의병들이 충주성을 공략하여 관찰사 김규식을 처형하는 등 기세를 떨치고, 일본군의 병참로를 위협하기 시작했다. 일본군 병참수비대 및 조선 주둔부대들은 이러한 을미의병과의 충돌을 최대한 피하고 있었으나, 충주성의 상황은 급박했다. 충주는 조선의 물류 중심지인 동시에 인접한 가흥창은 일본군의 주요 물자가 공급되는 통로였다. 게다가 충주성이 함락되자 경상도의 의병들도 합류하면서 한성과 부산 사이의 병참선을 크게 위협했다.

의병들과의 전투는 만만치 않았다. 의병들 역시

구 친군영 출신의 정규부대와 동학농민운동을 경험하면서 전투 경험을 쌓은 포군 및 민보군이 주축이었다. 여기에 청일전쟁 당시 패배한 청군 중 아직 조선에서 빠져나가지 못한 일부 패잔병이 가담하면서 생각 이상으로 많은 근대식 화기를 운용하며 일본군 및 친일 개화 정부를 압박하고 있었다.

일본군은 최대한 자신들의 제식화기가 가진 우월성을 살려 장거리 사격전으로 맞섰지만, 의병들은 대규모 화망 구성으로 일본군의 공세 시도를 좌절시켰다. 무려 18일간의 공성전에서 일본군, 그리고 지원을 온 조선군 친위대는 고전을 면치 못했다. 의병들은 60여 문의 화포와 다량의 화기로 일본군을 압박했고, 급하게 일본군 3개 중대와 조선군 친위대 2개 대대가 증원되었다. 간신히 충주성의 의병들을 제압할 수 있었지만, 양측의 전투가 3주 가까이 이어졌다는 것은 의병들의 전투력이 강했다는 것을 반증하는 부분이다.

비록 의병들이 탄약 등 군수품의 고갈로 인해 끝내 패퇴해야 했으나, 이러한 전투력으로 볼 때 전장식 소총 등으로 무장한 지방군으로는 도무지 의병에 대한 대응이 불가능했고, 오로지 중앙의 친위대가 호출되어야만 진압이 가능한 수준이었다.

이 때문에 수도 한성에는 고작 1개 중대의 친위대만이 잔류해 있었을 뿐이었다. 급한대로 강화도에 주둔했던 전 친군심영 병력 200명을 호출했지만, 여전히 불안한 정국은 해소되지 않고 있었다. 이렇듯 일본군과 친일 내각의 조선군이 전국적인 무장봉기에 대응하는 틈은 고종에게 하나의 기회가 되었다.

아관파천과 지방군 개편

춘생문 사건은 실패로 돌아갔지만, 아관파천은 달랐다. 1896년 2월, 니콜라이 2세는 조선 왕실을 수호하려는 목적으로 신형 방호순양함 어드미럴 코르닐로프를 제물포로 파견하였다. 이 함선은 2월 10일 항구에 기항하였다. 당시 일본은 이러한 러시아 해군의 이동을 확인하였으나 크게 대수롭게 여기지는 않았다.

이미 1895년 10월 27일에도 블라디보스토크에 있었던 장갑순양함 어드미럴 코르닐로프를 비롯한 3척의 주력함선과 8척의 수뢰정이 조선으로 진입하기도 했고, 조선 북부 일대에 자주 측량대나 함선들을 보내는 등의 행동을 취해 왔기 때문이었다. 그러나 1896년 2월 10일은 조금 달랐다. 코르닐로프의 러시아 해군은 즉시 6명의 장교와 수병 100명, 그리고 야포 1문을 차출해 러시아 공사관에 병력을 충원했다. 이보다 앞서 2월 3일에 도착한 장교 1명과 수병 15명, 그리고 기존에 러시아 공사관을 경비하던 카자크 기병 4명 및 수병들과 합류한 이들은 곧바로 2월 11일 고종과 왕세자의 아관파천을 지원하였다.

춘생문 사건과는 달리 아관파천은 일사불란하게 실행되었고, 정보의 통제도 철저했다. 친위대 전력 대부분이 지방으로 빠져나간 상황에서 일본 공사관은 고종과 근왕파, 친러파 및 친미파의 움직임을 제대로 감지할 수 없었고, 무엇보다도 경무청과 공병대, 마병대가 고종의 지시에 절대적으로 따른 것도 있었다. 러시아 해군 수병들이 고종을 경호하며 이동할 때, 조선군 공병대와 마병대, 그리고 순검들이 각 진입로를 장악해 일본군 및 잔여 친위대의 개입을 막았으며 추가적으로 보부상 역시 동원되어 내부와 외부에서의 공격으로부터 대비하였다.

2월 11일 새벽, 러시아 공사관에 무사히 도착한 고종은 즉시 친일 내각에 대한 해체 작업에 나섰다. 궁내부의 김병시를 내각 수반으로 삼고 친러-친미파 인사들이 조선의 정권을 장악하였으며, 군대와 경찰에 대한 지휘권 역시 이윤용과 이범진이 장악하였다. 그리고 기존의 친일 내각에 대한 대대적인 체포령을 지시했으며, 이 과정에서 총리대신 김홍집과 농상공부대신 정병하는 분노한 군중에게 살해당했다.

어윤중 역시 용인에서 살해됐으며, 나머지 내각 인사들은 유배형을 당하거나 급히 일본으로 망명을 떠나야만 했다. 정부 인사들에 대한 대대적인 숙청 작업 이후, 군에 대한 인사도 단행했다. 우선 친일적인 모습을 보이던 친위대의 경우 1대대장과 2대대장을 교체하는 등의 조치를 했다.

또한 아관파천 당시 적극적으로 협조했던 공병대와 마병대, 치중대 등의 구식 병력들을 친위대 제4대대와 제5대대에 소속시킴으로서 친위대 내의 친일적인 분위기를 완전히 바꿨다. 아관파천으로 기존의 공병대와 마병대, 치중병대는 모두 해체된 대신, 이들은 다시 친위대 3대대, 4대대, 5대대로 개편됨으로서 중앙군 4,400여 명을 친위대로 일원화할 수 있었다.

지방군 역시 진위대로의 개편을 일시적으로 정지시켰다. 당초 진위대에 편입해야 할 지방군이 을미의병에 가담했거나 사실상 무력화되었기 때문이었다. 1896년 4월 22일까지 조선 정부가 친위대를 개편하는 데 성공하자, 1달 뒤인 5월 30일에 지방의 구식 병력들을 지방대로 재편하라는 칙령이 내려졌다. 이는 을미의병에 가담하여 아직도 해산하지 않은 지방군을 회유하려는 목적이기도 하였다.

아관파천 이후 을미의병들은 대체적으로 자진 해산하기는 했지만, 일부 지역에서는 그렇지 않았다. 오히려 일부 지방 세력들이 중앙정부의 통제를 벗어나 자체적으로 세금을 거두며 직책을 나누는 경우까지 발생하다 보니 강제로 해산시킬 필요성이 생겼다.

이에 따라 러시아 공사관으로 거처를 옮긴 조선 정부는 당시 강화도의 지방대를 지휘했던 참령 장기렴을 지휘관으로 하여 혼성부대를 편성해 진압 작전을 진행하도록 하였다. 그는 강화지방대 대대장이었으나, 동시에 선유사였고 이에 따라 친군심영의 후신인 강화지방대 병력과 중앙에서 파송한 친위대 분견대와 순검, 그리고 지방 포군 등을 합쳐 전국 곳곳에서 전투를 벌이는 방식으로 서서히 진압해 나가고 있었다.

아관파천 당시 러시아 수병

1896년 2월 인천에 입항한 러시아 방호순양함 아드미럴 코르닐로프는 수병을 상륙시켜 러시아 공사관을 수비하도록 했다. 그림의 수병은 러시아 해군 특유의 텔냐시카를 입고 베르단 소총으로 무장했다.

내부적으로 을미의병을 진압 혹은 해산시키기 시작하면서 9개 지방대가 칙령 반포일과 동시에 창설되었다. 가장 규모가 큰 지방대는 통영과 북청으로 각각 400명의 병력이 소속되었다. 이 2개 지역이 가장 큰 병력을 유지한 것은 각각 삼도수군통제영이 있다는 점과 북방 국경 방어의 핵심이었기 때문이다. 대구와 강화가 각각 300명, 그리고 청주, 공주, 해주, 춘천이 200명의 병력을 유지했다. 강계는 가장 적은 100명의 병력만을 유지하고 있었다. 이로써 지방대는 9개 대대와 지휘부까지 합쳐 총 2,395명으로 구성되었다. 3개월 뒤인 8월 26일에는 추가로 충주와 홍주, 상주, 원주 등 4개 지역에 지방대가 창설되었으며 각각 150명으로 구성되었다.

하지만 돌연 9월에 들어서서 13개 지방대 중 7개 지방대의 해체가 결정되었다. 공주, 춘천, 강계, 충주, 홍주, 상주, 원주 지방대가 해체 대상이었다. 아마도 이는 해당 지역의 을미의병이 모두 진압되면서 결정된 것으로 추정된다. 가장 치열하게 을미의병이 일어났던 충청도와 경상도, 강원도의 경우 아관파천 이후 고종의 명령에 따라 자진 해체하였으나, 일부 의병들은 해체를 거부하고 저항을 이어 나갔다.

이에 13개 지방대를 신설하여 저항 세력을 제압해 나가고 있었지만, 1896년 9월 이후로는 전체적으로 진압이 완료되어 절반 이상인 7개 지방대를 해체한 것이었다. 남은 6개 지방대는 계속해서 존속하였다. 해체한 7개 지방대는 유지의 필요성이 사라진 점 외에도 애초부터 병력 소집이 되지 않았음을 의미하기도 했다. 설치령이 내려진 지 1달밖에 되지 않은 충주, 홍주, 상주, 원주의 지방대는 물론, 최초 개설된 공주, 춘천, 강계까지 원하는 숫자의 병력이 모이지 않았던 셈이다.

공주, 춘천, 강계는 다른 지역과는 달리 지방대 대대장 임용이 전혀 이루어지지 않았고, 지휘부 구성도 이루어지지 않았다. 다만 지역 관찰사나 군수가 겸임하라는 조항이 있기는 했지만 1896년 9월에 별다른 문제 없이 해체된 것으로 보아 사실상 장부

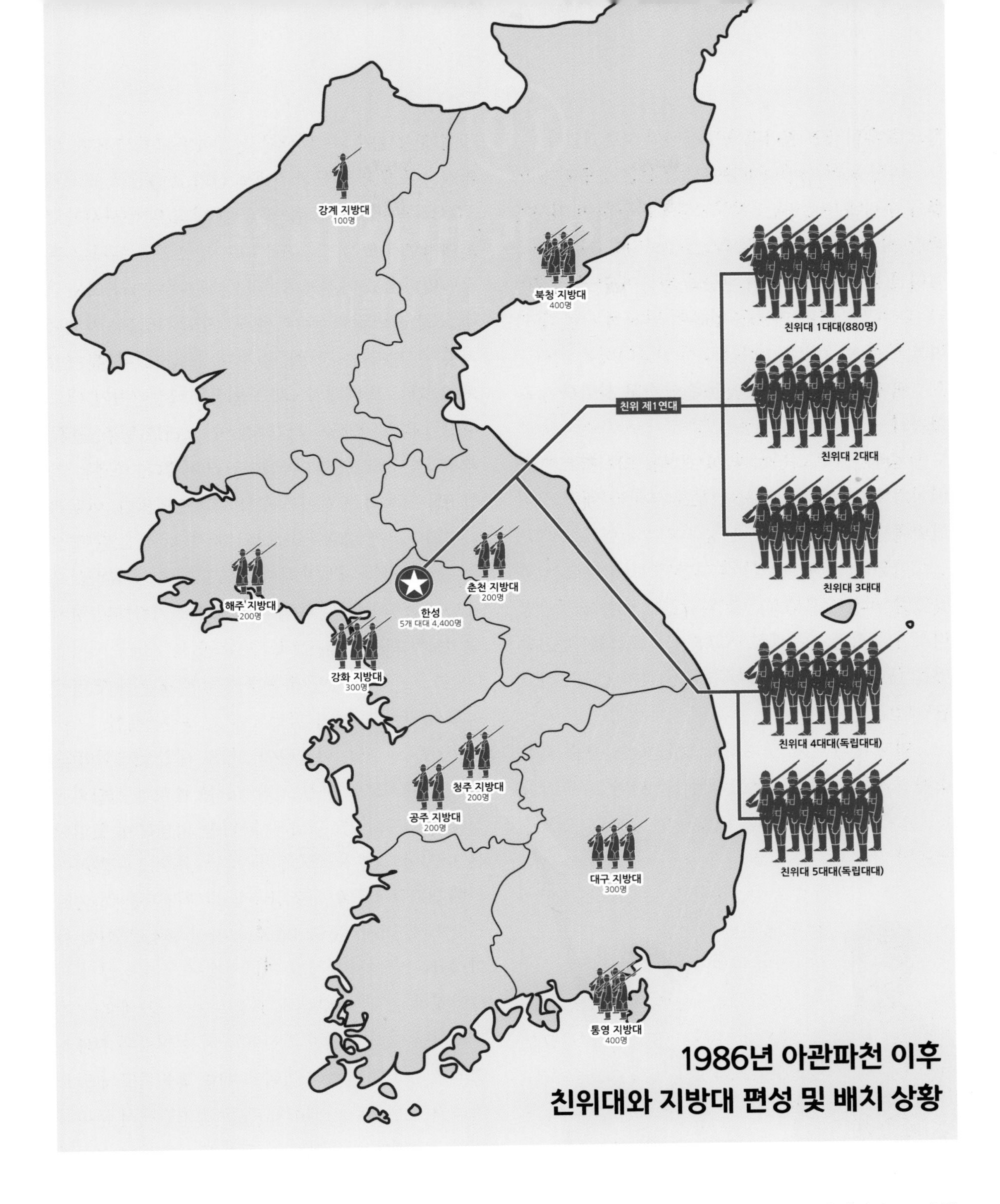

상으로만 존재하는 부대였을 가능성이 크다. 결국 1896년 말까지 조선 지방군은 2개 진위대대와 6개 지방대로 구성된 2,660명 규모의 병력만을 유지한 셈이었다.

러시아 군사교관단 파견과 중앙군 증편

이제까지 일본식으로 훈련받았던 친위대는 아관파천 이후 러시아식으로 개편될 준비를 하고 있었다. 이에 따라 아관파천 직후인 1896년 3월부터 주조선 러시아 공사에게 조선 정부는 공식적으로 군사교관단 파견을 요청하였다. 러시아는 청일전쟁 이후 극동 지역, 특히 조선을 통해 시베리아 및 만주, 그리고 우수리 지역을 궁극적으로 방어하고자 하는 목표가 있었다. 때마침 일본이 삼국간섭으로 인해 일시적으로 후퇴하면서 더더욱 경계심이 고조되었다.

이렇듯 러시아의 입장에서 조선은 중립지대 역할을 수행해야 했지만, 청일전쟁으로 균형이 깨지자 직접 개입할 필요가 생겼다. 무엇보다도 자국 군사력이 심각하게 약화한 조선군을 일본이 아닌 러시아가 양성해 준다면 이들은 일본에 맞서서 자국의 이익을 대변해 주리라는 계산도 서 있었다.

이에 따라 4월 5일, 아무르 군관구 사령관 두호프스키 중장과 러시아 총참모본부 군사훈련국장 펠트만 중장, 그리고 아시아군 사령관 프로셴코 중장, 베이징 주재 러시아 공사관 무관 푸차타 대령 등이 협의회를 열었다.

이들은 당시 조선군에 대한 정보에 대해서 언급했다. 러시아 총참모본부가 확인한 조선군은 당장 러시아 공사관으로 피신한 고종이 스스로를 지킬 수 있는 근위부대를 새롭게 조직하는 것이 급선무라고 판단했다.

이에 따라 먼저 블라디보스토크의 군수품 저장소에 보관된 베르단 소총 1,000정과 탄약 20만 발을 조선에 보내어 1개 대대를 무장하도록 하였으며, 장차적으로 오데사 군관구에서 신형 소총으로 교체된 3,000정의 베르단 소총 및 60만 발의 탄약을 추가로 보내기로 하였다.

이외에도 야전포 4문과 산포 4문 등 각 포병중대를 구성할 장비 역시 제공하기로 하였고, 카자크 기병이 사용하는 장비들을 보내기로 하였다. 순차적으로 3개 보병대대와 1개 포병중대, 1개 기병중대로 구성된 1개 여단을 창설하려는 목적이었다. 실제로 러시아 군사교관단의 목표는 6,000명 1개 여단의 조선군을 교육하는 것이기도 하였다.

협의회가 열린 지 약 1달이 지난 5월 1일, 조선 측 관리 6명이 제물포에서 현익호를 통해 블라디보스토크로 향했다. 이들의 목적은 러시아가 제공하기로 한 베르단 소총과 대포들을 수송하기 위해서였다. 이들은 조선군이 새롭게 무장할 무기와 탄약을 싣고서 귀국했다.

1896년 6월, 니콜라이 2세의 대관식에 특명전권공사 자격으로 파견된 민영환은 공식적으로 회견장에서 러시아 군사교관단 파견을 요청했다. 민영환은 러시아 정부가 조선의 군대와 경찰을 훈련하기 위해 200명 규모의 군사교관단을 파견해줄 것을 타진했으나, 러시아는 13명만을 파견하기로 했다. 동아시아 지역에서 일본을 지나치게 자극하지 않기 위해서였다.

다만 이미 파견된 러시아 공사관 경비대장인 흐멜레프 중위가 친위대 병력을 따로 교육하고 있었으며, 8월에는 동부 시베리아 제2보병여단에서 근무하는 스트렐비츠키 중령을 주 조선 러시아공사관에 정식으로 파견하는 등 조선군 훈련에 대한 전반적인 준비를 갖췄다.

또한 조선 군부 포공국의 기기창 고문관으로 우렘노프를 선임했으며, 순양함 드미트리 돈스코이의

러시아군 군사교관과 조선군

러시아군 군사교관의 모델은 러시아 공사관 경비대장인 해군 중위 흐멜레프로, 군사교관단 요청 당시 이미 조선에 있었다. 러시아는 베르단 소총을 조선에 공급하여 자신들이 교육하는 병사들에게 무장시켰다.

기계설비기술자 및 태평양 분함대의 병사들을 불러 한성 내의 무기 수리 및 탄약 생산 설비를 정비했다. 이를 통해 자체적인 탄약을 생산함으로써 기존 레밍턴 롤링블럭과 마우저 소총을 주력으로 사용하던 화기들을 러시아 군사교관단의 부임에 맞춰 베르단 소총으로 교체할 수 있었다.

본격적으로 10월부터 1차 교관단이 입국하면서 조선군에 대한 러시아식 군사교육이 시작되었다. 군사교관단장은 푸차타 대령이 맡았으며, 내흑룡강 군관구에서 복무하던 아파나시예프 중위와 시크스텔 소위, 그리고 후에 합류한 크지만 중위 및 1명의 군의관이 러시아 장교단을 구성했다. 이외에 부사관단 10명이 합류하면서 15명의 군사교관 및 기존에 파견된 흐멜레프 중위 등도 지원하게 되어 있었다. 이 시점에서 조선 군부는 이른 시일 내로 2,200명의 병력을 대상으로 한 재교육을 요구하고 있었다. 그러나 러시아 군사교관단은 친위대에서 800여 명의 병력을 선발하여 먼저 훈련하는 것을 원칙으로 하였다.

우선 친위대 제4대대와 5대대에서 각각 200명, 280명을 선발했고, 그다음에 제1대대와 2대대에서 100명씩, 3대대에서 141명을 뽑았다. 러시아 군사교관단은 장교와 부사관 1인당 80명의 조선군을 담당해야 했으므로 부담이 컸다. 게다가 조선군 병사들이 교육에 비협조적이었고, 러시아어를 할 수 있는 조선군 장교가 1명뿐이었기 때문에 교육 초반에는 상당히 큰 어려움을 겪어야만 했다.

우선 러시아 군사교관단은 800여 명의 훈련대상자들과 면담을 한 뒤, 1896년 11월 1일부터 본격적인 군사훈련에 돌입했다. 가장 먼저 이들이 교육받은 것은 차려 자세와 경례 자세 등 기본 제식이었다. 이를 통하여 병사들에게 기본적인 규율을 가르치기 시작했다. 그러나 러시아 군사교관단이 가장 주목한 것은 특별히 왕실 경호를 위한 경계근무와 관련된 훈련이었다. 이들이 훈련시키는 800명의 조선군 병력은 고종을 비롯한 조선 왕실을 경호하는 것을 목표로 하고 있었고, 장기적으로 한성에 주둔하고 있는 일본군의 철수를 원하고 있었다.

이에 따라 훈련은 상당히 엄격하게 시행되었다. 제식 훈련 이후 총검술과 소총 분해결합, 사격술까지 습득하는 데는 오랜 기간이 걸리지 않았다. 11월 1일 훈련 개시 이후, 같은 달 23일에는 사실상 훈련을 마쳤다고 판단했다. 이에 따라 12월 1일부터 본격적인 왕실 경비 임무가 이들에게 주어졌다. 유사시를 대비해 러시아군 부사관과 조선군 장교가 앞으로 국왕이 지내게 될 거처인 경운궁 내곽과 외곽 초소에서 근무를 시작했다.

800여 명의 선발 병력은 5개 중대로 재조직되었으며, 경운궁 내외의 36개 초소를 담당해야 할 의무가 있었다. 이처럼 교육 훈련에 있어서 상당한 효과가 생기자, 1897년 1월 15일에는 추가로 1,000여 명의 병력을 훈련하고자 하였다. 이는 2월 22일 고종이 경운궁으로 환궁할 예정에 대비한 것이었다.

여전히 러시아 군사교관단이 왕실 경호라는 임무를 수행하고 있었지만, 전반적으로 조선군 장교단 역시 부대를 빠르게 장악해 나가고 있었다. 이러

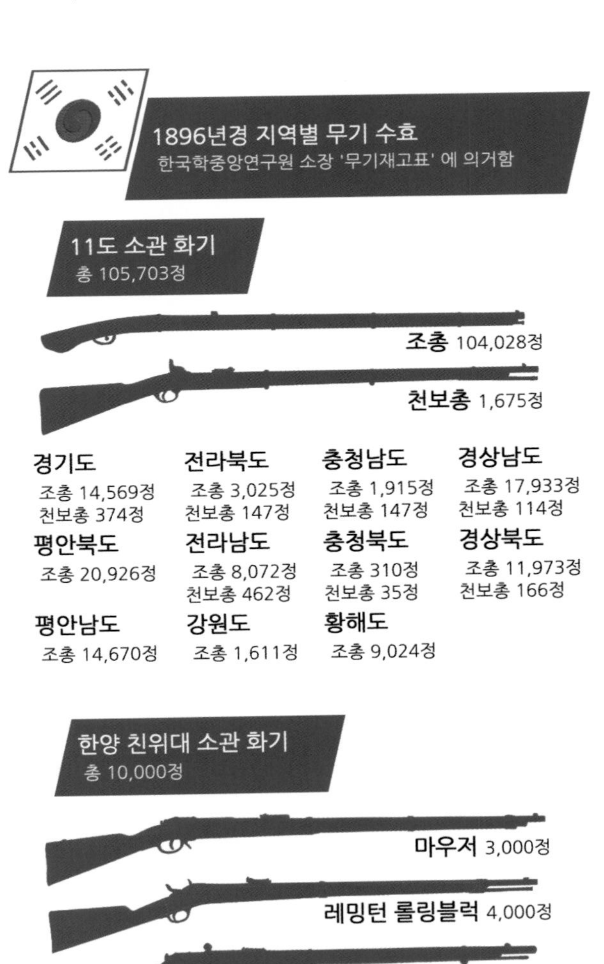

러시아 군사교관단이 묘사한 조선군 병영

※ 샤젠은 러시아 전통 길이 단위로 1샤젠은 2.1336m.

한 자신감에 말미암아 친위대에 흡수되었던 시위대가 1897년 3월 16일에 다시 독립하였다. 최초 훈련을 받았던 2개 대대가 각각 시위 제1대대와 제2대대로 개편되었다. 이와 함께 친위대 제1대대와 2대대, 3대대를 아울러 친위 제1연대를 편성하였으며, 친위 제4대대와 5대대는 일시적인 독립대대로 남겨두었다. 시위대는 친위대가 당초 맡았던 궁궐 수비의 임무를 이어받았고, 친위대는 수도 내의 전반적인 경비 업무를 수행했다.

일차적인 목표였던 왕실 경호를 위한 시위대대의 편성과 친위연대의 재훈련이 끝나자, 러시아 군사교관단은 다음 목표를 준비하였다. 그것은 조선군 전체의 양성 계획이었다. 러시아 군사교관단은 조선의 재정 상황을 고려하여 우선 6,000명의 상비군을 육성한 뒤, 확대하여 3개년에 걸쳐 40,000명의 군대를 완비하는 것을 목표로 하였다. 이를 위해 러시아 당국은 기존의 10여 명에 불과한 군사교관단을 160여 명으로 증강해야 했다. 주조선 러시아 공사 베베르와 러시아 군부대신 반노프스키의 지지를 받은 이 안건은 러시아 군부가 지닌 조선에 대한 인식이 어떠했는지를 극명히 드러내는 예시이기도 했다. 그러나 영국과 일본은 이러한 러시아의 계획을 주시하고 있었다. 그레이트 게임의 와중에서 영국은 만약 러시아가 조선의 군사력을 장악한다면 확실히 한반도 전역을 장악할 것이라 우려했고 일본 역시 비슷한 의견을 내놓았다. 이에 따라 방해 공작이 이루어졌으며, 영국인 맥리비 브라운이 장악한 해관을 통해 조선 정부의 예산 사용을 방해하였다.

이 당시 맥리비 브라운이 장악한 해관은 상위기관인 탁지부를 좌지우지하며 조선 정부의 예산 운영에 막대한 영향을 끼쳤다. 러시아가 원하는 대규모 군사교관단 파견 및 최종 40,000명에 이르는 상비군을 유지하기 위해서는 해관에서 공급되는 자금이 필요했으나, 영국의 영향을 받은 맥리비 브라운은 이를 내어주지 않았다. 오히려 일본의 차관을 고의로 미상환하여 제일은행에 관세 예치권과 차관 제공 독점권을 연기시키는 등의 압박을 가하고 있었다.

때문에 고종은 1897년 10월 12일 칭제건원을 선포한 이후 러시아인 알렉시예프를 총세무사로 임명하는 한편, 맥리비 브라운을 해임하고자 하였으나

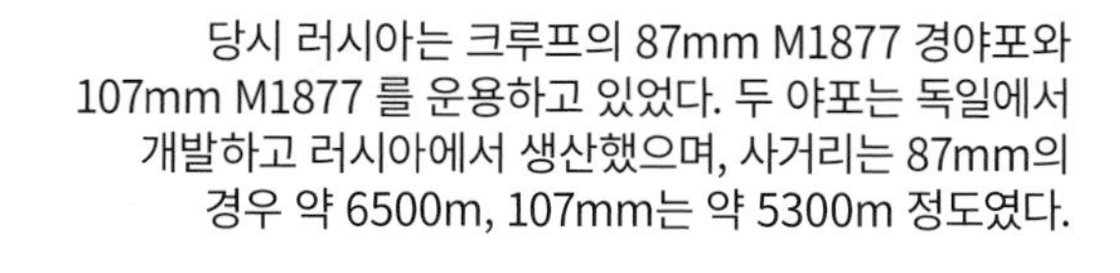

러시아군의 크루프 야포

당시 러시아는 크루프의 87mm M1877 경야포와 107mm M1877 를 운용하고 있었다. 두 야포는 독일에서 개발하고 러시아에서 생산했으며, 사거리는 87mm의 경우 약 6500m, 107mm는 약 5300m 정도였다.

베르단 소총

베르단 소총의 개발자는 미국의 하이럼 버든이었지만, 러시아군이 채택해 널리 사용했다. 초기에는 트랩도어식이었으나 이후에는 볼트액션식으로 바뀌었고, 길다란 소켓 방식 총검을 장착할 수 있었다. 베르단은 모신나강 채택 이후 서서히 퇴역했으며, 조선에도 수천 정을 제공하고 탄약도 무상으로 공급했다.

곧바로 영국이 개입했다. 1897년 12월 17일 제물포에 영국 해군 소속 순양함 6척과 구축함 4척이 등장해 무력 시위를 시작했고 여기에 일본 해군 함대가 합류할 것이라는 소식이 대한제국 정부를 긴장하게 했다.

결국 맥리비 브라운 축출 시도는 실패로 돌아갔고, 이에 따라 친러 내각까지 붕괴하기에 이르렀다. 또한 러시아에 요청한 차관 제공 역시 거부당했으며, 한러은행 설치 역시도 독립협회의 반대로 인해 무산되면서 러시아 군사교관단 주도의 병력 확장은 상당히 어려운 일이 되었다. 특히 독립협회는 한러은행 설치 반대뿐만 아니라 군사교관단의 철수 및 군비 축소 등을 요구하고 있었다.

군 내에서도 러시아 군사교관단에 대한 불만이 팽배하고 있었다. 군대 내의 부정부패를 단속하기 위해 회계 업무를 강화하고, 군대 내의 통제권을 확립하면서 조선군 장교단 내에서 불만이 속출하기 시작했다. 러시아 외무성 역시 한반도가 아닌 만주로의 진출을 적극적으로 이끌면서 자연스럽게 조선에 대한 중요도는 크게 떨어졌다. 결국 1898년 봄, 러시아는 군사교관단 및 재정 고문 등이 전원 철수하였으며 니시-로젠 협정을 통해 한반도 내에서의 정책에 대해 일본과 타협하는 쪽으로 기울었다. 1896년 10월부터 1898년 3월까지 약 16개월간 이어졌던 러시아 군사교관단의 업무는 이렇게 끝이 났다.

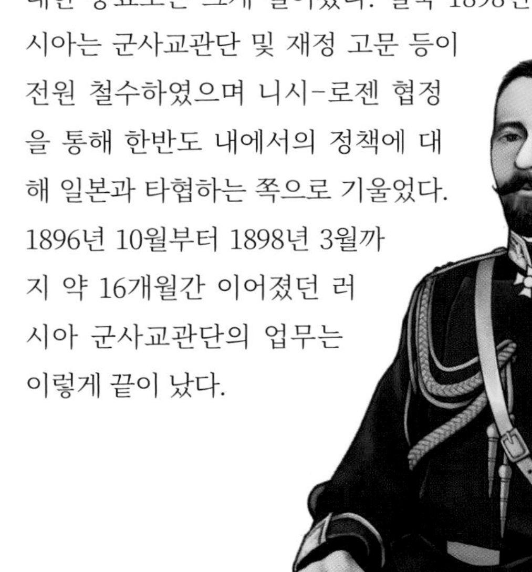

러시아군 군사교관단장 푸차타 대령

1855년 스몰렌스크에서 태어난 드미트리 바실레비치 푸차타는 1895년 10월 조선에 입국하여 러시아 교관단을 이끌었다. 1873년 사관학교를 졸업하고 임관했으며, 포병으로 복무했다. 그는 1898년 군사교관 임무를 마치고 귀국한 뒤 소장이 되었고, 중장 진급 후에는 오데사 방면군 사령관을 역임한 뒤 1915년 사망했다.

服飾

왕과 황제, 왕비와 비빈의 복식

곤룡포. 조선의 곤룡포는 초기에는 청색을 입었지만, 세종 연간부터는 홍색을 입었다. 이후 고종이 대한제국을 선포한 뒤로는 황룡포로 바뀌었지만, 용보는 중국과는 달리 황제국 시절에도 가슴과 어깨, 등에만 있었다.

황제와 비빈의 성장한 모습. 대한제국은 선포 당시 황후의 자리가 비어 있었고, 실질적인 황후의 역할은 순헌황귀비 엄씨가 맡았다. 대한제국의 황후는 1905년 즉위하는 순종의 정궁인 순정효황후 윤씨뿐이다. 위의 왕비는 옥봉황 화관을 썼고, 오른쪽의 비빈은 어여머리를 했다.

원삼과 당의

원심 및 당의. 왕비 및 황후는 평상복으로 당의를, 예복으로는 원삼을 입었다. 이전에는 당의나 원삼에 흉배를 달고 당의에는 아무런 장식이 없었으나, 고종대부터는 왕비의 의상에 용보를 달았고, 대한제국 선포 후 비빈과 왕녀의 옷에도 용보를 달았다. 또한 원삼의 경우 황색은 황후, 홍색은 왕비, 자주색은 비빈 등으로 신분에 따라 사용할 수 있는 색이 정해진다. 아래의 원삼은 전(傳)대한제국 황후 당의를 모델로 삼았다.

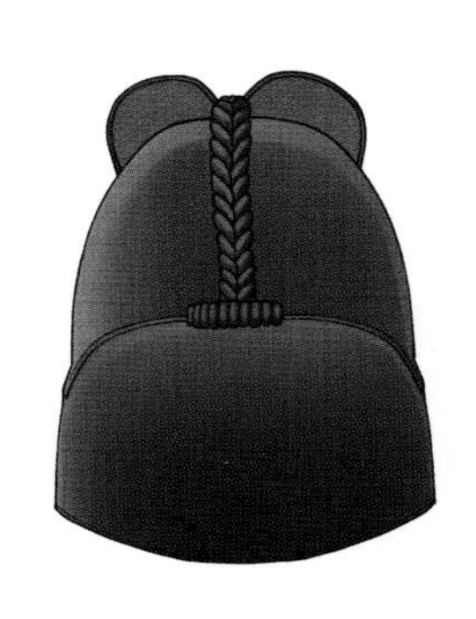

익선관

익선관은 대한제국기에도 계속 사용되었다. 신하들의 사모와는 달리 날개(대각 및 소각)이 위를 향했으며, 날개의 높이는 한때는 매우 높아졌지만, 고종대에는 높이가 낮았다. 조선의 익선관은 꼬아 만든 사변이라는 매듭 장식이 달렸고, 날개는 일반적으로 두 쌍을 달았다. 그림의 자색 익선관은 영친왕의 익선관을 모사했으며, 영친왕은 한일병탄후 이왕으로 격하된 뒤에도 종종 익선관을 썼다.

훈련대, 시위대, 신설대 복장

청일전쟁 이후 일본은 조선에 개입하며 편제를 개편해 훈련대를 창설했다.
훈련대는 일본의 입김이 강하게 들어가는 부대였기에 조선은 시위대와 신설대를 편성해 일본의 영향력을 벗어나려 했고, 일본의 영향력이 약해진 뒤에는 훈련대의 해체를 꾀했다.
이 세 부대는 군복도 달랐는데, 훈련대는 일본에서 도입한 단추가 드러나지 않는 신식 군복-실질적으로는 일본 근위보병대 군복과 거의 동일했다-을 입었고, 시위대와 신설대는 일부 친군영 시기의 군복을 유용했다. 훈련대와 시위대의 군모는 1895년 도입한 피스헬멧 타입 군모이다.

대한제국 성립과 원수부

원수부의 역할과 문민통제

1895~1897

궁내부 특진관 민영준(閔泳駿)

(※ 궁내부 재직 당시 이름. 1901년 민영휘(閔泳徽)로 개명)

대한제국 성립과 원수부

원수부의 역할과 문민통제

대한제국의 성립과 1897~1898년의 군사적 동향

아관파천 기간을 지나며 러시아 군사교관단의 지원을 통해 군대를 재정비하였지만, 사방의 도전은 여전했다. 특히 불안한 국내 정세는 아관파천을 바탕으로 다시 입지를 확보하려는 고종에게 큰 위협이 되고 있었다. 그나마 1898년 4월 25일, 니시-로젠 협정으로 외견상 러시아와 일본의 내정간섭이 불가능해졌지만, 외세의 힘을 빌려 대한제국 정권을 장악하려는 시도는 여전히 많았다.

독립협회와 만민공동회에 대한 강제진압이 이루어진 뒤에는 더욱 혼란이 심해졌다. 박영효 등 일본 망명자들이 국내 세력과 결탁해 정권을 탈취하려 한다는 소문이 돌기 시작했고, 사실상 수도 한성에는 계엄령에 준하는 상황이 이어지고 있었다.

이에 따라 시위대와 친위대의 증편이 이루어졌다. 시위대에 병력을 차출하면서 병력이 부족해진 친위대의 경우 1897년 9월 30일, 시위 제2대대 편제의 조칙을 근거로 하여 잔존 대대들을 모아 3개 대대로 통폐합했다. 제1대대와 제4대대를 합쳐 친위 제1대대를, 제2대대와 제5대대를 합쳐 친위 제2대대로 개편하였다. 또한 시위대와 마찬가지로 러시아식 편성인 1개 대대 - 5개 중대 - 20개 소대로 편성하도록 했다. 그러나 병력이 부족해 원칙적으로 1개 중대에는 4개의 소대가 편제되어야 하지만 3개 소대만 편성되었다.

그럼에도 시위대 창설과 함께, 그동안 등한시되었던 친위대가 러시아식 군제를 도입하며 개편된 것은 이것이 대내외의 압박에 대한 대비책 중 하나였기 때문이다. 1898년 3월, 독립협회가 주도한 여론의 압박과 영국 및 일본 등 외부의 압박으로 러시아 군사교관단이 해임되고 한러은행 설치가 무산되었다. 고종은 이러한 상황을 큰 위협으로 받아들였으며, 수도 방위를 담당한 친위대의 중요성은 더 높아졌다. 이에 따라 7월에 들어서는 2,000명으로 줄어들었던 친위대 병력을 3개 대대 3,000명 정원을 맞추도록 지시했다.

직접적으로 궁성들을 경비하는 임무를 맡은 시위대 역시 전력을 증강했다. 1898년 5월 27일을 기해 제1대대와 제2대대를 합쳐 시위 제1연대를 창설하였으며 친위대와 마찬가

경운궁 수비 기병대(1897년)

1896년 창설한 경운궁 수비 기병대는 100여 명의 대원이 있었다. 그림의 기병대 병사는 세이버로 무장하고 1897년 5월 제정된 케피식 군모를 썼다.

지로 연대 내에 병력을 증강하며 시위대 내의 보병 1개 중대를 포병으로 전환하여 배치했다. 대한제국의 포병 편성은 1개 포병소대에 화포 2문과 포병 50명으로 구성되었고, 이러한 소대가 4개로 묶여 포병 중대를 구성하였다. 즉 1개 포병중대는 8문의 화포와 200명의 포병으로 구성된 전형적인 러시아식 편제였다.

한편 1894년과 1895년에 각각 경복궁 쿠데타 및 을미사변 등을 거치면서 왕실을 전문적으로 호위할 부대 역시 요구되었다. 당초 무예청 및 각 부대에서 입직한 병력이 경호를 맡았지만, 이미 지난 2년 사이 두 번이나 이 방어선이 돌파당한 만큼 이는 심각한 문제였다. 아관파천 기간에는 러시아 해군 수병들이 직접 경호 임무를 맡아서 필요성이 떨어졌지만, 경운궁으로 환궁한 후에는 다시 현안으로 떠올랐다.

궁내부대신 이재순이 먼저 왕실을 직접 경호할 부대의 필요성을 제기하였으며, 1897년 6월 30일, 해체 이후 소속이 사라진 공병대 병력을 차출해 호위군이라는 새로운 편제를 만들었다. 이들은 군부가 아닌 궁내부 소속이었고, 이 때문에 예산이 부족하여 같은 해 10월까지 제대로 된 병력 편성을 이루지 못했지만 이후 예산이 증액됨에 따라 11월 14일 호위대라는 명칭으로 개편되어 732명의 병력을 유지하게 되었다. 최종적으로는 궁내부가 아닌 군부 소속으로 이관되었는데, 군사 조직이라는 특성으로 인해 담당 부서가 바뀌었다고 보인다.

이외에도 1896년 마병대 소속의 기병 100명을 차출하여 경운궁을 직접 방어하는 것을 목적으로 설립한 기병부대도 있었다. 1897년 7월 1일에 창설된 이들은 먼저 경운궁의 수비 및 경비 임무를 담당했으며 필요하다면 치안 유지 임무도 수행하도록 하였다.

한성의 순검 역시 1895년 670여 명에서 2년 만에 800명으로 증원했다. 이들의 구성은 기존에 근무하던 순검 100명과 대원군 편을 들었던 200여 명의 포도청 포교들, 그리고 200명은 호분위와 무예청에서 데려온 무사들이었으며, 나머지 300명은 해체된 공병대에서 차출한 인력들이었다. 이들 역시 수도

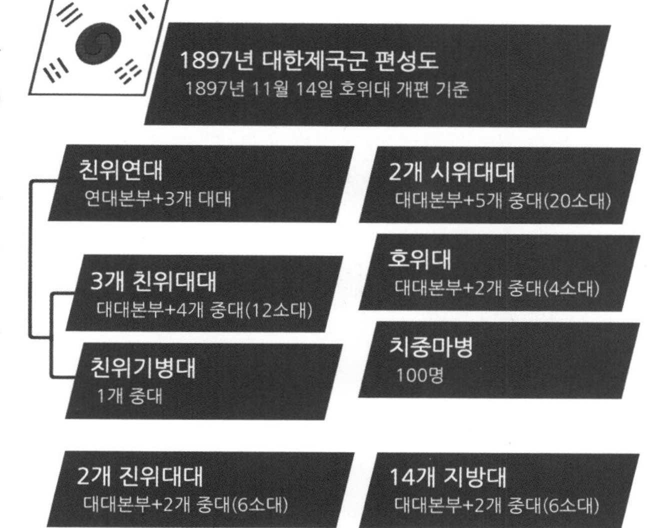

치안 및 유사시 시위대 등 군대를 지원해 무력 대응에 나설 수 있는 전력이었다.

이처럼 시위대와 친위대의 증편과 호위대의 신설을 통해 수도 및 왕실 경호를 크게 강화했지만, 고종의 불안감은 여전히 남아 있었다. 이에 법부 고문 그레이트하우스와 논의하여 따로 왕실을 근거리에서 호위할 수 있는 외국인 부대를 구성하고자 하였다. 이들은 대외적으로는 황실 경찰이라는 명칭을 표방했지만, 실제로는 고종을 호위하기 위한 외인부대였다.

왕실은 5개국 출신의 퇴역군인들을 상하이에서 선발하였으며, 각각 영국인 9명, 미국인 9명, 독일인 6명, 프랑스인 5명, 러시아인 2명 등 총 31명으로 구성되었다. 상하이에서 선발된 이들은 9월 15일 한성에 도착하였지만, 정보를 입수한 독립협회가 18일부터 외부 청사 앞에서 반대 시위를 시작하면서 호위 부대 조직은 무산되었다. 결국 소집한 이들을 제대로 편성하지도 못한 채 퇴직금만 주고 귀국시켜야 했는데, 국내외 정세가 혼란스럽고 자국군도 전투력 면에서 크게 신뢰할 수 없는 상황에서 발생한 해프닝이기도 했다.

한편 지방의 불온한 움직임 역시 끊이지 않았다. 독립협회에 대한 물리적인 진압 및 강제 해산이 이루어지면서, 잔여 세력은 지방의 민중들과 손을 잡고 저항하려는 움직임을 보였다. 이에 따라 지방의 군대, 즉 진위대와 지방대의 정비 역시 긴급해

졌다.

지방에서의 소요 및 반란 사태에 대비하여 14개 지방대가 다시 설치되었다. 이는 1896년 9월에 개편하며 축소된 6개 지방대에 8개 지방대를 추가로 설치한 것이었다. 수원, 강화, 청주, 공주, 광주, 대구, 안동, 고성, 해주, 황주, 안주, 원주, 북청, 종성에 각각 지방대대가 설치되었으며, 지방대 1개 대대의 인원은 400명으로 재편성했다. 기존 지방대가 200~600명 사이에서 불균형하게 설치되었던 것과는 차이가 있었다.

이를 위해 724,566원 40전의 금액을 지방대 재편에 투입하였으며, 지방관들의 임용에 있어서 군사적 능력 역시 중요시하게 되었다. 지방관이 지방대를 지휘할 수 있도록 하였으며 이를 통해 소요 사태 및 반란 사태에 대한 방비책을 마련할 수 있었다. 이와 함께 장교 및 부사관에 대한 확충에도 적극적이었다.

개편 이전 지방대의 경우 1개 지방대마다 사병 400명에 장교와 부사관을 합쳐 16명에 불과했으나, 1896년 9월 개편 이후 사병 600명에 장교 11명, 부사관 28명으로 증편되었다. 장교와 부사관이 각각 84%, 180%가 증가한 셈이며 지방군의 통제를 위한 인력을 충분히 확보하려는 경향에서 비롯한 것이었다.

대한제국은 일본 육군 기동훈련 당시 무관단을 파견하기도 하였다. 청일전쟁 및 을미사변 이후 대청·대조선 정책에서 유화책을 선택한 일본은 청과 조선의 장교들을 초청하여 자국군의 기동훈련을 참관할 수 있도록 하였다. 이에 대한제국 역시 1897년부터 후쿠오카에서 실시한 일본군 기동훈련에 육군 참장 권재형, 육군 참령 장기렴 및 장교와 부사관 12명으로 구성된 무관단을 파견하여 참관하였으며 이를 통하여 당시 선진적인 군사교리 등을 배워 오도록 하였다. 또한 1898년 9월에는 육군 부장 이윤용, 육군 참령 이겸제 및 하사 1명을 파견해 일본 육군의 대연습을 시찰하게 했으며, 대한제국의 장교들을 선발해 일본 육군사관학교에 입학시키기도 하였다.

1897년과 1898년에 있었던 대한제국 군제 개편의 가장 큰 목적은 1894년과 1895년에 발생한 것 같은 외세의 궁궐 침입을 저지하고 왕실을 보호하는 데 있었다. 대한제국은 수도의 병력부터 증강할 수밖에 없는 상황이었다. 시위연대가 창설되기 이전까지는 일본군 주차군이 경복궁 바로 앞의 육조거리에 주둔하면서 구 친위대 병영을 차지하고 있었다. 이는 왕실 및 정부에게 큰 위협이 되는 요소였다.

이에 수도 내의 군대를 증편하는 것은 중요한 문제였고, 실제로 시위연대가 창설되고 구 전환국 자리의 병영 등에 자리를 잡으면서 일본군 주차군은 기존의 주둔지를 포기한 뒤 남산 일대로 철수하였다. 일본군 주차군 자체가 큰 위협이었기 때문에 지속적인 견제와 감시가 이어졌다. 시위 제2대대와 경

시위기병대(1899년)

대한제국은 기병대 군마의 국내 조달이 불가능해 해외에서 들여왔다. 1899년 편성한 시위대는 1개 대대 규모였으며, 전체 2,600여 명에 달했다. 경운궁 수비대와의 복장 차이를 보면 상의는 늑골식 제복으로 변화하였고, 군화 역시 각반 대신 장화로 변경되었다.

무청을 동원해 남산 주변에 10여 개의 초소를 건설하고 일본군 병영을 감시했으며, 친위연대의 주둔지 역시 신축 병영들을 건설하면서 경복궁을 에워싸듯이 배치되었다.

그러나 여전히 대한제국의 군비 증강과 새로운 병력의 편성에는 수많은 애로사항이 자리잡고 있었다.

군비 증강의 한계와 원수부 설립

2년에 걸친 의욕적인 군제 개편에도 불구하고 대한제국의 군대는 심각한 문제 한 가지를 안고 있었다. 그것은 장교의 부족이었다. 1896년에 제정된 육군무관학교령에 의하여 무관학교 생도들이 모집되었으나 실제로 1897년에 참위로 임관한 장교는 후일 군대 해산 당시 자결로서 항거한 박승환 참령을 비롯한 5명이 전부였다.

육군무관학교 창설 이전 훈련대 사관양성소 등이 존재했지만 1895년과 1896년 당시 정치적 혼란으로 인하여 장교 양성이 제대로 이루어지지 못하고 있었다. 군대의 규모는 1895년과 비교했을 때 지속적으로 팽창하는 추세였지만, 가장 중요한 위관급 장교의 충원이 제대로 이루어지지 못하는 실정이었다.

이에 따라 1895년 일본 육사 8기로 입학한 장교 8명이 1897년에 귀국하여 공백을 메꿨지만 부족한 인원을 채우기엔 너무나도 그 수가 적었다. 심지어 일본 육사 11기로 유학을 한 장교들의 경우 일본 내 망명자들과 연결돼 있다는 이유로 귀국을 거부당한 채 활용되지 못하고 있었다.

1898년 7월 1일 육군무관학교를 다시 개교했지만 2년여에 걸친 공백기는 군대의 증편에 큰 악영향을 미치고 있었다. 이 때문에 육군무관학교 개교에 앞서 2월경부터 구 조선군 출신 장교단 및 훈련대사관양성소 및 1896년 무관학교에서 교육받은 생도들을 재소집해 교육하는 등의 조치를 취해야만 했다.

실질적으로 부대를 지휘해야 하는 중견급 장교의 부족 문제도 심각했다. 이는 이전의 조선군 시스템과도 연결되는 지점이었으며, 전통적인 군제와 신식 군제의 과도기에서 발생하는 문제이기도 했다. 조선의 군대 업무는 문관과 무관이 구별되지 않는 시스템이었고, 정확히 이야기하자면 문관이 병조의 주요 직책을, 무관이 실질적인 군 지휘권을 행사하는 방식이었다. 게다가 나이가 든 무관들은 외방직으로 빠져 수령 혹은 군수로 배치되면서 중앙에서 실질적으로 군사 업무를 담당할 수 있는 인원이 많이 없었다.

평화가 이어지던 시기에는 이러한 시스템이 큰 문제 없이 운용되었다. 그러나 앞선 시기 병인양요와 신미양요 등을 거치면서 실제로 군대를 지휘해야 하는 무관의 입지가 크게 강화되었다. 이는 반대로 이야기하자면, 군을 제대로 지휘할 수 있는 중견급 지휘관 계층의 부족 문제와도 연결되었다. 본격적으로 군의 업무가 무관 중심으로 넘어가는 과정에서 군 조직의 상부를 담당할 수 있는 인원이 부족하였다.

무위소 출신으로 정통 무관의 길을 걸은 이들은 대부분 나이가 들어 노쇠해지거나 은퇴하였으며, 개항 이후 양성된 이들은 갑신정변 등으로 숙청되거나 쿠데타 과정에서 소모되었다. 특히 갑신정변 당시 제거당한 사관생도들의 공백이 컸다.

연무공원으로 다시 장교단을 양성하는 등의 노력을 기울였고, 대관급 지휘관들이 양성되어 동학농민운동 당시 실제 군대를 지휘했지만 이후 을미사변과 춘생문 사건 및 여러 정치적 음모 등으로 적지 않은 장교들이 제거되었다.

이러한 문제를 극복하기 위해 대한제국의 군부에서는 갑오경장 이전에 대관으로 근무했던 이들까지 차출해 왔으며, 심지어 1894년 마지막 무과 시험에서 급제한 인원들을 불러 일본 육군사관학교에 유학을 보내어 부족한 정수를 채우고자 하였다.

지방에서의 소요도 끊이지 않았다. 1898년 6월 29일, 고종은 육해군에 대한 칙령을 내렸고, 며칠 뒤인 7월 2일에 장차 육군 10개 대대 및 해군 창설에 대한 조령을 발표하면서 대한제국의 위상에 걸맞은 강한 군사력을 갖추고자 하였으나 지방에서 활빈당이나 영학당과 같은 세력이 지방관청을 습격하거나

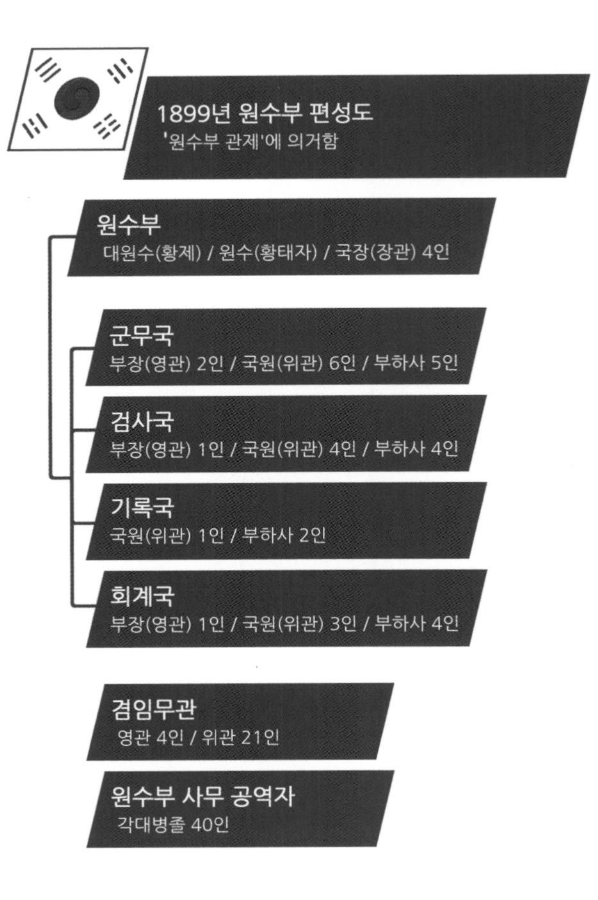

중앙으로 보내는 세금 수송을 크게 방해하고 있었다.

1899년에 들어서서 각 지방에 만민공동회 지회가 생겨나면서 이들에 동조하고 있는 등 군사 분야에서의 개혁은 당면한 과제였다. 내치안정을 도모하지 못한다면 공법상 타국이 대한제국 내의 정치 상황을 안정시킨다는 명목으로 군사적 개입을 할 수 있는 명분을 줄 수 있는 문제이기도 했다. 이에 따라 1899년 초, 전라도 일대에서 영학당이 활동을 시작하자 곧바로 전주 진위대를 동원해 이들을 진압하도록 했다. 또한 강화지방대 소속 병력 200명을 증원하는가 하면, 외국공사관에 통보하여 전라도 일대의 외국인들에게 안전지역으로 대피시킬 것을 요청했다.

영학당 봉기 자체는 고부 지역의 수성군 조직에 의하여 초기에 진압되었지만, 다시 동학농민운동과 같은 대규모 사태로 벌어질 것을 우려해 전라도 각 군에 전주진위대 병력 210명을 파견해 만일의 사태를 대비하도록 하였다.

수도 한성 역시 기존 정치세력에 대한 불만의 팽배가 폭탄 테러의 형태로 나타났다. 1899년 6월 들어서는 정부 고관들의 집에 폭탄이 설치되어 폭발하는 일이 있었고, 숭례문 인근에 배치된 순검 초소에서도 폭발이 발생하는 등 사상자가 속출하고 있었다. 경무청과 시위대를 동원해 경비를 강화하는 한편, 일본 공사관 경찰까지 동원되어 경계를 강화했지만, 범인이 한동안 잡히지 않아 고종이 미국 공사관과 영국 공사관 사이에 있던 서적당으로 일시 거처를 옮기기까지 했다.

그리하여 궁성을 직접 수비하는 시위대의 전력이 일부 증강되었다. 1899년, 시위대에는 기병 1개 대대를 편성하라는 조칙이 하달되었다. 이로서 보병 2개 대대와 기병 1개 대대, 포병 1개 중대로 구성된 본격적인 혼성전투부대의 모습을 갖출 수 있었다. 다만 시위연대에 배속되지 않고 독립기병대대로 운용되었으며, 총 2,600명의 병력을 유지하였다. 친위대가 아닌 시위대에 가장 먼저 혼성전투부대 형태를 구성한 것은 그만큼 정국이 불안정했고, 이를 타개하기 위해 강력한 정규군이 필요했을 것이다. 그래서 시위대가 가장 먼저 기병대를 편성받았던 셈이다.

결국 이 사건은 전 독립협회 대구지부장이었던 김창제의 소행으로 밝혀졌다. 김창제는 정부 고관들을 폭탄 테러로 위협해 정권을 불안정하게 만든 뒤 그들을 퇴진시켜 독립협회 세력을 재기시키고, 귀국 망명자들의 안전을 도모하기 위해 테러를 벌였다고 진술했다. 해외의 망명자 집단, 특히 가까운 일본으로 망명한 이들이 국내의 치안과 정국을 혼란하게 만들었으며 이는 곧 군사적인 정변으로 이어질 가능성도 농후했다.

주변 상황도 불안정해졌다. 러시아 정부가 태평양 분함대를 동원해 블라디보스토크와 뤼순을 중심으로 군사훈련 및 첩보활동 등을 실시했으며 이에 대응해 일본군 역시 함대를 보내 평안도 일대를 측량하고, 일본군 주차군을 동원해 야외에서 군사훈련을 진행하기도 하였다.

이렇듯 대외적 위기까지 고조되면서 1899년 1월 15일, 평양진위대 역시 증강을 시작했다. 기존에 2개 중대 400명에 불과했던 평양진위대는 수도 한성의 중앙군과 같은 편성을 갖추도록 했으며, 대대 본부 이하 5개 중대로 확대되어 1,000여 명으로 증강되었다. 이는 러시아와 일본이 압록강, 진남포 등 평안도 일대에서 충돌할 것이라는 예측에 대비한 것이었다. 이로 인하여 수도 한성은 계엄령에 준하는 분위기가 이어지고 있었다. 그러나 군정권과 군령권을 모두 행사하는 군부와 경찰 조직인 경무청의 활동 영역은 여전히 서로 명확히 선이 그어지지 못한 채, 과도기에 있었으며, 치안력의 불안정도 가시화되고 있었다. 특히 각 정치 세력에 예속된 당시의 대한제국 군대는 신뢰가 어려운 조직이라는 시선을 받고 있었고, 무엇보다도 아직 헌병 조직이나 육군법이 제대로 정리되지 않아 군기와 군율의 확립이 어려운 상황이기도 했다.

이에 따라 군부의 군정권과 군령권을 개편하고 새로운 군사 지휘부 편성이 필요하다고 판단, 1898년 1월 19일 원수부를 신설하였다. 대한제국 원수부는 일본 원수부와 명칭만 동일했을 뿐, 세부적으로는 매우 큰 차이를 보였다. 원수부는 군사 분야에서 최상위 기관으로서 황제 본인이 책임자를 맡았고, 지휘권의 최고 정점이었으므로 중앙군과 지방군 전체를 통제할 수 있었다.

이전 군사 분야의 최상위 기관이었던 군부는 군정권과 군령권을 포괄하는 운영기구인 4개 국을 원수부에 내준 채 통제받게 되었다. 군부 소속의 군무국은 원수부 군무국으로 이관되었고 정리국 역시 폐지되는 등의 조치를 받게 되었다.

군사에 관한 모든 명령은 최고 지휘권자인 대원수, 즉 황제를 거쳐 하달되었다. 이는 곧 일원화된 군 통수권을 확립하는 과정이었다. 무엇보다도 원수부의 정체성은 전통적인 조선의 군사 분야 원칙이었던 '무(武)에 대한 문(文)의 우위'라는 부분을 깨뜨리는 데 있었다. 원수부는 오로지 무관들로 구성된 조직이었으며 이를 통해 조직의 최상위까지 무관과 문관이 완전히 구별되는 지점에 이른 것이었고, 근대의 전문화된 군사 집단의 등장이라고 보아도 무방했다.

원수부는 황궁인 경운궁 대한문에 설치되었다. 이는 군권이 곧 황제에게 속한다는 상징이었으며, 동시에 황제가 기거하는 궁궐에서 곧바로 군사 업무를 수행할 수 있다는 실용성을 보여주는 대목이었다. 이렇듯 고종의 군 통수권 확보는 1899년 8월 17일, 대한국국제의 반포를 통해 명실상부하게 공표되었다.

대한제국의 1898년 보병조전 편찬

1898년 6월, 군대 조련을 위한 새로운 교범이 등장했는데 이것이 바로 보병조전이다. 이 교범이 러시아 군사교관단이 본국으로 귀국한 직후 발간되었다는 점에 주목해야 한다. 기존의 군사훈련 체제는 일본, 청, 미국, 러시아 등 군사교관단이 바뀔 때마다 달라지곤 했다. 물론 큰 틀에서 본다면 유럽식 군사훈련과 기법에는 큰 변화가 없었지만, 그럼에도 정치적인 상황이나 대외적인 환경이 변함에 따라 군대의 훈련법이 바뀌는 것은 그다지 바람직한 현상은 아니었다.

이러한 상황에서 러시아 군사교관단이 일제히 철수하면서 그동안 대한제국 군대의 훈련 및 건제 유지의 지원이 사라지자 자국군의 역량으로 이를 감당할 수 있는가에 대한 우려는 상당했다. 이에 따라 대한제국 군대의 훈련 상황을 유지하고, 장차 군을 확대할 때를 대비한 이론서가 필요했다.

물론 러시아 군사교관단이 입국하면서 가져온 각종 군사 교범이 한글로 번역되었고, 대표적으로 내무교범 등이 존재했다. 훈련지침서 및 각종 문서 역시 러시아군이 사용하던 것을 사용하던 상황이었다.

그러나 이들이 철수하면서 자체적으로 군을 유지할 수 있는 교범의 필요성이 제기되었고, 궁내부 특진관 민영준이 때마침 "각국의 훈련기법의 장점만을 선택해 이를 하나로 편성하여 대한제국의 구령으로 가르친다면, 짧은 시간 내에 많은 정예병을 양성할 수 있다."라고 주장하면서 보병조전이 탄생하게 되었다.

보병조전에는 주요 열강의 군사교리가 포함되어 있었으며, 기본제식과 전투 훈련을 위주로 편성되어 있었다. 이 중 가장 많은 부분을 차지한 것은 제식이었다. 전투 훈련보다 제식의 비중이 높았던 것은 제식이 이 시기 군대의 전투력과 연결되는 부분이었기 때문이었다.

당시로부터 불과 20여 년 전까지만 하더라도 전열을 갖추고 싸우는 전쟁이 주요한 전술을 이루었고, 대열을 누가 더 오랫동안 유지한 채 전투를 진행하느

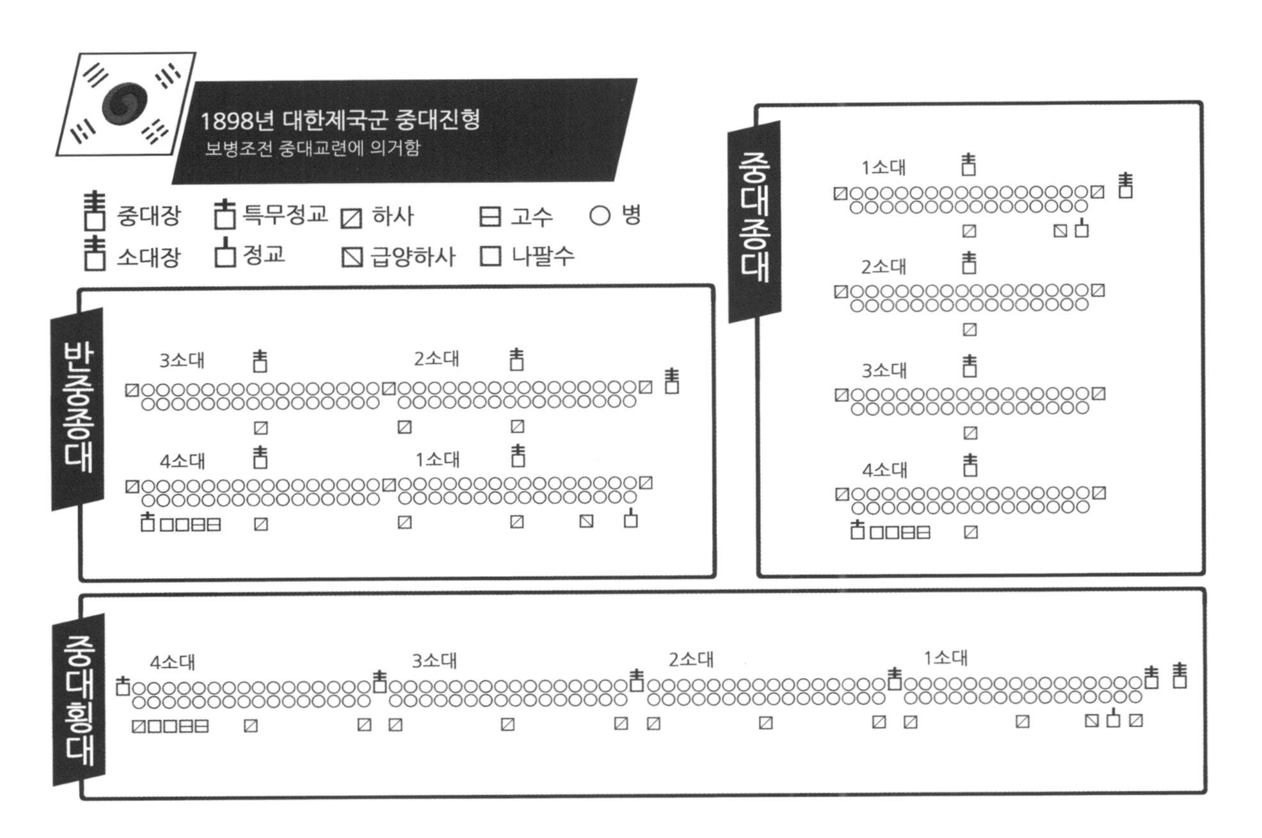

냐가 승패의 관건이었기 때문이었다. 이에 따라 부대의 가장 작은 단위인 소대와 중대를 중심으로 한 훈련이 주를 이루었다. 대대급과 연대, 여단급의 훈련은 보병조전에서 매우 적은 비중을 차지하는데, 이는 대한제국군의 전신인 조선군의 실제 전투 경험과 직결된 것이기도 하였다.

동학농민운동 이후 조선군은 중대와 소대급 교전을 많이 실시했다. 특히 을미의병을 진압하는 과정에서 친위대는 각 중대와 소대들을 전국 각지로 파병하였고, 장기렴 참령의 분견대 역시 혼성부대로서 대대급 전력을 유지했으나 실제 전투에서는 중대와 소대급 전투를 많이 경험하고 있었다.

이에 따라 소대와 중대에 대한 훈련 과정이 보병조전 내에서 절반 이상을 차지하였으며 이외에 집총제식이나 도수 훈련 등 각개훈련의 비중도 상당히 높았다. 병사들이 각개훈련을 받아야 이후 있을 소대, 중대급 훈련에서도 좋은 성과를 낼 수 있었기 때문이었다. 이처럼 보병조전의 내용들은 단순히 각국 군사훈련의 좋은 점만 받아들였을 뿐만 아니라, 이들이 1894년 이후 벌여 왔던 실제 전투 경험이 반영된 것이기도 하였다.

보병조전의 특기할 점으로는 대한제국 군대의 군사교리에 대한 점을 몇 가지 유추할 수가 있다는 부분이다. 이는 현대의 군대와도 연결되는 요소이며, 이후 의병 전쟁이나 항일무장투쟁 등에도 막대한 영향을 끼치기도 하였다.

현대의 군대가 그러하듯, 대한제국 군대 역시 보병조전에 따르면 각 편제의 30% 이상 손실을 전멸로 판정하였다는 점과 임무형 지휘체계와 유사한 방식의 지휘 방식을 선호했다는 점이 특기할 만하다. 가장 작은 편제인 소대에서 기본적인 전투 편제인 대대에 이르기까지 장교들은 '적절한 독단행동은 전투에서 좋은 결과를 만드는 기초'라는 점을 강조했으며 이는 1895년부터 1897년 사이에 이르는 실제 전투 경험과 독일식 군사교리를 받아들인 일본군과의 군사 교류를 통하여 얻어낸 전훈으로 추정된다.

이에 따라 상급 지휘관들은 하급 지휘관들에 대한 지나친 간섭을 삼가도록 하였으며, 오히려 정해진 지휘 권한과 최상급 제대의 의도 내에서는 자율적인 병력 운용을 허용하는 방향으로 지휘 방침을 권장하기도 하였다.

또한 시대의 군사적 정신과 걸맞은 공세 지향적

인 모습을 보이기도 하였으며, 이를 통해 수동적인 병력 운용 대신 능동적으로 부대를 지휘하여 전장 주도권을 확보하도록 하였다. 이러한 보병조전의 주요 내용들은 당대의 군사 사상적인 부분뿐만 아니라 실제 전투 경험, 그리고 해외 전훈 등을 바탕으로 편찬되었으며 이후 독립전쟁에까지 영향을 준 한국 근대 군사사의 전환점이라고도 볼 수 있었다.

다만 대한제국의 보병조전은 1891년에 제작된 일본 보병조전의 양상에서 크게 벗어나지는 않았다. 일본군의 훈련법을 거의 그대로 수용하고 있었기 때문이었다. 일본 역시 보불전쟁의 여파로 프랑스 대신 독일식 군사교리를 받아들여 1891년판 보병조전을 제작했고, 대한제국 역시 이에서 크게 벗어나지 않았기 때문이었다.

보병조전은 군사용어 등의 차이가 있을 뿐 일본군과 별다른 차이점이 없었으며, 오히려 일본 육군의 대연습 혹은 기동연습 등에 대한제국군 장교단을 매년 참관시킴으로써 적극적인 군사 교류가 이어졌던 점과 연결된다. 또한 대한제국 보병조전 편찬에 있어 일본 육군사관학교 유학파 출신 장교단이 관여한 것 역시 연관이 있다.

일본 육사 출신 인물로는 이병무와 권학진, 왕유식 등이 대표적이며, 이들은 을미사변과 아관파천 등으로 군 내부에서 밀려났으나, 대한제국 군대의 재편과 훈련 과정 등을 재구성하는 데 참여하면서 전면으로 등장할 수 있었다. 결과적으로 1898년의 대한제국 보병조전의 편찬은 러시아 군사교관단의 귀국으로 인한 공백 문제가 발생했고, 이를 해결하기 위해 일본군을 모델로 하여 대한제국군의 실제 전투 경험을 결합한 방식의 교범을 제작했다고 볼 수 있는 지점이기도 하다. 이는 단순하게 근대적인 군사교리에 대한 이해뿐만 아니라 자국 현황에 걸맞은 군사훈련 방법의 채택, 그리고 가까웠던 일본군과의 군사적인 교류를 통한 장점 극대화 등을 선택했다고 할 수 있다.

대한제국의 차관 전쟁과 빈자들의 전쟁

원수부 설치를 통해 대한제국은 군비증강을 가장 큰 사업으로 인식했다. 군비증강에 있어서 가장 핵심적인 부분은 자금의 확보였다. 그러나 빈자들의 전쟁, 즉 청일전쟁은 조선을 완전히 황폐화했다. 기존 조선의 세입은 지속적으로 증가하는 추세였다. 기존의 인플레이션 정책을 중단하고, 법정 통화를 만들기 위해 일본에서 조폐기 및 기술자를 초빙한 것이 1892~1893년이었으며 방곡령 등으로 세수가 확대되었고, 해관세 체제가 점차 자리를 잡아갔으며 무엇보다도 서해 일대에 조성된 청과의 교역망이 활성화되고 있었다.

그러나 청일전쟁으로 이러한 성장세는 순식간에 붕괴했다. 가장 큰 원인은 서해의 교역망과 해관세 체제가 함께 붕괴했기 때문이었다. 우선 청일 양국이 조선의 영토에서 전쟁을 벌이는 과정에서 육상/해상 운송 체계가 완전히 마비됐다. 양측의 대규모 징발과 그로 인한 마비, 그리고 군표 경제로 인한 경제적인 붕괴와 현물 징발 역시도 치명적이었다. 기존의 화폐 체계가 송두리째 무너진 것과 다름없었다.

평양에서의 수출액은 기존 50만 달러 규모에서 10% 수준인 5만 달러로, 원산부 해관세 수익은 0원을 기록할 지경이었다. 원산의 경우 주요 곡물 수출 항구였으나 일본군이 상륙함으로 인해 항구의 기능이 완전히 정지당했다. 그로 인하여 제대로 물자가 도착하지 못해 한동안 식량난에 시달려야 할 지경이었다.

그나마 개전 초기 일본군이 장악하고 있었던 제물포의 경우 해관이 어느 정도 작동했으나 기존 120만 피아스트의 은자가 역시 10% 수준인 11만 피아스트로 급감한 상황이었다. 전쟁이 1895년까지 이어지면서 서해에 조성되었던 교역망이 붕괴하였고, 한반도 남부 역시 동학농민운동으로 인하여 전장으로 변한 상태였다.

친일 개화 정부가 거둘 수 있는 세금은 거의 바닥을 드러내고 있었다. 급하게 350만 엔 규모의 예산을 준비했지만, 전쟁 이전에 대비하여 1/2에 불과한 수준이었다. 그나마도 을미의병을 진압하기 위해 친위대를 계속 파견하면서 1895년과 1896년에 걸쳐

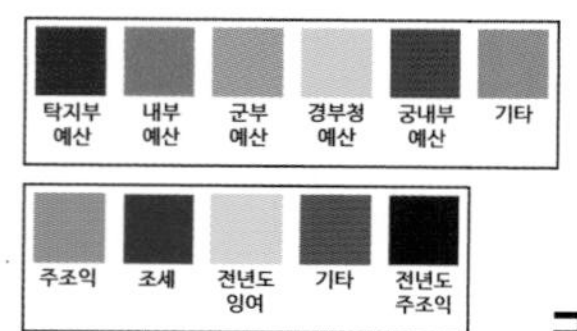

출처 - 고종시대의 국가재정 연구

러일전쟁 이전까지의 대한제국 국가총예산

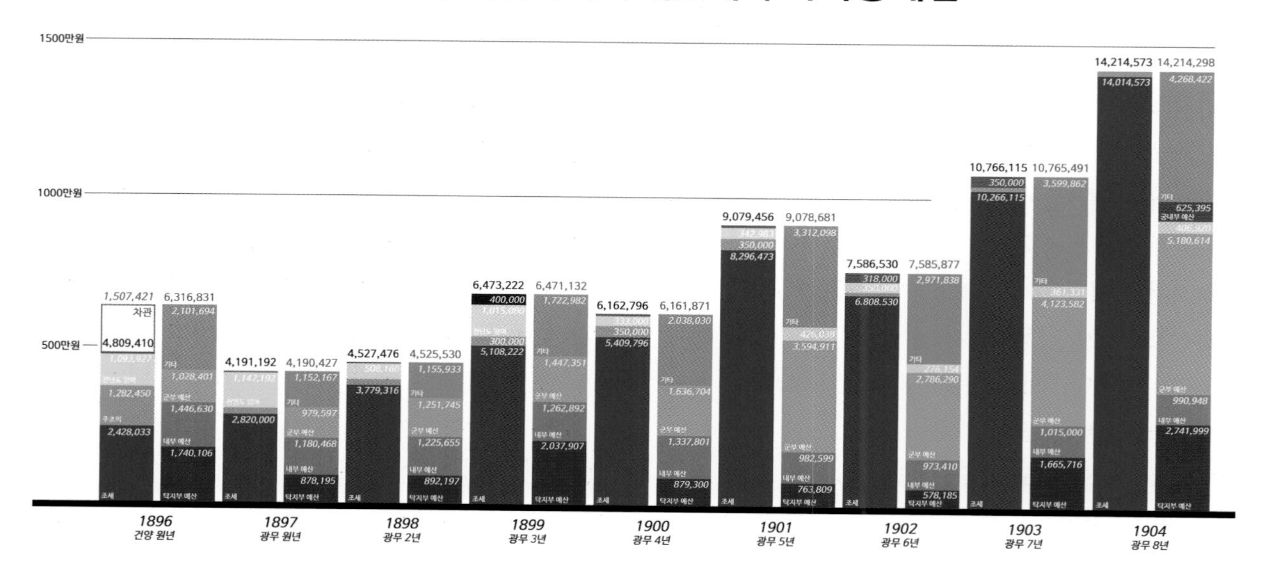

무려 97,881원에 달하는 파견비가 들어갔으며 증강된 부대를 유지하기 위해 59만 원의 예산을 소모해야 했다.

이러한 재정을 복구하기 위해서 대내외적인 노력이 필요했으나, 실상은 제대로 이루어지지 못했다. 1895~1896년 해관 총세무사 맥리비 브라운이 흑자 300만 원을 만들어 내면서 상황이 호전되었다고 볼 수도 있으나, 이는 착각이었다.

그가 만들어 낸 흑자 300만 원은 22,300명의 군대와 16,000여 명의 지방 이서층을 일시 해고함으로써 발생한 것에 불과했다. 이는 근대적 세수 체계 정비와는 동떨어진 행위였으며, 그나마도 앞서 일본에서 빌린 차관을 상환하는 데 모두 소요되었다. 오히려 군대와 행정체계를 감축하는 바람에 발생한 을미의병, 그리고 기존 행정체계의 부재로 인한 혼란은 재정 문제를 더욱 심화시킬 뿐이었다.

이를 극복하는 방법은 크게 2가지가 있었다. 하나는 내각이 아닌 황실이 직접 재산을 관리하여 해관 총세무사가 건드릴 수 없게 하는 방법이며, 다른 하나는 일본을 제외한 타국의 차관을 들여오는 것이었다.

이 당시 일본의 경제적 침탈에는 일본제일은행 인천지점이 선봉에 있었다. 일본제일은행은 엔화를 본위 화폐로 유통해 대한제국 화폐를 대체함으로써 일본의 영향력을 증가시키는 방향의 활동을 하고 있었다.

특히 삼국간섭과 아관파천으로 대조선 정책에 위기가 온 일본은 자국의 영향력을 만회하고 이익을 극대화하기 위하여 더욱 이러한 행동을 지속하였으며, 대한제국 측은 이에 대응하고자 프랑스나 미국 등에 차관을 요청했고, 제일은행은 엔화의 국고금 수납을 거부하며 맞섰다.

이때 프랑스가 피브릴 사를 앞세워 개입을 시도하였고, 차관지원을 위하여 상하이 러청은행에 가지고 있는 프랑스 측 지분인 4할을 가지고서 금화 프랑 500만 원을 대한제국 측에 차관으로 지불하고자 하였다. 이 자본을 토대로 중앙은행을 설립하여 세금과 화폐 제도를 근대적으로 개선하고, 잡다한 재정을 하나의 국고금으로 묶을 수 있었으니, 그것이 바로 한러은행 설립계획이었다.

그러나 의외의 복병이 있었다. 그들은 바로 정부와 황실을 대변하기 위해 세워진 독립협회, 그리고 조선은행을 설립하려는 야심을 가진 안경수였다. 이들이 등장하면서 차관 도입은 엉뚱한 방향으로 이어졌다. 사실 대한제국의 경제 자주화에는 별다른 선택지가 없었다. 새롭게 등장한 러-프 동맹의 자본에 기대느냐, 아니면 그대로 일본 엔화 경제에 종속되느냐의 선택뿐이었으나 독립협회의 반발이 이어졌고, 뒤이어 고종의 우유부단함도 일을 망치는 데 한몫하였다.

러시아로부터의 차관 요청은 사실상 거절당했으며, 맥리비 브라운의 해임 역시 영국 해군이 제물포에서 무력시위를 벌이면서 굴복해야만 했다. 이러한 결과는 뜻밖의 문제로까지 이어졌다. 러시아로부터 차관 요청을 거절당하면서 대한제국 내에서는 반러 감정이 고조되기도 했다.

일본에 맞서서 러시아가 지원해 주리라 믿었던 대한제국 정부는 큰 실망감을 감추지 못했고, 또 러시아의 소극적인 태도에 대해서도 분노하였다. 브라운의 해임도, 중앙은행 설립도 실패했으니 마지막 남은 방법은 황실에 재정을 집중하는 것뿐이었다.

당시 대한제국의 예산 정책을 관장하는 국가 기구는 탁지부 이외에 내장원이 존재했다. 내장원은 정부와 분리되어 황실이 직접 자체 예산을 관할하는 기구였다. 이 당시 탁지부의 주 업무는 미납된 전국의 세금을 다시 거두어들이는 것이었다. 전쟁과 행정망 붕괴로 인해 세금 수취가 어려운 상태였고, 약 53%의 세금이 매년 미납되고 있었다.

이에 따라 탁지부의 주요 업무가 재정 관할보다는 미납된 세금을 수취하는 데 집중되다 보니 실질적인 정부의 예산은 내장원에서 관리되었다. 이는 한 가지 이점이 있었으니, 내장원이 탁지부의 예산을 장악한 해관에서 완전히 독립된 기구였다는 점이다.

물론 정부의 예산이 이원화된 것은 현대의 측면에서 보았을 때 심각한 불이익을 초래할 수 있었다. 재정 불균형의 문제와 근대적 징세 제도의 성립을 막을 수 있는 문제를 가져올 수 있었기 때문이다. 그러나 일본과 영국의 방해가 심각한 상황에서 황실 재정의 확대는 선택이 아닌 생존을 위한 고육지책으로, 방해를 피해 근대화를 위한 자금을 확보하고자 하는 목적이었다.

대한제국의 군비 증강을 위해서 내장원은 꼭 필요한 조직이었다. 탁지부나 군부에 주어진 자체 예산으로는 폭증하는 군비를 감당할 수 없었다. 대한제국의 군비 증강에는 매우 많은 자금이 소요되었으며, 1899년을 기점으로 지속적으로 전체 예산 대비 군사비의 지출은 계속해서 높은 수준을 유지했다.

대한제국의 병력 증가 및 장비 도입의 대금은 모두 내장원에서 나왔다고 보아도 과언이 아니었다. 1898년 7월 2일, 10개 대대를 증강하기 위한 경비 역시 탁지부의 여유가 없으니 궁내부에서 몇 년간 유지하도록 결정되었다. 1899년 시위대 제3대대 창설 당시에도 내장원이 탁지부 대신 자금 제공에 나섰다.

이외에도 내장원은 원수부와 시위대, 친위대, 평양진위대 등에 꾸준히 자금을 제공했으며, 이를 통해 정부의 예산이 크게 위축된 상황에서도 군비 조달의 어려움을 어느 정도 보완할 수 있었다. 그러나 이는 임시방편일 뿐이었으며, 본격적인 근대적 세수 체계의 도입이 없는 한, 비상체제가 이어질 위험성을 동시에 내포한 것이기도 했다.

청일전쟁 이후 대한제국의 군수물자 유입로와 델카세 체제 편입

청일전쟁 당시 조선이 기존에 활용했던 군수물자의 유입로는 사실상 모두 차단되었다. 이전에는 주로 청나라의 주요 항구, 상해나 천진 등에서 소총 및 탄약 등 군수물자를 실어 왔지만, 이는 1894년 7월 이후로 사용이 불가능해졌다. 다른 유입로는 일본이 있었다. 1860년대부터 조선과 꾸준히 무기를 거래하던 일본의 고베, 나가사키 등을 통해 여전히 군복과 탄약 등 군수품이 꾸준히 조선에 수입되었다.

청일전쟁 과정에서 가장 먼저 조선에 유입된 군수물자는 군복이었다. 일본군은 조선군을 재조직하면서 1894년 7월 이후로 일본식 편제와 군사훈련을 실시했고, 이 과정에서 일본식 군복과 군모 등을 조선에 판매했다. 1894년 11월 일본식 훈련부대에 지급하기 위한 명치 19년제 군복과 군모를 포함 800여 벌을 구매한 것을 시작으로 1895년까지 2,000여 벌이 나가사키와 고베를 통해 조선으로 물자가 공급되었다. 영국 공사관과 러시아 군사교관단이 조선군의 복식이 일본군과 유사했다고 증언한 것을 볼 때 일본군의 군복을 사용했음을 암시하였다.

무기와 탄약류 역시 일본을 통해서 유입되었다. 경복궁 쿠데타 이후 조선군의 무장이 해제된 상황에서 일본군은 조선군의 재무장을 자국 병기로 메꿀 수가 없었다. 당시 일본군이 청일전쟁에서 사용하던 무라타 18년식 소총은 일본 내 공업 생산력 문제로 자국군 전체를 무장할 정도로 생산되지 못하고 있었다. 약 10만 정 가량을 생산하게 되어 있었으나, 1901년 하치만 제철소 건설 이전까지는 소총 생산에 필요한 철강 공급이 이뤄지지 않아 전량 해외에 의존해야 했기 때문에 생산 시간이 늘어났다.

이에 따라 6만 정 가량 생산된 무라타 13년식 소총도 사용해야 했으며, 후비대에는 스나이더-엔필드 소총을 지급하는 등 당시 조선에 제공할 수 있는 물량이 없었다. 오히려 청군으로부터 노획한 마우저 탄약 100만 발을 자국 내로 운송해서 유사시를 대비하는 등의 조처를 하던 형편이었다. 결국 조선군 재무장은 1896년 이후로 밀렸고, 기존에 사용하던 화기를 운용하도록 하였다.

그러나 조선군 역시 기존에 청으로부터 탄약 및 탄약 제조에 필요한 재료를 주로 수입하였고, 그것을 주로 공급해 주던 천진, 상해 등 주요 항구의 접근이 불가능해지면서 1894년과 1895년에 탄약 공급에 심각한 문제를 겪고 있었다. 조선군이 주력으로 사용하던 레밍턴 롤링블럭 소총 탄약이 부족하여 조선 정부가 일본 정부에 공식적으로 해당 소총의 탄약을 공급해 달라는 요청을 할 지경이었다. 그러나 일본 정부는 레밍턴 롤링블럭 소총 2,000정과 탄약 1,500발만을 공급할 수 있다고 답변했다.

이에 따라 조선군은 1893년부터 도입하기 시작한 3,000여 정의 Gew71 소총을 주축으로 재무장을 시도했다. 조선군이 운용했던 다른 총기류와는 달리 마우저 계열 소총들은 보유한 탄약도 많았고, 일본군이 조선 내에서 노획한 탄약도 있었기 때문에 운용이 비교적 쉬운 편이었다. 일본 정부 역시 2차례에 걸쳐 각각 50만 발, 30만 발의 노획 마우저 탄약을 공여하면서 실질적으로 조선군에 대한 통제력을 높였다. 1894년 제2차 동학농민군을 진압할 당시 수적 주력인 조선군을 효과적으로 통제할 수 있었던 것이 바로 7만 발에 달하던 마우저 탄약 공급의 여부였듯이, 1895년과 1896년에도 같은 방식을 취한 셈이었다.

장기적으로는 자국산 병기로 조선군을 재무장하려는 시도도 있었다. 1896년 2월, 아관파천 직전 일본 정부는 조선의 군부대신 조희연으로부터 무라타 18년식 소총 3,000정과 탄약 60만 발 구매를 타진받았으나, 아관파천이 일어나며 수포가 되었다.

아관파천과 함께 조선의 군수품 공급로는 일본에서 러시아로 바뀌었다. 동시에 서해안 루트를 주로 활용했던 기존의 방법에서 벗어나 블라디보스토크-원산-부산-제물포로 이어지는 공급로를 새롭게 정립했다. 조선군이 러시아식으로 재편되면서 오데사 군관구에서 치장물자로 나온 베르단 소총들이 블라디보스토크를 거쳐 제물포로 공급되었다.

7,000여 정의 베르단 소총과 180만 발의 탄약이 조선군에게 공급되었으며 러시아인들의 도움을 받아 1894년 이래로 가동을 멈춘 기기창에서 탄약 생산도 재개되었다. 전반적으로 조선군은 1897년까지 6,000여 명의 병력을 유지하기 위해 매년 13만 달러의 자금을 지출했고, 베르단과 마우저 소총을 주력으로 운용하고 있었다. 이 당시만 하더라도 조선군은 제공받은 화기로도 무장이 충분하였다. 1895년 4,000명에서 겨우 2,000여 명이 증강된 수준이었기 때문에, 러시아가 공여해 준 베르단 소총만으로도 무리가 없었기 때문이다.

지방의 군대 역시 소수의 지방대 및 진위대와 포군 조직만으로도 경비가 가능하였다. 특히 포군들을 무장시킬 수 있는 각종 구식 병기는 많았다. 1896년에 제작된 무기 재고표의 기록으로만 보아도 10만 정 이상의 전장식 화기가 있었으며, 각종 화포는 1,000여 문이 넘었다.

그러나 칭제건원과 함께 자국 국방력의 중요성을 강조하면서 군비 증강의 필요성이 대두되자 군수품 도입의 다원화가 이루어졌다. 1899년 8,700명으로 증강된 대한제국군은 10개 대대 신설안과 함께 1만 이상으로 증강되기 시작했으며, 의화단 운동과 함께 계속해서 병력과 부대가 증편되고 있었다. 또한 국

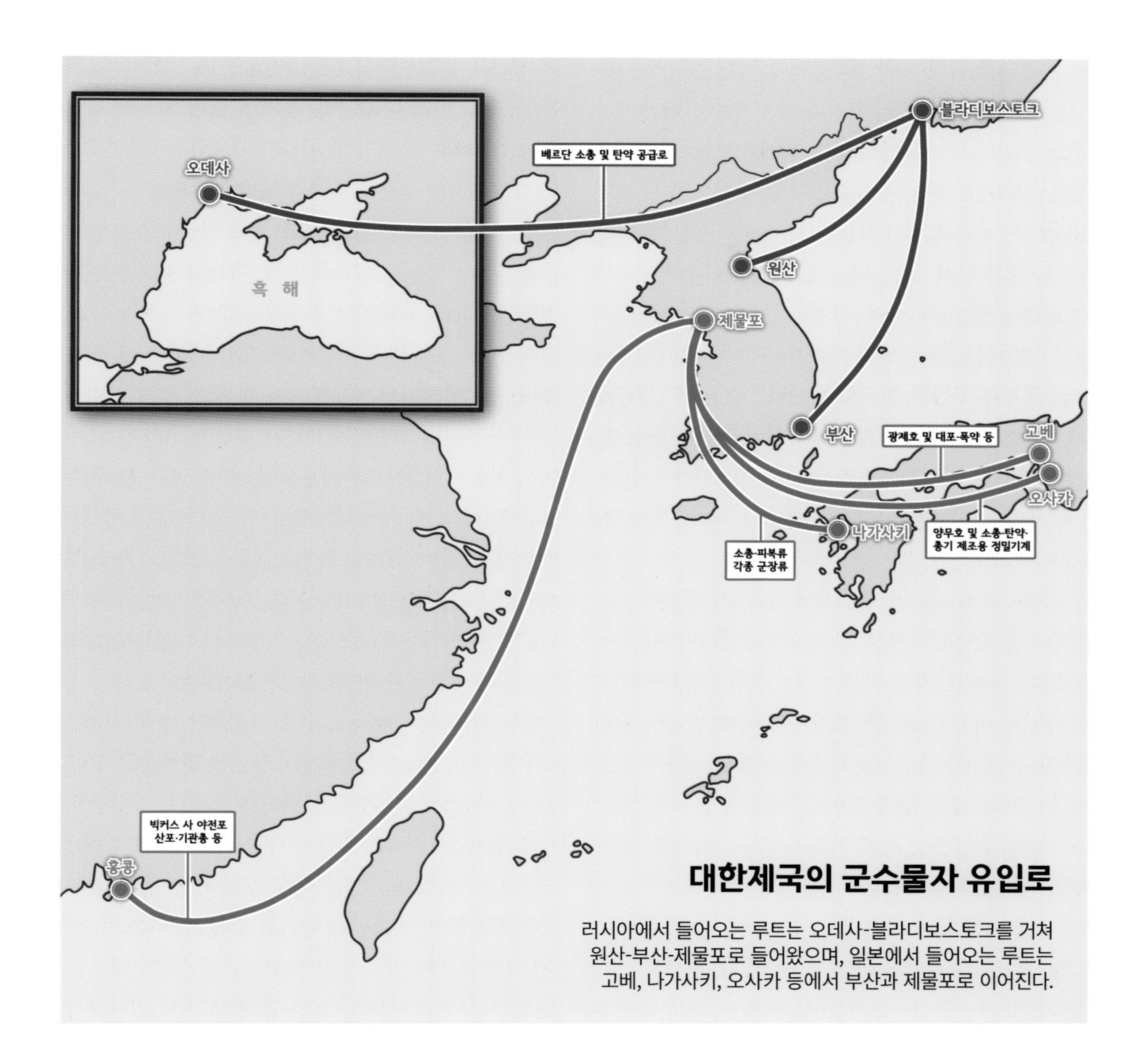

대한제국의 군수물자 유입로

러시아에서 들어오는 루트는 오데사-블라디보스토크를 거쳐 원산-부산-제물포로 들어왔으며, 일본에서 들어오는 루트는 고베, 나가사키, 오사카 등에서 부산과 제물포로 이어진다.

경 일대에서 교전이 벌어지면서 구식 화기로 무장했던 포군 조직의 후장식 소총으로의 전환도 요구되고 있었다.

기존에 남아 있던 장비로는 증편되는 군대를 무장시킬 수 없었고, 이에 따라 해외에서 무기들을 구매하기로 하였다. 원래 1897년 이래로 자체적인 무기 생산을 시도했지만, 이는 성과를 보기 어려웠다. 러시아 기술자들의 도움으로 기기창을 재정비했지만 여전히 자체적인 소총 생산을 할 수가 없었으며, 화기 정비 및 탄약 제작만 가능한 수준이었기 때문이었다. 1898년 일본 육군성에 기술자들을 파견해 총기 제작 기술을 교육받고자 했지만 1899년부터 벌어진 대내외적인 위기는 당장의 군비 증강을 요구했다.

이러한 대한제국의 군제 개혁에 맞춰서 델카세 체제에 의한 유럽 정치 내의 변동도 있었다. 잉어와 토끼의 결혼이라고 불리던 러시아와 프랑스의 동맹은 대한제국에 일종의 활력을 주고 있었다. 총세무사 맥리비 브라운 해임과 관련하여 영국과 일본이 연합하여 러시아 및 대한제국을 압박하는 형세를 띄고 있었고, 이에 대한 압박을 걷어내지 못해 해임건을 철회하고 친러내각이 사실상 붕괴하는 사태를 겪은 직후였기에 델카세 체제는 매우 고무적인 것이었다.

러시아의 남진 정책으로 인해 오스트리아-헝가리 제국과의 사이가 악화하자 독일 역시 러시아에 등을 돌리면서 1887년부터 러시아가 요청한 차관 공여를 중단했고, 재보장조약 역시 갱신을 거부하면서 사이가 급속도로 냉각되었다.

반면 19세기 초반 나폴레옹 전쟁 이래로 크림전

쟁 등을 거치면서 독일과 대립하고 있던 프랑스는 독일과 그들이 구상하는 비스마르크 체제를 타개하기 위해 러시아에 접촉했다. 러시아는 1888년 12월, 프랑스로부터 차관 공여를 보장받았으며, 경제 발전과 시베리아 개척에 대한 욕망은 다시금 이어질 수 있었다. 이에 따라 러시아는 총 170억 프랑에 달하는 차관을 프랑스로부터 받을 수 있었다.

1899년은 그러한 양국의 동맹이 갱신된 델카세 체제의 연장선에 있던 시간이었다. 프랑스는 차관을 제공함으로써 유럽 및 중앙아시아 방면에 철도를 부설하여 유사시 러시아군이 빠르게 기동하여 독일과 영국을 견제하고 양면에서 압박하는 전략을 구상했지만, 러시아의 입장은 달랐다.

러시아 제국은 유럽과 중앙아시아 방면의 철도 부설에는 소극적이었다. 오히려 시베리아 개척에 열의를 보이며 프랑스가 제공한 차관을 이에 전용했다. 프랑스는 이에 대해 불만을 보였지만 독일과 영국을 견제하기 위한 러시아와의 동맹은 존재 자체만으로도 큰 의미가 있었기에 존중하는 입장을 유지했다.

한편 대한제국 역시 이러한 델카세 체제에 대해 인지하고 있었다. 러시아가 1898년 로젠-니시 협정을 통해 기존 베베르-고무라 각서에 비하여 대한제국 내에서의 영향력을 크게 후퇴시켰고, 김홍륙의 독다 사건을 계기로 인아거일(引俄拒日), 즉 러시아를 끌어들여 일본을 견제하는 대외정책을 전반적으로 수정해야 할 필요성을 느꼈다. 이에 따라 델카세 체제에 의하여 맺어진 러시아-프랑스 동맹 자체에 주목하였다.

러시아와 미국을 대신할 세력으로써 프랑스와의 연대는 대한제국에 있어 정치, 경제, 군사적으로도 이득을 볼 수 있는 선택지였다. 이에 따라 1899년 이범진을 러시아-프랑스-오스트리아-헝가리 제국의 전권 공사로 임명하여 프랑스와의 관계를 돈독히 하도록 하였다. 1899년 3월 31일에는 북경 주재 프랑스 공사관 무관인 포병장교 비달 소령이 내한하였다.

이에 발맞춰 대한제국은 1899년 4월, 프랑스로부터 그라 소총 1만 정을 8만 원에 도입하는 계약을 체결했다. 10개 대대를 증강하겠다는 조칙과 함께 이루어진 사업이었다. 이는 동년 군부 예산으로 배정된 1,447,351원 중 5%에 달하는, 매우 큰 규모로 이루어진 것이었다. 대한제국과 프랑스의 대규모 소총 도입 계약은 다른 국가들에도 큰 영향을 주었다. 자칫하다가 대한제국 내의 주도권을 프랑스에 넘겨줄 수도 있다는 위기감에 휩싸였기 때문이다.

그러나 대한제국과 프랑스의 밀월 관계는 이것으로 끝나지 않았다. 1년 뒤인 1900년 7월, 동종 소총 1만 정과 탄약 3만 발을 추가로 구매하는 계약을 다시 체결하였다. 이는 프랑스 포병장교인 페이외르 대위와 루이스 중위를 군기조사위원 자격으로 기기창에서 고용하여 군수물자를 자체적으로 생산하고자

그라 소총과 30년식 소총

프랑스의 제식 소총이었던 그라 소총은 1889년 프랑스로부터 500정을 받은 적이 있었다. 대한제국은 1899년 군비 증강 차원에서 새로 1만 정을 도입하려 했지만, 제반 여건의 문제로 일본으로부터 30년식 소총을 도입하는 것으로 방향을 전환했다.

아리사카 30년식 소총은 1897년에 제식 채용되었다. 대한제국은 그라 소총 대신 30년식 소총을 도입하였는데, 이는 일본의 로비 탓도 있지만, 그라 소총은 단발에 흑색화약을 사용했지만 30년식은 5연발에 무연화약을 사용하는 등 30년식 소총이 그라 소총에 비해 여러 면에서 뛰어났다. 제식 도입 연도부터 20년 이상 차이가 난다.

대한제국군에 채용된 권총들

대한제국의 권총 구매 경로는 어느 부대는 독일에서, 또 어느 부대는 프랑스나 일본에서 들여오는 등 제각각이었다. 권총의 특성상 기병이나 장교들이 구매했기에 일부는 사비로 구매하는 경우도 있었을 것으로 보인다.
그림 제일 위로부터 일본의 26식 권총, 미국 또는 러시아의 S&W M3, 프랑스의 르벨 리볼버, 독일의 마우저 C96, 역시 독일의 M1879 권총이다.

하는 프로젝트를 진행했기 때문이었다. 이 당시 프랑스는 군비 확장을 준비하는 대한제국 정부에 2가지의 제안을 내놓았다. 첫 번째는 15만 원을 들여 무기 수리만을 담당할 소규모 확장 사업, 두 번째는 60만 원을 들여 군수품을 자체적으로 생산할 수 있는 대규모 확장 사업이었다.

1896년부터 재가동되기 시작한 기기창을 확장하고자 했던 대한제국 정부와 담당자였던 이용익은 삼청동의 기기창과 인원들을 용산으로 이전할 계획을 세우고, 50여 명의 프랑스인 기술자들을 고용할 구체적인 계획을 준비하고 있었다. 그러나 이러한 프랑스와의 연대는 대한제국의 일방적인 구애로 끝났다. 델카세 체제는 어디까지나 독일에 대한 견제 정책이 주였기 때문이었다.

결국 1900년 12월, 앞서 5개월 전 구매하기로 했던 그라 소총 1만 정 도입 계약을 취소하고 대신 일본으로부터 같은 수량의 30년식 아리사카 소총과 100만 발의 탄약을 구매하는 방향으로 선회하였다. 이는 일본의 대한 정책이 변화한 것과 연관이 있었다. 이전까지 일본이 대한제국의 군비증강에 대해 우려를 표시하던 것과는 달리, 당시 주한일본공사관 무관 노즈 소좌는 오히려 이를 지지해야 한다고 주장했다. 대한제국이 군비를 증강할 때 일본에서 군수품을 조달한다면 궁극적으로 보급로를 쥐고서 대한제국군과 더 나아가 정부까지 통제할 수 있는 것으로 보았기 때문이다. 또한 프랑스 등 타국의 영향력을 배제할 수도 있는 효과를 누릴 수 있었으며, 이에 따라 일본 정부와 참모본부는 판매를 승인하였다. 이러한 상황에서 러시아와 친러파는 일본의 대한제국에 대한 군수품 공급의 독점을 견제하기 위해 30년식 소총에 대한 괴소문을 퍼뜨리는 것으로 응수했다.

괴소문은 30년식 소총 탄약에 문제가 있어 폭발하기 쉽다는 내용이었으며, 소문 때문에 구매한 소총을 사용하지 않고 안전상의 문제를 이유로 들어 수 개월간 무기고에 보관하는 사태가 벌어지기도 했다. 러시아제 베르단 소총의 추가 구매는 여러 가지 이유로 대한제국에서 거부했는데, 가장 큰 이유는 니시-로젠 협정 이후 인아거일 정책을 폐기한 대한제국 정부가 러시아의 영향력 확대를 우려한 탓도 컸다. 이외에도 흑색화약을 사용하는 구세대 병기라는 판단, 그리고 추운 북부지방 이외에서는 잔고장이 발생한다는 등의 이유가 있었다. 베르단 소총 자체의 스프링 문제도 있었고, 러시아 특유의 낮은 공업력 탓에 총기에 녹이 잘 발생한다는 문제 역시 보고되었다.

이러한 이유로 러시아제 소총 도입이 무산되자 일본제 소총 도입을 견제하기 위한 암투가 치열하게 벌어지기도 했다. 한편 독일제 총기들도 대거 도입되었다. 1899년부터 1900년까지 리볼버 권총 500정과 소총 300정, 군도 100자루, 권총탄 5만 발과 소총탄 50만 발이 수입되었다. 이는 신설된 포병대와 기병대에 지급할 장비들이었으며, 1899년 이후로는 주로 개인화기가 대한제국군으로 유입되었음을 알 수 있다.

1900년에 들어서서 대한제국군은 다양한 루트로 군수품을 받았으며 프랑스, 일본, 독일, 러시아제 화기가 뒤섞여 있었다. 이는 친군영 체제의 조선군보다도 군수품 규격의 통일성이 떨어진다는 비판을 받을 수 있으나, 대외적인 상황에서 인아거일 정책이 폐기되고 일본과 러시아 양국을 모두 신뢰할 수 없는 상황에서 특정 국가의 장비만으로 무장하는 것은 위험성이 컸다. 이 때문에 대한제국은 최소 4개국으로부터 군수품을 구매하여 자국군을 무장하고자 했으며, 이를 통해 탄약 및 부속품 공급권으로 조선을 통제하려는 일본의 시도에 대응할 수 있었던 것이다.

결국 델카세 체제로의 편입과 인아거일 정책의 폐기는 대한제국의 군수품 공급에도 큰 영향을 미친 것이다.

대한제국 군인들의 급료 지급과 병영식단

군대의 급료는 동서고금을 막론하고 중요하지만, 대한제국 군대에 있어서는 더더욱 중시되는 부분이었다. 특히 임오군란과 갑신정변, 을미사변 등에서 무력을 쥔 군대가 자신들의 총구를 어디로 돌리느냐에 따라 왕실의 안위가 결정되었다는 점은 군대에 대한 처우 개선 및 급료 문제에 많은 예산을 할애하도록 하였다.

특히 해체된 지방군과 포군 다수가 을미의병에 가담하는 등의 문제가 발생하면서 군대의 처우 보장은 정권의 유지와도 직결되었는데, 이에 따라 1896년 아관파천 이후 지방대와 진위대가 등장하면서 대다수의 군비가 군대의 유지비로 소모되었다.

1896년 기준으로 9개 지방대를 유지하는 비용은 총 114만 65원 20전으로 책정되었고, 이 중 당시 2,300명의 지방대 병사들에게 지급되는 급료는 무려 102만 557원 40전으로 전체 예산의 90%에 해당하는 금액이었다.

통상적으로 사병들의 경우 1석의 쌀을 급료로 받았는데 지방에까지 지급할 현금이 부족하여 초기에는 각 지역 내에서 현물 화폐의 역할을 했던 쌀을 지급하도록 한 것으로 보여진다. 참교부터는 화폐로 월급을 받았는데, 참교는 5원을 지급받았고, 부교가 7원, 정교가 9원을 받았다.

장교 계급은 참위부터는 28원, 부위가 34원, 정위가 46원, 참령이 77원을 지급받았다. 장교 계급으로 갈수록 급료가 높아지는 것은 참위가 종 6품, 참령이 정3품에 해당하는 지방관직을 겸하는 경우가 많았기 때문이었다. 병사들이 급료로 받은 쌀 1석의 가치가 어느 정도였는지는 지역마다 쌀 가격이 달랐기 때문에, 딱 잘라 말하기 어렵다. 1896년 평양 지역의 쌀 1석 가격이 6원 20전에서 9원 30전을 호가했으므로 지역이나 시기에 따라서는 부사관보다 많았을 가능성도 있었다.

이후 1897년과 1899년에 급료 변화가 있었으나 큰 차이는 없었다. 1899년은 1896년과 1897년에 비해 사병들의 월급이 쌀 1석에서 현금인 3원으로 수정되고, 전반적으로 소폭 상승한 급료를 받는 정도였다. 이후 진위대 역시 이들과 같은 급료를 지급받았다.

한편 한성의 시위대나 친위대는 1895년 5월에 제정된 칙령 제108호 신설대 장졸의 급료에 관한 건에 의거하여 급료를 지불받고 있었다. 병사는 5원 50전, 참교는 8원, 부교는 9원, 정교는 10원의 급료를 매달 지불받았다. 기병의 경우 병사가 1원이 더 많은 6원 50전을 지급받았고 나머지는 같은 액수의 급료를 지급받았다.

그러나 1899년, 진위대의 지방대 일원화와 더불어 친위대와 시위대의 편성을 정비하면서 급료 역시 정비되었다. 친위대와 시위대는 병사가 3원, 참교가 6원 50전, 부교가 7원 50전, 정교가 9원의 급료를 매월 받았는데 이는 전과 비교했을 때 전반적으로 많은 액수가 깎인 것이었다.

참위와 부위, 정위는 각각 28원 5전, 34원, 46원 75전을 지급받았고 참령은 77원 35전으로 중앙군과 지방군의 장교 계급은 동일한 액수를 지급받도록 되어 있었다. 이는 1895년 조선군의 규모가 1899년에 들어서 계속 확대되어 가고 있었기 때문에 사병과 부

대한제국군 각 지역별 식단
각 지역별 특산물과 각 부대 향관의 수완에 따라 병영식단이 많이 달라지는 형태

남부 진위대
쌀밥과 나물 반찬, 죽순과 함께 삶은 고기류(개고기/말고기)

개항지 인근(제물포/한성 등)
쌀밥, 육류반찬(개고기/말고기), 과자와 빵 등

북부 진위대
잡곡밥과 고사리와 함께 삶은 고기류

사관 계층의 급료가 깎이게 되었던 것으로 추정된다.

1900년 기준으로 신설된 호위대는 황실을 직접 호위한다는 특별성이 있었지만 병사의 급료는 3원 50전으로 소폭 상승하는 정도였다. 군인들의 급료는 체불 없이 지급된 것으로 보인다. 이는 위에서도 언급했듯이 임오군란 등의 경험 때문이었다.

이후 창설된 헌병대는 상등병이 6원 50전, 참교가 9월 50전, 부교가 11원 50전, 정교가 40원을 받았다. 소대장과 중대장인 참위와 부위는 다른 장교들과 같은 월급을 받았던 것으로 추정된다.

통상적으로 대한제국군 병사들이 지급받은 3원으로는 도정된 백미 반 석, 잡곡 1석을 매달 구매할 수 있었다. 당시 설렁탕 1그릇이 25전, 막걸리 1잔이 16전 가량이었음을 감안할 때 한 가족을 부양할 수 있는 수준이었다.

한편 이러한 군대의 급료뿐 아니라 지급되는 식사와 부식 공급도 흥미로운 이야깃거리이다. 대한제국 군대의 식사 및 부식 공급은 각 부대에서 근무하는 향관, 즉 한국군으로 치환하자면 행정보급관의 역량에 따라서 갈리게 되었다. 현대의 한국군과는 달리, 대한제국군은 중앙에서 일괄적으로 1년 예산을 지급하는 것이 아니라 각 지역의 부대가 각자 세금을 거둬서 부대 운영비로 충당하는 형식이었기 때문에 장소와 시기에 따라서 식사와 부식 제공이 상이했다.

개항지의 경우 싼값으로 해외에서 물자가 들어왔기 때문에 각종 부식들을 접할 기회가 많았다. 해외 물자들을 관리하는 상인들로부터 서양식 과자나 빵을 구매하거나 통조림류를 구매해서 충당하는 예도 있었다. 자금이 부족할 경우 부대 내의 잉여 물자들을 부식과 교환하기도 하였다.

북부의 경우 쌀 생산과 소금 공급이 쉽지 않아 잡곡과 발효식품이 식단의 대부분을 차지했다. 된장과 간장 등으로 간을 맞춘 담백한 식단이 주로 구성되었으며, 삶은 소고기나 개고기 등을 위주로 식사하곤 했다.

물자가 풍부한 남부 지역 부대들은 채소와 각 지역에 설치된 포사를 통해 고기를 공급받아 식단을 구성하였으며 이외에도 지역 특색에 맞춰서 반찬이 구성되는 형식이었다. 특히 육류를 제공하는 포사의 경우 각 부대에 공급을 원활하게 하기 위하여 신설되는 부대 근처에 설치되도록 하였다. 이를 통하여 군대에 대한 처우 개선을 시도하고자 하였다.

이렇듯 군인들에 대한 급료 지불과 처우 개선이 조선과 대한제국에 있어서 매우 중요한 문제였으며, 다양한 방식의 개선이 시도되었음은 상당히 흥미로운 부분이다.

服飾

윤웅렬 군복

조선의 촉망받는 무관이었던 윤웅렬은 갑신정변의 실패로 유배되었다 복직 후 승승장구해 군부대신을 여러 번 역임했다. 그림의 군복은 대장 계급(두꺼운 세 줄의 금선과 세 개의 태극)의 상의(근무복) 군복이며, 형태상 일본군의 제복과 큰 차이는 없다. 모자는 연세대학교 박물관이 소장중인 유물을 모사했으며, 1895년 규정상의 군모와는 다른 디자인이 특징이다.

1897년 참위 예복

대한제국 선포 후 도입된 케피식 모자를 쓴 대한제국 참위의 예복 모습이다. 대한제국은 소매의 선 수로 계급을 표기했고(그림의 장교는 1줄, 즉 소위에 해당하는 참위 계급이다), 장교는 늑골복 형식의 군복을 입었다. 견장에는 술이 없는데, 영관급부터는 견장에 술이 달렸다.

1895년~1897년 병사 및 장교 군복

1895년의 육군복장규칙은 프로이센-정확히는 프로이센의 영향을 받은 일본의 양식을 추종했다. 다만 정복(正幅)이라 불린 군모는 이채롭게도 피스헬멧(Pith helmet)식인데, 이는 일본으로부터 무상으로 넘겨받은 것이다. 이 군모는 1897년부터는 케피식 군모로 변경되지만, 군대 해산 이후 근위기병대가 비슷한 모자를 제식으로 채용하기도 한다. 1896년경의 장교 군복은 늑골복식 군복으로 넘어가는 과도기 형태의 군복을 보여준다.

1895 육군복장규칙에 따른 육군 부위 군복 상의

金弘集

대한제국의 군비증강

청과의 국경충돌

1898~1904

간도 관리사 이범윤(李範允)

1898~1904

대한제국의 군비증강

청과의 국경충돌

한만국경과 북방 문제의 시작

대한제국의 북방 경계 방위는 1894년 청일전쟁 시기까지 거슬러 올라가야 한다. 1894년 평양에서 청군이 대패하고 만주 방면까지 위험에 처하자 혼춘부도통은 길림성의 방위를 책임진 길림 장군의 승인을 받아 훈춘 지역 전체에 민병 조직인 단련을 조직하기 시작했다.

이들은 전황이 불리해지면서 청의 지방 정규군을 보조하기 위해 장교들을 파견받아 조직했고, 종전 이후로도 계속 유지되었다. 한-만 국경 일대의 낮은 인구밀도 때문이었다. 이들은 향단으로 재조직되었으며, 청국인으로 구성된 부대와 만주에 거주한 조선인들로 구성된 부대가 따로 편성되어 있었다.

그러나 이들은 전쟁 이후 청의 재정 곤란으로 인하여 군비 감축의 시련을 피할 수 없었다. 이미 산동성의 경우 1898년 4월 이전에 녹영과 향용 등 지방군의 30%가 감축되었고, 다른 지역 역시 비슷한 수순을 밟아 가고 있었다. 만주 역시 마찬가지였다. 한순간 실업자가 된 병사들에게 주어진 선택지는 많지 않았다. 해산되었으나 여전히 조직을 유지한 이들은 지방 통제력이 약화한 지역에서 자치 조직으로 자리를 잡으며 실질적인 현지의 지배자가 되거나 혹은 약탈을 일삼는 마적 등으로 변모하였다.

1898년, 청비라고 통칭한 일련의 무장 조직 역시 이들의 범주에서 벗어나지 않았다. 이 청비들이 대한제국 측 국경을 넘어 침입해 오면서 점차 국경 일대에서의 긴장감이 조성되었다. 국경의 주민들은 중앙정부에 요청하여 예산과 무기를 지원받아 자체적으로 민병 조직을 만들어 자체 방어에 돌입했다. 그러나 시간이 지나 청비의 침입이 더 늘어나자 평안북도와 함경남도의 관찰사들은 국경 방어를 위한 포군 조직의 설치를 요청하였다.

그러나 이때까지만 하더라도 청비라는 존재는 국경 일대를 혼란스럽게 만드는 도적일 뿐, 본격적으로 대한제국의 안위를 위협할 만한 세력으로 보지 않았기 때문에 지방 정규군 창설 대신 포군 조직을 승인함으로써 방어선을 구성하고 있었다. 하지만 현지의 실상은 달랐다.

당초 조선과 청은 청일전쟁 이전까지 압록강 이북의 지역을 공동으로 경계하면서 유민의 접근을 통제하고, 이미 넘어온 주민들을 쇄환하는 등의 행정관리를 하고 있었다. 하지만 전쟁으로 청의 지방 행정 체계가 붕괴하면서 압록강 이북 지역은 통제력이 사라진 진공 상태가 되었다.

연변의 청 지방정부는 해당 지역에 대한 통제력을 되찾기 위해 호적 조사, 세금 수취, 순찰 등을 수행했고, 반면 대한제국 역시 압록강 연안 일대를 24개 면으로 나누어 보호권을 행사하기 시작했다. 대한제국과 청의 행정권 행사는 곧 알력 다툼의 모습으로 드러났다.

만주 조선인 단련

청일전쟁 시기 청국은 만주에서 민병이자 청의 실질적 지방군인 단련(團練)을 조직한다. 이들 중에는 월경해 살던 조선인들도 있었으며, 청은 청국 출신 단련 조직과 조선인 출신 단련을 별도로 편성해 운용했다. 이후 대한제국이 간도 지방으로 진출하자 단련병 출신 조선인들은 대거 대한제국 포군에 지원한다.

압록강 방면 포군

청과의 국경 분쟁에서 대한제국 군사력의 숫적 주력을 차지한 포군은수천 명에 달했고, 이들은 평안-함경도 지역의 포수들과 더불어 해산한 을미의병, 청 단련 출신 조선인들로 이뤄졌다. 이들의 복장은 통일되지 않았고 소유한 무장도 다양했지만, 대한제국 정부는 마우저 소총까지 보급하며 포군을 지원해 간도 공략에 나섰다.

특히 압록강을 건너 거주하는 한인들은 이중의 고역을 안고 있었다. 청 지방정부와 자치 조직들이 주민들을 보호한다는 이유로 세금을 수취하고 있었으며, 이러한 이중적인 수취로 인해 대한제국 정부에 관할 고을을 지정하거나 대안지역의 군을 따로 신설해 달라는 요청을 하게 되었다.

이는 대한제국 정부가 내부 소속의 관리 및 순검 등 중앙 및 지방관리의 파견을 통해 직접 관할권을 행사하는 모습으로 나타났다. 청 지방관리 및 자치 조직들은 이에 대해 반발하였으며, 양측은 행정권 및 지역을 누가 통제하느냐를 두고 무력 충돌까지 벌였다.

대한제국 정부가 파악한 압록강 이북의 거주 한인은 약 8,000호 30,000명의 인구에 달했으며, 대한제국 외부와 내부는 자국민 보호를 목적으로 계속해서 영토 관할권을 행사하고자 하였다. 이렇듯 대한제국 중앙/지방정부와 청 지방/자치 조직 사이에 충돌이 벌어지면서 이른바 '청비' 와의 충돌은 1899년부터 불가피하게 이루어졌다.

대한제국 정부가 기록한 비적들은 대개 청 지방

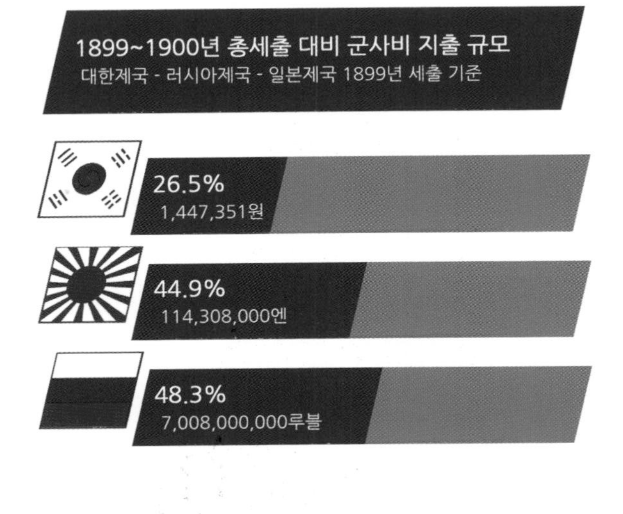

군 조직인 단련들을 지칭하는 것에 가까웠다. 청의 단련들은 마적떼를 소탕한다는 이유를 들어 주로 삼수, 갑산, 후창, 장진, 창성 등을 습격하여 재물을 약탈하고 인명을 살상하였다. 실제 마적들의 습격도 있었다. 홍의적이라 불리는 이들이 월경하여 삼수-갑산 방면의 지방대와 교전하여 1명을 사살하고 11명을 붙잡아 갔으며, 방화와 약탈을 하는 사건이 벌어지기도 했다.

삼림벌채권을 두고 양측 정부의 신경전도 날카로웠다. 압록강 중상류 지역에서는 청국인들이 광산채굴 및 삼림벌채를 하면서 대한제국 지방정부 및 지역민과 크게 충돌했다. 보통 삼림벌채는 대한제국 정부에 세금을 납부하고 허락을 받아 이루어져야 했지만, 청의 벌목꾼들이 이를 어기고 수백 명씩 무리를 모아 멋대로 벌목작업을 하고 약탈을 일삼는 일이 빈번하게 벌어졌기 때문이었다.

국경 일대에서 무력을 수반한 충돌이 계속해서 벌어지자, 대한제국 원수부 군무국은 삼수와 갑산 방면에 각각 포군 100명을 소집하였으며 동시에 북청지방대에서 차출한 병력 100명 등을 배치하였다. 또한 대한제국 외부가 청에 공식적으로 항의하여 길림 장군과 혼춘부도통에게 약탈 행위를 조사하도록 하였다. 그러나 두 방법 모두 불만을 초래하고 있었다.

삼수와 갑산 방면에 300여 명의 병력을 주둔시킨 것은 지역민들에게 큰 경제적 부담을 안겼다. 게다가 청 정부를 통한 외교적 항의 역시 별다른 효과를 얻지 못했다. 길림 장군과 혼춘부도통의 통제권이 압록강 일대에까지 미치지 못했기 때문이다. 오히려 양측의 불만만이 쌓여 가고 있을 뿐이었다.

의화단 운동의 여파와 진위대-지방대의 일원화

국경 일대에서 긴장감이 고조되고 있을 무렵, 1898년 말부터 시작된 의화단 운동은 1900년 6월 천진과 북경 일대까지 확대되면서 대한제국 정부에도 큰 영향을 주었다. 특히 만주에서 건설 중이던 동청철도 남만주지선 일대 역시 의화단의 공격을 받으면서 러시아의 군사적 개입이 시작되었고, 이는 자연스럽게 대한제국 북방 일대의 방위선을 재조정해야 할 수도 있는 여지를 남겼다.

서양 각국은 청 정부에 의화단에 대한 통제를 요구했으나, 이것이 제대로 이루어지지 않았다. 이에 따라 1900년 3월, 북경에 위치한 서양 각국 공사관들은 안전보장을 위하여 군대를 요청했으며 4월에는 2개월간 청 정부가 의화단을 제압하지 않는다면, 영국, 미국, 독일, 프랑스 4개국이 육·해군을 파견해 대신 평정하겠다고 위협했다. 이처럼 사실상 전시상태에 접어들자 대한제국의 군비 증강은 필연적으로 갖춰져야만 했다. 1900년 6월에 들어서자 상황은 더욱 긴박하게 전개되었다. 북경 내의 교회와 외국인 조계지, 심지어 외국인 선교사까지 공격당하면서 사태는 걷잡을 수 없이 퍼져 나갔다.

의화단은 공공연하게 서양인과 기독교에 대한 증오를 드러냈으며, 삽시간에 청의 중심부까지 번지게 되었다. 북경의 외교공관은 천진 등 주요 항구에 주둔 중이던 각국 함대와 연결이 단절되었으며, 사태가 심각해지자 6월 10일 천진 주재 영국 해군 중장 에드워드 시모어가 그들을 구출하기 위해 2,100여 명의 병력을 지휘하였다.

하지만 북경으로 가던 도중 의화단 및 그들에 협조하는 청군과 조우하였고, 곧바로 격전을 벌였으나 수적 열세를 이기지 못하고 돌파에 실패했다. 당

1898년과 1900년 포병 편성 비교
시위 제 1연대 포병중대 / 포병대대

1898년 시위 제 1연대 포병중대
4개 소대 / 8문 / 205인

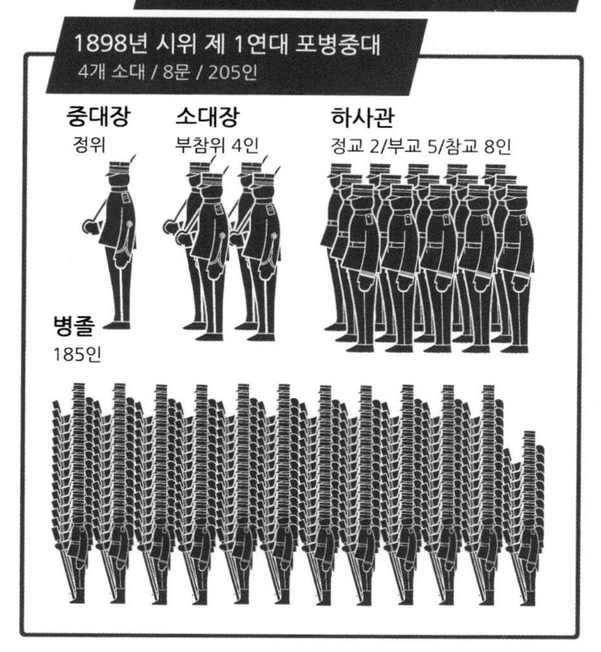

1900년 시위 제 1연대 포병대대
대대본부+1개 야포중대+2개 산포중대 / 18문 / 326인

1898년 포병화기 구성
회선포 4문 / 크루프 4문 추정

1902년 포병화기 구성
산포 8문 / 야포 4문

시 섭사성이 지휘하는 무의군의 공세에 3일간 전투를 치른 연합군은 철수를 선택할 수밖에 없었다. 대신 연합군은 함대와 지상군을 투입해 대고 포대를 점령하였다.

6월 21일에는 연합국이 선전포고를 하면서 청과 서양 열강 사이의 전면전은 더 이상 피할 수 없는 상황이 되었다. 이날 선전포고 이후 서태후는 각 성의 장관에게 민병대를 소집하고 부대를 조직하라는 명령을 내렸다. 이외에도 의화단에 군량미를 제공하거나 무기들을 수리해 지급하는 등의 조치를 실시했다.

이렇듯 청 조정이 서양 국가들에 적대감을 드러내기 시작하자 청군 역시 북경 내의 외국인 조계지 및 외교공관을 포위한 뒤 24시간 이내로 천진으로 퇴거하라는 일방적인 지시를 내렸다. 이에 이미 의화단이 장악한 지역으로 이동하라는 것에 항의하기 위해 청 외무아문으로 향하던 독일 공사 클레멘스 폰 케텔러가 살해당했고, 일본 공사관의 스기야마 아키라 서기 역시 총격을 받아 피살당하는 사건까지 벌어졌다.

이렇게 의화단 운동이 통제가 불가능할 정도로 번진 것은 여러 가지 이유가 있지만, 직례성 일대에서 벌어진 수해 등 자연재해로 인하여 사람들이 심각한 기아에 시달렸기 때문이었다. 직례성 전체에서만 1894년부터 1900년까지 약 6년간 111개 주현의 14,229개의 촌락이 심각한 피해를 보았고, 산동 역시 매년 홍수와 우박, 병충해 등으로 농업 생산량이 크게 줄어들면서 유랑하는 인구의 숫자가 늘어났다.

의화단과 청군

의화단 운동은 대한제국 조정에도 군사적 경각심을 가져왔다. 우선 대한제국 영내로 진입해 들어오는 청나라 출신 도적-이른바 청비-에 의화단 잔당이 섞여들기 시작했고, 의화단 운동 진압을 위해 8개 열강이 군사를 파견하며 대한제국은 러시아의 영향권 확대를 경계했다. 이 와중에 대한제국은 열강 연합군에 식량을 판매하고 노무자를 제공하며 전쟁 특수를 노리기도 했다.
그림 왼쪽은 동복상이 지휘하는 감숙성 출신 청군으로 허리에 탄띠를 차고 소총으로 무장했다. 동복상의 병사들은 의화단과 합세하여 베이징에서 외국인을 공격했다.
의화단은 권법가들로부터 비롯된 만큼 의화단원의 주무기는 검과 창 등의 냉병기였으며, 오른쪽 그림의 의화단원은 서양의 기록사진을 토대로 했다.

지방군 해체 탓에 해산당한 군인들 역시 제대로 된 일자리를 구할 수 없었으며 이들은 자연스럽게 의화단에 투신할 수밖에 없었다.

또한 서양에서 제조한 면제품이 대거 유입되면서 농민과 수공업자 등이 경제적으로 타격을 입은 탓도 있었으며, 철도부설로 인한 교통업 종사자들 역시 실업난에 시달렸다. 이러한 문제가 발생하는 것은 결국 서양 국가들과 그들이 믿는 종교인 기독교 때문으로 돌리게 되는 상황으로 이어졌다.

이러한 상황에 맞춰서 청 조정 내에서도 강경론자들이 득세했다. 단친왕을 중심으로 한 청 조정 강경파는 의화단과 함께 외국 공사관을 공격하기 시작했으며 광서제 등 온건파는 입지를 잃어버렸다. 시모어 중장의 구원이 실패하면서 북경의 공사관 구역은 남은 2개월 동안 처절한 전투를 펼쳐야만 했다.

공사관 구역에는 지난 6월 초, 러시아와 영국, 프랑스가 증원한 225명의 병력과 미 해병대 50명, 이탈리아군 40명과 일본군 25명 등을 포함해 450명의 무장병력이 존재했다. 여기에 오스트리아-헝가리 제국의 방호순양함 SMS 젠타에서 차출한 30명의 수병이 스코다 MG M1893 기관총으로 무장하여 합류해 있었다. 영국군도 노던펠트 속사포를 운용했으며 미 해병대는 M1895 콜트-브라우닝 기관총으로, 이탈리아군은 1파운드 속사포 등으로 무장해 화력을 강화하였다. 러시아군은 9파운드 야포 탄약을 다량 소지했지만, 시모어 중장의 연합군이 격퇴당하면서 야포는 천진에 발이 묶여 버렸다. 한편 공사관 구역에는 민간인 475명, 학살을 피해 피신한 중국인 기독교도 및 민간인 2,300명이 있었다.

반면 북경 내의 의화단만 하더라도 최소 3만이었으며, 청군의 숫자를 합치면 최대 10만에 달하는 병력 규모를 자랑했다. 이는 공사관 구역의 경비대와 민간인의 몇 배가 되는 대군을 구성하고 있었다. 당장 시모어 중장의 진격을 저지했던 섭사성의 무의군만 하더라도 16,200명에 달했다.

그러나 의화단과 청군은 2개월간의 공방전을 벌이면서 연합군의 공사관 구역 방어선을 돌파하지 못했다. 공사관 구역의 연합군은 가용한 화력을 모두 쏟아부으면서 저항했고, 이후 1860년대에 제작된 청동 대포를 찾아내어 러시아군이 소지했던 9파운드 포탄과 급조 포도탄으로 필사적으로 방어전에 임하고 있었다.

한편 북경-천진 일대에 배치된 5만 명 규모의 청군은 분열되어 있었다. 중앙정부의 선전포고령에도 불구하고 이홍장과 원세개, 유곤일, 장지동 등은 자기 구역에서 웅거한 채 오히려 의화단에 적대적인 모습을 취했고, 서양 열강과 따로 협상을 벌여 협조하기에 이르렀다.

또한 북경과 천진에 배치된 청군 역시 동복상의 감군, 섭사성의 무의군, 원세개의 신군, 송경의 예군, 영록의 무위군 등으로 나뉘어져 미묘한 신경전을 벌이고 있었다. 동복상의 감군은 의화단에 적극 협조하여 공사관 공격에 적극적이었으나 형편없는 장비 때문에 전투력이 뒤떨어졌다. 원세개의 신군은 의화단과의 협조를 거부하고 연합군과 교섭을 통해 저항하지 않기로 한 상태였다. 영록의 무위군은 서태후의 압박에 의해 어쩔 수 없이 공격에 나서기는 했으나 제대로 전투를 치르지 않은 채 관망만을 할 뿐이었다. 섭사성의 무의군과 송경의 예군은 8개국 연합군과의 교전에는 매우 적극적이었지만 의화단에도 적대적인 입장이었기 때문에 제대로 된 지휘체계나 전투 계획이 세워지지 않고 있었다.

천진 함락 당시부터 청군은 완전히 붕괴하였다. 천진 방어전에 임한 부대는 섭사성의 무의군, 그리고 지역 내에서 봉기한 의화단이었다. 그러나 의화단은 무의군을 지휘하는 섭사성과 좋은 사이가 아니었다. 철도 파괴에 나서는 의화단을 가장 먼저 제지한 것이 섭사성의 무의군이었기 때문이었으며 천진 방어전에서도 양측의 대립은 멈추지 않았다.

결국 천진 전투는 청군의 대패로 끝이 났으며, 이 전투에서 섭사성이 전사하면서 그나마 제대로 된 전투력을 갖췄던 무의군의 지휘체계가 붕괴하였다. 7월 14일 천진이 함락된 직후 직례총독 유록도 부상당한 후 사망했으며, 통주에서도 산동순무 이병형이 병력을 소집해서 연합군의 진격을 저지하고자 했으나 끝내 패배하여 자결했다.

16,000명의 8개국 연합군은 청군과 의화단을 궤멸시키며 천진 함락 이후 10일 만에 매우 빠른 속도로 북경에 입성했다. 6월 21일 선전포고령을 내린 이후 2개월도 지나지 않은 시점이었다. 청 황실과 조정은 가까스로 장안까지 도주하였으며, 북경 전역은 약탈과 방화에 휩싸였다.

이렇듯 이웃한 청의 정국이 매우 혼란스러웠고, 당초 북경-천진에서 벌어진 의화단 운동은 국경을 맞대고 있는 대한제국에도 큰 영향을 주었다. 전쟁 과정에서 대한제국은 8개국 연합군을 위한 군수물자 공급처로 변모할 수 있었다. 참전한 8개국 중 일본을 제외한 7개국은 중국으로부터 지리적으로 상당히 떨어져 있었고, 당연하게도 본토로부터 소모품을 공급받기 어려운 처지였다.

그나마 시베리아와 맞닿은 러시아군이나 영국령 인도 등에서 지원을 받을 수 있는 영국군의 사정은 나은 편이었지만 나머지 국가들은 그렇지 못했다. 8개국 연합군에게 가장 시급한 것은 말먹이용 건초와 식량이었다. 각국 군대가 천진을 지나 북경으로 진격하기 시작할 때, 대체로 약 50일에서 100일가량 사용할 수 있는 건초와 식량을 구비토록 하였으나 이는 현실적으로 지대한 어려운 일이었다.

원래대로라면 청 본토에서 현지 징발 등을 실시해야 했지만, 이미 1899년까지 직례성과 산동성

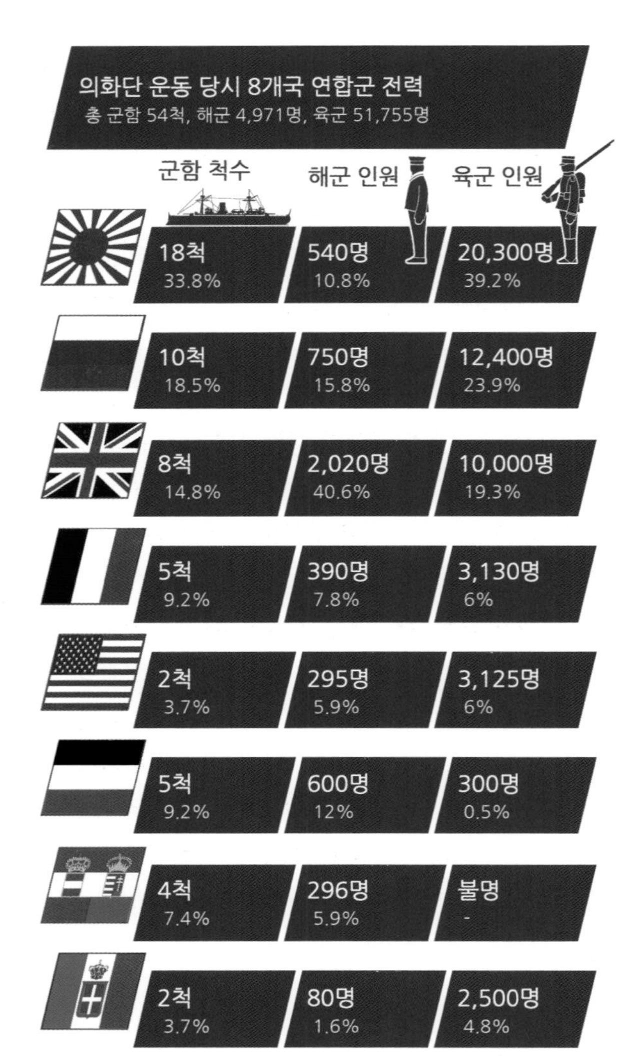

일대가 가뭄과 질병, 기아 상태에 빠지면서 되려 연합군이 청군과 의화단으로부터 노획한 군량미를 풀어 주민들을 구휼해야 할 지경에 놓였고, 가까운 일본과 러시아 역시 물자 판매를 거절했다. 일본은 자국군에 보급하기도 벅차다는 것이 주요한 이유였고, 러시아 역시 비슷한 이유였으나 20만이 넘는 병력에 보급해 주기도 빠듯한 형편이었다.

이에 따라 천진과 북경에서 가장 가까운 대한제국은 연합군의 주요 보급 거점이 될 수 있었다. 건초와 식량 구매는 물론, 물자 수송용 소와 말 등과 함께 인부 고용도 상당수 이루어졌다. 당초 현지에서 중국인 인부를 고용하고자 했으나 의화단이 침투했을 것이라는 두려움으로 인해 가까운 대한제국에서 한국인들을 대거 고용했다.

이러한 연합군의 물자 구매는 혼란과 특수를 가져왔다. 우선 독일과 프랑스, 러시아가 매일 같이 대한제국 정부와 교섭을 통해 수송용 말과 소, 식량 조달을 요청하고 있었고 각 개항장 감리서는 연합군의 물자 및 인부 조달을 통제하며 마찰을 빚기도 하였다. 일부 항구에서는 대한제국 국적 선박들을 닥치는 대로 빌리려고 하는 통에 혼선이 빚어지기도 했다.

1900년 8월에만 인부 1,000여 명, 소 3,400마리, 말 1,800마리가 연합군의 물자 수송에 투입되었고, 인부들을 고용하는 비용은 두 배 가까이 뛰어오를 정도였다. 쌀과 콩의 가격 역시 요동쳤다. 1899년 499만 원 가량이었던 미곡 수출량은 1900년에 들어서 940만 원으로, 약 2배 가까이 증가했다. 더불어 1900년 대한제국의 수출 총액은 1899년에 비해 1.9배 가량 증가하였고, 총액 중 38%가 쌀이었다. 그다음으로 많은 것은 콩으로 25.1%를 차지했다.

무엇보다도 전통적으로 대한제국 제1의 수출항이었던 부산항은 연합군의 천진-북경 공세와 더불어 제물포에 그 자리를 내주어야 했다. 연합군이 사용하는 모든 물자는 제물포를 거쳐 천진을 향해 항해했으며, 이 과정에서 중간 기착지인 제물포는 급격히 성장하기 시작했다.

이러한 특수는 대한제국의 경제적 이익을 가져다주었으며, 무엇보다도 부산 대신 수도와 인접한 제물포가 청일전쟁 이후 다시 부활하면서 이전처럼 서해 일대의 주요 항로를 통한 무역을 구가함으로써 경제적인 부흥을 꾀할 수도 있었다.

그러나 이러한 경제적 이익 및 전쟁 특수와는 별개로 국경 일대는 매우 혼란스러웠다. 의화단이 만주 일대의 러시아군과 서양인들을 공격하자, 이들은 신변 보호를 위해 가까운 대한제국으로 피난을 오기 시작했고, 이에 대응해 러시아군이 10만의 병력을 투입해 7개의 진격로로 진입해 오자 혼춘 방면에서 청군이 전투를 치르는 일도 발생했다. 러시아군에게 대패한 청군은 곧바로 마적 2,000여 명을 포함해 5,000명의 병력으로 반격했으나 또다시 대패하면서 9월 길림성, 10월에는 만주 전역을 내줘야 하는 상황에 직면하였다. 길림의 책임자인 길림 장군은 무장을 해제하고 러시아군에게 넘겨줬으며, 러시아군은 청군의 중화기를 모두 압수하는 조치를 취했다. 하지만 아직 저항을 멈추지 않은 청군 패잔병과 의화단 잔존 세력, 마적 등이 충의군을 편성하면서 한만 국경 일대가 위협받기 시작했다. 이들은 최소 15,000명에서 20,000명의 병력을 상회했으며 기존에 배치된 대한제국군을 수적으로 크게 압도했다.

또한 북경이 함락되었다는 소식과 더불어 국경 일대에서 비적들이 침입하기 시작하면서 전운이 감돌았다. 1900년 3월과 4월경에 이미 청에서의 소요 사태로 인하여 산동반도의 청국인들이 평안도로 건너온다든지, 혹은 선박을 타고서 제물포로 피신하고 있다는 소문이 제국신문을 통해 연신 보도되고 있었다. 이에 따라 국경 지대에서의 긴장감은 나날이 고조되던 상황이었다.

1900년 6월, 본격적으로 청과 의화단이 연합을 시도하며 서양 국가들에 선전포고를 선언하자, 평안도를 비롯한 서북면 일대에 우선적으로 군사력 증강 정책이 이루어졌다. 사망한 르장드르와 그레이트하우스의 뒤를 이어 궁내부 고문관으로 임명된 샌즈(W. F. Sands) 역시 의화단 사건이 확대되어 대한제국에까지 영향을 준다면 8개국 연합국이 개입할 수도 있다고 평가하였다. 이미 내부적으로도 영학당과 활빈당 등이 기승을 부리면서 혼란스러웠던 대한제국으로서는 이는 심대한 위협으로 평가되었다. 또한 1900년 5월, 북경에서 한성으로 내한한 주청 프랑스 대사관 무관 포병 소령 비달 역시 대한제국 군대의 병력 증강을 요구하고 있었다.

이에 따라 1898년 10개 대대를 추가로 창설하겠다는 명령을 본격적으로 실행으로 옮기기 시작했다. 그전까지 총 1만에 달하는 추가 병력에 지급할 군수품이 들어오지 않았고, 중앙의 시위대와 친위대를 정비하기 위해 지방군의 정비는 뒷순위에 두었지만, 주변의 상황은 매우 긴박해졌다. 이에 따라 가장 시급한 국경방어를 위하여 강계와 의주에 진위대를 증설하는 것을 시작으로 전국 8도에 진위대가 배치되기 시작했다.

1900년 6월, 평안북도 의주와 강계, 함경남도의 북청, 함경북도의 종성에 진위대가 증설되는 안건이 원수부에 의하여 상신되었으며, 각각 1,000여 명의 병력으로 구성된 대대급 부대들을 배치하고자 하였다. 4개 진위대대가 신규로 창설되면서 총 4,120명의 병력이 소집되었고, 약 50만 원의 예산이 지급되었다.

7월에는 지방대를 진위대로 흡수하도록 하였으며 기존의 진위대의 대대급 부대 규모를 연대급으로 확대 개편하는 칙령이 내려졌다. 이에 따라 1900년 7월부터 1901년까지 2월까지 약 8개월간 총 6개 연대가 창설되었으며, 제1연대는 강화와 제물포, 개성 등 경기 북부를 담당했다. 제2연대는 수원과 청주, 전주 등 경기도와 충청, 전라를 관할하였으며, 제3연대는 대구, 통영, 울산 등 경상도 전역을 아우르는 관할 구역을 갖췄다.

제4연대는 3개 대대 전부가 평양에 위치하였으며, 이 중 1개 대대는 항시 징상평양대대('징상(徵上)'은 '위로 불러올림', '징상 평양대'는 수도로 불러올려 배치한 평양 지방군 부대라는 뜻)로서 한성에 주둔시켰다. 제5연대는 강원도 원주와 함경남도 북청, 함경북도 종성에 두어 강원-함경 지역 등 동해안 연안을 아우르는 북부지방 영토를 방어하도록 했다.

마지막으로 제6연대는 다른 진위연대들에 비해 가장 늦은 시기에 등장했다. 이들은 1901년 2월에 창설이 결정되었고, 당초 제4연대에 소속되었던 강계와 의주의 진위대를 모체로 편성되었다. 이들이 다른 진위연대와는 다르게 1개 연대 = 3개 대대 편성이 아닌, 2개 대대로만 편성된 것은 중앙과 각 지방에서 증원한 분견대 병력이 많았기 때문이며, 추가로 포군 조직이 활성화된 지역이기 때문에 2개 대대로 감편된 연대만으로도 방어가 가능했기 때문이었다.

각 진위연대는 6연대를 제외하고 편제상 3,024명으로 구성되었으며 1개 연대 - 3개 대대 - 15개 중대 - 60개 소대의 체제를 갖추게 되었다.

총 6개 연대 중 가장 먼저 완성에 가까운 편성을 이룬 것은 당연하게도 국경 방위를 맡은 제4연대와 5연대, 6연대였다. 이 모든 조치는 국경 지역의 방어에 모든 물력과 인력을 배치하는 것이 최우선적이었기 때문에 가능한 것이었으며, 중앙에서 긴급히 장교들을 파견하였다. 이때 무관학교 1기 졸업생도들 역시 참위로 임관하여 북청과 종성 등으로 배치하였는데 이는 북방 지역의 방위가 얼마나 대한제국에 있어서 중요했는지를 알 수 있는 대목이기도 하다.

한편 중앙군이었던 친위대에서도 3개 중대급에 해당하는 600명의 병력을 장교 88명을 포함해 차출하여 북청 방면으로 재배치하였다. 당초 북청에는 지방대가 배치되어 있었으나, 자주 침공이 이루어지는 삼수와 갑산에 다수의 병력을 배당하였고, 후창군에서도 지원 요청이 빗발치자 일부 병력을 다시 차출하는 바람에 정작 주둔지인 북청이 위협받고 있었다. 때문에 북청에 진위대대가 자리를 잡기 전까지 친위대 병력으로 이를 방어하고자 한 것이었다.

황해도와 평안남도의 진위대 역시 북부로 전진 배치되었다. 제1 진위연대에 소속된 황해도 황주와 해주, 그리고 평안남도의 안주에서 각 100명의 병력을 차출해 분견대 형식으로서 의주와 강계, 벽동에 배치했다.

강화도에 신설된 제1 진위연대 본부에서도 100명의 병력을 뽑아 경운궁의 평성문에서 전투 훈련을 수행한 뒤 경흥 방면으로 진입시켰다. 이때 직접 대원수로서 군의 최고 통수권자인 고종이 직접 훈련을 참관했는데, 북부 지방의 방어에 얼마나 큰 신경을 쓰고 있었는지 짐작할 수 있는 대목이다.

각 진위연대의 지휘권도 개편하였다. 각 진위대의 연대장 및 대대장은 국경 방위 임무에 한하여 각 도 관찰사가 겸임하는 형식을 채택했다. 대표적으로 평안북도 관찰사로 임명되었던 이도재의 경우, 육군부장의 직위와 찰변사, 그리고 관서 사령관의 직위를 겸직하는 방식으로 평안도 전체의 지휘권을 통제했다.

이는 단순히 진위대의 지휘뿐만 아니라, 유사시 평안도 관내에서 동원 가능한 모든 무력 수단을 사용하기 위한 조치였다. 함경도와 평안도의 관찰사들은 진위대뿐만 아니라 각 지역에 조직된 포군 조직 역시 지휘할 수 있었다. 두만강과 압록강 연안에 각각 2,000명의 대한제국 진위대 병력 이외에도 비슷한 규모의 포군 조직을 창설하여 국경 방위에 나선 병력의 숫자를 2배로 증강했다. 특히 압록강 연안에는 2,000여 명의 병력을 추가로 소집하고자 하였다.

가장 많은 포군이 주둔한 곳은 침공이 잦았던 삼수와 갑산이었으며 당초 35~50명가량의 포군을 각 군현에 배치하고자 했으나 1901년 이후 100명으로 증강하여 배치하는 방안이 검토되었다. 평안북도의 경우 21개 군, 함경북도 10개 군, 함경남도 14개 군이 대상이었으며 각 도에 1,000~2,000명 규모의 포군 조직이 존재했음을 짐작할 수 있다.

그러나 이러한 급작스러운 군사력 증강은 후유증을 수반하는 것이기도 하였다. 특히 북청 지방에서 있었던 민란이 이와 큰 연관이 있었다. 북청에 주둔한 진위대 병력을 증원하면서 400명의 병력을 북청군 내에서 새롭게 충원하도록 하였으나, 이는 지역 주민들의 경제적 부담을 크게 늘리는 요소였다. 각 진위대는 주둔 지역 내에서 재정적인 지원을 받아 운영되었는데, 이미 기존 북청지방대를 구성하던 400명의 병력도 북청군 내에서 병력 및 군수지원을 담당하고 있던 상황이었다.

1900년 7월 진위연대를 창설하면서 북청의 지방대는 진위대대로 확대 개편되었고, 추가로 400명의 병력을 다시 소집하면서 문제가 불거졌다. 북청군 내 5개 동은 이미 인력과 물력이 한계에 다다른 상태였으나, 북청의 군수 및 진위대는 이를 무시하고 독단적으로 병력을 무리하게 소집했다. 불응하는 지역의 경우 해당 구역의 책임자를 체포해 태형을 가하는 등 압박을 가했으며, 지역 유지들을 구금하는 상태에 이르자 11월에 대규모 민란이 발생하는 사태가 벌어졌다.

또한 중앙과 지방의 재정이 전체 병력 증강의 여파를 감당할 수 있는 수준이 아니었다. 이미 자금난이 심각한 상황이었고, 미국 등 타국으로부터 차관을 도입하고자 했으나 이 역시 쉽지 않자, 급한 대로 1900년 11월에 결세를 인상하여 군비에 충당하는 방법을 채택해야만 했다.

1900년에 들어서서 대한제국의 군사비 증강은 매우 가팔라졌다. 1900년 대한제국 정부의 총예산은 1899년에 비하여 4.9%가량 감소한 6,161,871원이었으나 군사비는 오히려 전년 대비 15.1%가 증가한 1,733,207원으로 차지하는 비중이 더욱 커졌다.

이는 생존을 위한 군사비의 증가였다.

이미 1899년부터 러시아는 전체 예산 대비의 48.3%인 7억 8백만 루블을, 일본은 전체 예산에서 44.9%인 1억 1,430만 8,000엔을 군사비로 지출하고 있었다. 이러한 인접국의 군비 증강 역시 대한제국의 군비 증강을 불러일으키는 요소였으며, 1899년의 군사비는 전년도 대비 15.63%가량 증가한 144만 7,351원으로 책정되었다. 이는 러일 양국에 비하면 미미한 수치였으나, 전체 예산 수치로 계산한다면 26.5%에 달하는 수치였다.

대한제국은 만성적인 세입 부족과 전국적인 규모의 근대적인 세수 체계 확립이 미비했음에도 불구하고 지속적으로 군비를 확충했다. 더군다나 편성된 군사비 이외에도 지출은 여전히 상당했다. 신설된 부대들을 무장시킬 장비 구입이나 피복류 등의 구매는 자주 편성된 예산을 초과했고, 이를 내장원과 정부 예비비에서 빼내 전용하기까지 해야 했다. 이미 동북아에서 국경을 맞댄 러시아와 일본, 대한제국은 정부의 재정지출이 군사비에 치중된 균형을 잃은 상황에 처해 있었다.

재정적 역량이 군사비 지출을 따라가지 못하는 상황에 대해서 무리한 군비 확충을 비합리적인 조치로 보는 시각도 존재한다. 이에 따라 재정 운용의 장애와 조세 행정제도의 확립이 되지 않는 경제적 문제를 유발했다는 것이다. 하지만 의화단의 운동과 그에 앞서 균형 잃은 군사비를 지출하던 러시아와 일본은 언제든 대한제국을 대외적으로 위협할 수 있는 가상적국이었으며, 이들은 언제든지 대한제국의 정치, 사회, 경제, 안보 불안을 핑계 삼아 개입할 여지를 찾고 있었다고 판단하고 있었다. 결국 모든 경제적 역량이 군사력 확보에 집중된 데는 나름대로 타당한 이유가 있었던 것이다.

중앙군 증편과 제병협동부대의 등장과 국경 방어 전략의 개편

1900년 11월 결세 인상에 따른 여유자금이 생기자 바로 다음 달인 12월에 중앙군에 대한 증편 사업이 전개되었다. 지방군을 진위대로 일원화하는 것과는 별개로 진행되었으며 이는 중앙군의 전투능력을 확보하기 위한 목적이었다. 포병 2개 대대를 신설하여 시위연대에 배속하였는데 이때 1개 포병대대는 2개 산포중대와 1개 야포중대로 편성되었으며, 총 326명의 병력을 편제상 유지하였다. 각 중대의 인원 구성은 산포중대 111명, 야포중대 95명으로 병력 구성이 상이하였다. 이는 운용하는 장비의 차이에서 기인한 것으로 추정된다.

1899년까지 대한제국의 1개 포병 중대는 4개 포병소대로 구성되었고, 총 8문의 야전포 및 산포로 무장했으며, 이러한 편성에 따라 대한제국군의 1개 포병대대는 총 24문의 화포로 무장해야 했다. 하지만 2개 포병대대를 신설하면서 포병 중대의 편성이 변환되었다. 당초 4개 포병소대 – 8문의 화포 체계는 3개 포병소대 – 6문 화포체계로 변화되었으며 1개 포병대대는 24문이 아닌 현대 한국군과 동일한 18문 편성으로 줄어들었다. 그러나 이러한 포병전력의 증편은 1899년 1개 중대에 불과했던 것과 비교했을 때 상당한 발전이었다.

또한 시위 제3대대를 증편하였으며 이에 따라 시위연대는 3개 보병대대와 2개 포병대대, 1개 기병대대로 구성된 제병협동부대의 모습을 띄었다. 보병과 포병, 기병은 전형적인 제병협동의 기초였으며, 대한제국 이전까지는 보병과 포병의 병과별 구분이 희미했던 것을 감안했을 때 상당히 근대적인 군사조직으로서 변화하는 것이 눈에 띄는 부분이다.

친위대 역시 1900년 12월경에 제병협동을 위한 부대 개편에 들어갔다. 이들은 포병과 기병의 증설 대신 공병대와 치중병대를 각각 1개 중대씩 편성하였다. 대신 1896년 설치된 친위기병중대는 군부 마정과 소속 치중마병대와 함께 해체되어 시위기병대대에 소속되었다.

신설된 공병대와 치중병대는 친위연대 직할부대로서 각 3개 소대로 편성되었다. 공병대는 175명을 1개 중대로, 치중병대는 198명을 1개 중대로 하여 편성되었으며, 1895년 이후 편성된 공병대나 치중병대와는 별개의 편성이었다. 또한 2개 중대 규모의 곡

1897년 - 9,332명
시위/친위대 3,000명, 호위대 732명, 지방/진위대 5,600명

1899년 12,735명
시위/친위대 5,600명, 호위대 735명, 진위/지방대 6,400명

1901년 26,285명
시위/친위대 7,550명, 호위대 735명, 진위대 18,000명

호대를 창설해 각각 친위연대와 시위연대에 분산 배속하였는데 가장 우선적으로 수도의 중앙군을 근대식 편성에 맞도록 구성하는 것에 집중하고 있는 형태였다.

다만 시위대와 친위대의 증강은 서로 다른 방향으로 이루어졌는데, 시위대는 본격적인 전투부대 중심으로 증강이 이루어져 보병-기병-포병의 제병협동부대로서 구축을 시작했다면 친위대는 공병-치중병의 전투지원부대를 중심으로 증강이 이루어지는 방향을 선택했다. 이는 수도 방위 전력의 핵심이 시위대에 있었음을 의미하며, 친위대는 그들을 보조하며 각 궁성을 보호하는 예비전력으로서의 모습을 띠었다고 볼 수 있다.

실제로 북청에 600명 규모의 친위대를 파견한 것도 주요 전투부대인 시위대에서의 병력 차출이 제한되니 궁성 경비 임무를 주로 맡은 친위대에서 예비병력을 차출해서 보낸 것이었다.

이러한 확대 편성은 1901년까지 증강이 이어졌고, 1902년 하반기에 들어서서 시위대와 친위대는 연대급으로 확대 편성되기에 이르렀다. 시위대의 경우 1개 연대 체제를 2개 연대로 확대해 편성하도록 하였으며, 이에 따라 1개 대대를 증설해 기존 1연대와 별개의 제2연대를 편성하도록 하였다. 시위연대는 2개 보병대대와 1개 포병대대로 구성되는 전투부대의 형식이었으며 친위대 역시 1개 대대를 증설하여 2개 연대 체제로 구축하도록 하였다.

한편 시위대의 포병 전력 강화를 위하여 1902년 1월 25일 대한제국 정부는 영국의 빅커스-맥심 사와 접촉하였다. 약 20만 원에 해당하는 대규모 계약이 이때 성사되었는데, 빅커스사로부터 산포 8문, 야포 4문, 맥심 기관총 6문, 개틀링 기관총 수 문을 구매하는 내용이었다. 탄약 역시 세트로 구매되었는데 산포 1문당 400발, 야포 1문당 800발 및 맥심 기관총용 탄약 20만 발이 포함되었다.

이 당시 도입된 산포와 야포는 정확한 제식명을 알 수 없으나, 산포의 경우 남아있는 사진 자료를 보아했을 때 QF 2.95인치 모델일 가능성이 크다. 원래 이는 이집트군을 위한 모델로 제작되었으나 1899년 필리핀 주둔 미군이 1904년까지 총 120문을 도입한 장비였다. 영국군에서는 1차대전 당시 일부 사용되기는 했으나, 정식 장비로 채택되지는 않았고 영국의 아프리카 내 식민지 부대 등에서 사용되었다.

빅커스-맥심 사는 해당 장비를 대한제국에 8문을 판매했으며, 이는 기존에 운용했던 75mm 구경의 야포 및 산포 구경과도 동일했기 때문에 큰 무리 없이 사용할 수 있는 장비이기도 했다.

한편 야전포의 경우는 남아있는 사진 자료나 문헌 기록에서 어떠한 모델을 사용했는지에 대한 흔적을 찾아볼 수 없다. 다만 대한제국 측이 접촉한 회사가 빅커스-맥심이라는 점과 영국군이 도입하지 않은 모델의 장비를 구매했다는 점을 미루어보아 12 1/2 파운드 빅커스-맥심 야전포일 가능성이 크다. 해당 장비는 일부가 보어 전쟁에서 사용된 바가 있으며, 함께 도입한 QF 2.95인치 산포와는 탄약을 공유할 수 있었다. 이에 따라 8문의 QF 2.95인치 산포 8문과 12 1/2파운드 빅커스-맥심 야전포 4문이 대한제국으로 1902년 1월 25일 도입되게 되었다. 이외에도 맥심 기관총 6문과 개틀링 기관총 수 문도 함께 공급되었다.

이는 거의 1개 포병대대 18문을 상회하는 전력이었으며 총 9~12개가량의 포병소대를 구성할 수 있는 물량이기도 했다. 아마도 기존의 제1 시위포병대대와 제2 시위포병대대의 공백을 완전히 메꾸려는 목적으로 구매했을 것이다. 1900년 12월에 2개 포병대대가 창설되었음에도 포병 장비 확충이 어려웠기 때문으로 보인다. 대한제국이 기존에 운용하던 크루프제 장비들을 포기하고 빅커스-맥심 사로 활로를 바

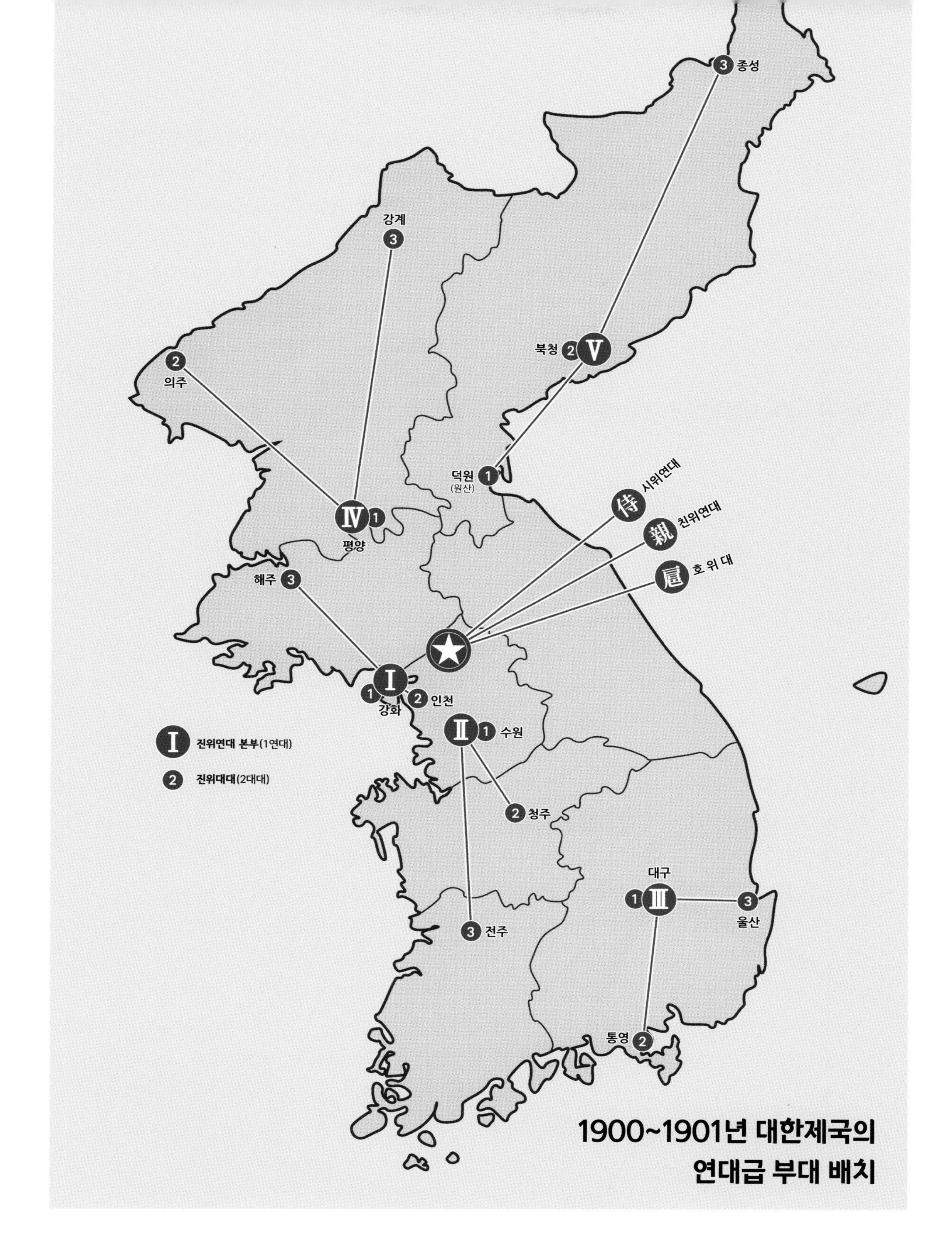

1900~1901년 대한제국의 연대급 부대 배치

꾼 것은 여러 가지 문제가 있었지만, 가장 큰 이유는 바로 군수보급의 문제였다.

우선 대한제국이 크루프제 화포들의 탄약을 구매하려면 주로 청을 통해야만 했다. 조선군이 그러했듯이, 청일전쟁 이전까지의 군사 장비의 유지보수 측면에서 볼 때 청이라는 국가가 이웃한 것은 장단점이 뚜렷했다. 청군이 사용하는 장비의 영향을 크게 받을 수밖에 없지만, 동시에 값싸게 유지보수를 할 수 있다는 장점은 매우 매력적이었다.

1900년도에 들어서서도 청군은 여전히 대량의 크루프제 화포들을 운용하는 군대 중 하나였으며, 또한 청도에는 독일이 세운 탄약 공장이 있었기 때문에 공급이 용이할 수 있었다. 하지만 청으로부터의 직접 구매는 탄약의 질적인 문제와 신축조약으로 인한 무기 및 탄약류 금수조치가 가장 큰 발목을 잡았다. 청도의 탄약 공장 역시 현지의 독일 총독으로부터 수출 허가를 받아야 했는데 이 역시 어려운 일이었다. 청도 자체를 방어하기 위하여 물자를 공급하는 것도 벅찼기 때문이었다.

반면 빅커스-맥심의 경우 크루프와 암스트롱이 나누었던 전 세계의 화포 시장 경쟁에서 우위를 점하고 있었다. 이미 아시아에서도 필리핀 주둔 미군이 빅커스-맥심 사의 화포를 구매해 운용하고 있었으며, 무엇보다도 일본에 해당 업체가 진출한 상태였기 때문에 상대적으로 대한제국과의 접촉이 쉬운 편이었다.

1898년 포병 중대 창설을 시작으로, 정규 포병 전력을 증강하고자 했던 대한제국에는 선택의 여지가 없었기도 했다. 이에 따라 일본에 진출한 빅커스-맥심 사와의 접촉을 통해 20만 원의 거금을 주고 총 18문 이상의 포병 전력을 구매해 올 수 있었다.

이에 따라 산포 중대가 비어 있던 제2 시위포병대대를 QF 2.95인치 산포 8문이 메꾸고, 나머지 12 1/2파운드 야전포 4문과 맥심 기관총 6문, 그리고 개틀링 기관총 수 문은 각 야포 중대의 공백을 메꾸는 용도가 되었을 것이었다. 무엇보다도 기존에 도입했던 크루프 산포와 개틀링 기관총들은 청으로부터 물자 공급이 단절되면서 점차 유지보수에 큰 어려움이 생겼기 때문에 이러한 포병 전력의 보충은 절실했을 수밖에 없었다.

그러나 1902년 1월 25일에 도입한 각종 포병 장비는 일본과 총세무사 맥리비 브라운의 방해로 제때 인도되지 못했다. 대한제국의 군비 증강과 함께 차관 문제가 겹치면서 일본 정부가 이를 방해하고자 하였고, 공교롭게도 1월 30일 영일동맹이 체결되자 방해가 더욱 심해졌다. 결국 1903년까지 해당 장비들은 대한제국군에게 지급되지 못해 2개 포병대대 체제의 확립이 늦어지는 결과를 가져왔다.

◀ 맥심 기관총

세계 최초의 자동재장전 시스템을 갖춘 맥심 기관총은 핸들을 돌려 발사하던 기존의 개틀링 기관총을 밀어내고 베스트셀러가 되었다. 조선 역시 1887년 맥심 기관총을 도입하고자 했지만, 결국 개틀링을 구매한 바 있었다. 그러나 1902년 빅커스를 통해 재교섭하여 6문의 맥심 기관총을 도입했다.

QF 2.95인치 산포 ▶

1897년 채용된 비커스의 QF 2.95인치 산포의 구경은 75mm, 탄종에 따라 12.5파운드에서 18사운드의 포탄을 사용했다. 포차까지 합쳐 무게가 380kg 정도로 경량이었으며 최대사거리는 4,400m 정도였다.

◀ 12 1/2파운드 빅커스-맥심 야전포

QF 12½파운드 야포 역시 구경이 75mm였다. 포 자체의 무게는 309.8kg이었으며, 포차까지 더하면 578kg이었다. 영국에서도 1902년 교범이 나올 정도로 신형 화포였다. 최대사거리는 4,500m다.

한편 이 시기 급격하게 군사력이 증강되면서 이들을 통제할 수 있는 헌병대도 비슷한 시기에 신설되었다. 기존에는 각 부대의 장교들이나 부사관 계층인 교관들이 사병들의 행동을 통제했지만, 1899년 장교 200명과 사병 8,500명 수준에 불과했던 군대가 1900년 6월을 기점으로 편제상 18,000명가량으로 3배 가까이 불어났다. 이는 기존의 통제 방식으로는 군대에 대한 순찰 및 군 기강 단속이 어려워짐을 의미했으며, 관련 임무를 전담해야 하는 새로운 부대를 편성해야 함이 시급해졌다. 이미 육군 참장 백성기는 헌병대를 창설해 군 기강을 유지해야 한다고 주장했으며, 이에 따라 육군 부장 민영환을 헌병사령관으로 임명하였다.

헌병대는 381명 2개 중대 - 4개 소대 - 16개 분대로 편성되어 원수부에 예속되었다. 1개 분대는 부교 혹은 참교 1명, 상등병 10명으로 구성되었는데, 계급상 고참 사병들이 배치되도록 하였다. 이는 친위대나 시위대, 징상평양대 등이 한성 내에서 함부로 대민 마찰 및 부대 간 충돌을 일으키는 것을 조기에 차단하려는 목적이었다. 이들은 군사경찰-행정경찰-사법경찰 업무를 모두 관장하였다. 헌병대 이외에도 육군법원을 설치하고 육군법률을 반포하여 대내외적으로 군에 대한 통제력을 과시하였는데, 이러한 제도를 서둘러 갖춘 것은 의화단 진압에 나선 각국이 대한제국의 정치적, 사회적 불안감에 대해 개입할 명분을 찾고 있었던 것을 미연에 방지하려는 목적이었다.

이로서 대한제국군은 수도에 시위연대 3,600명, 친위연대 3,400명을 확보할 수 있었다. 추가로 735명의 호위대와 1,000명 규모의 징상평양대대, 381명의 헌병대 등 9,000여 명의 정규 병력을 한성에 주둔시키고 있었다.

원수부 역시 관제를 개정하였다. 1900년 3월, 원수부관제 개정을 통해 기존 4개국으로 나뉘었던 군무국, 검사국, 회계국, 기록국의 책임자를 국장에서 총장으로 승격하였으며, 그 구성원 역시 육군 부장 이종건, 조동하, 민영환과 육군 참장 이학균으로 임명하였다. 이들은 순수 무관 출신이거나 혹은 군사 관련 업무를 전담하던 인물이었으며 원수부의 전문성을 한층 더 높이려는 시도였다.

무엇보다도 중요한 지점은 원수부의 총장들이 군사 업무와 국가 기밀 업무의 핵심적인 주체가 되었다는 것이었다. 군령권의 핵심인 군사작전 계획 및 대외첩보 등의 업무를 원수부가 모두 장악함으로써 유사시 국정운영을 주도할 수 있음을 의미했다. 원수부의 각 총장은 각 부 대신에게 지령을, 경찰 지휘관인 경무사와 지역 관찰사 이하에게는 훈령을 내릴 수 있는 권한이 부여되었다. 이는 군사 중심의 정국을 이끌어 나갈 수 있도록 조치하면서 치안유지 및 지방군에 대한 전체 지휘 권한을 위임함으로써 유사시 빠른 대응책을 구사할 수 있도록 하였다. 경무청과 각 지방 관찰사에 대한 장악은 비단 군사적인 목적뿐만 아니라, 정보 수집 방면에서도 상당히 효과적이었다.

원수부 소속 인원의 숫자도 크게 늘렸다. 1899년 최초 원수부가 설립되었을 때는 100명의 직원을 두도록 하였으나 1900년 3월에는 2배인 200명으로 증강했고, 군부가 가지고 있던 주요 권한을 접수하였다. 대표적으로 한국 주재 공사관들의 요청에 따라 야간 통행증, 즉 노표를 발급하는 권한을 원수부 군무국에서 행사한 것이었다. 이는 당초 군부에서 담당하는 업무였으나, 군령권 전반과 수도 치안 유지 임무까지 원수부가 통제하기 시작하면서 넘어온 것으로 추정된다.

한편 의화단 진압을 목적으로 러시아가 1900년 6월 중순부터 본격적인 군사개입을 시작했고, 아무르-시베리아 군관구 일대 병력을 대거 남하시키면서 흑룡강성과 길림성, 봉천, 훈춘 등이 모두 함락당하는 상황이 전개되었다. 이는 대한제국에도 위기감을 부여했는데, 러시아가 군사원조를 제안하면서 한반도 진출을 꾀하고 있었기 때문이었다.

주한 러시아 공사 파블로프는 의화단 진압을 위해 러시아군이 대한제국군을 지원하겠다는 제안을 보냈으나, 고종은 이를 거부하고 전반적인 국경 방어 전략을 수정했다. 기존의 국경 방어 전략은 소수의 지방대와 진위대를 중심으로 한 기동방어 형태를 띠고 있었다.

이는 1580년대 니탕개의 난 당시 조선군이 선택했던 전략과 유사했다. 기존의 방어 전략들은 대체로 소규모 정예부대를 중심으로 한 요새 및 거점 방어에 주안하고 있었다. 이러한 방식은 평시에 상당한 효과가 있었다. 대규모 상비군 대신 소수 정예의 병력을 배치하여 군사비 지출을 막고, 국경 방위에 있어서도 별다른 문제를 가져다주지 않았기 때문이었다.

그러나 이는 소규모 침공에는 적합했으나, 대규모 침공에서는 크게 빛을 잃었다. 16세기 말엽의 조선과 20세기 초기의 대한제국은 소규모 침공이 아닌 대규모 침공에 대비해야 하는 상황이었다. 상대해야 하는 적은 수적으로 우세했으며, 이러한 우위를 바탕으로 소수 병력이 방어하는 요새 및 주요 거점 도시들을 뚫고서 부드러운 부분까지 밀려든다면 상황이 걷잡을 수 없이 번질 것이 자명했다.

해결책은 동일했다. 대규모 병력을 동원한 선형 방어를 채택하는 것이었다. 각 거점을 중심으로 한 기동방어의 형태를 폐기하는 대신, 규모를 갖춘 상비군을 중심으로 방어선을 재조직했다. 6개 진위연대 중 3개 연대가 평안도와 함경도에 배치된 것도 이와 연관된 사안이기도 하였다. 4,000여 명의 정규군 이외에도 6,000명 규모의 포군들이 동원되면서 방어선을 지탱할 수 있는 수의 병력을 투입할 수 있었다.

또한 변계경무서 역시 1901년 회령에 설치함으로써 종성-회령 방면에 600명의 경찰병력을 증강했다. 한성에 배치된 순검의 숫자가 800명이었던 것을 감안한다면 변계경무서의 규모는 상당했다는 것을 알 수 있다. 이러한 조치는 군과 경찰, 그리고 민병대가 유기적으로 협조하는 체계를 구성하는 것을 의미하기도 했다.

이로써 대한제국은 자국군의 60%에 해당하는 병력과 전체 순검의 30% 가량을 북부 일대에 집중시키는 상황을 유지했다.

국경분쟁과 간도의 자국 영토 편입 시도

1900년 10월을 기점으로 만주 일대에서 러시아군과 청군 사이의 전투는 종결되었으나, 청군 패잔병과 마적떼, 의화단 잔존세력 등이 충의군을 결성하면서 다시 전투가 벌어졌다. 이 과정에서 러시아군을 피해 도망치던 충의군이 압록/두만강을 월경하여 정착한 한인들을 공격하고 약탈함으로써 충돌이 빚어졌다.

이 당시 국경은 전반적으로 소란스러웠다. 1900년 7월 이래로 평안도로 17,000명의 청국 피난민이, 함경도로는 50,000명에 달하는 피난민이 밀려들었고 국경 방위에 투입된 군대와 순검, 포군 숫자도 크게 증강되면서 일촉즉발의 상황이 유지되었다.

특히 청의 지방 통제력이 상실되면서 보호를 받을 수 있는 상황이 아니게 되자, 간도의 한인들은 대한제국 정부에 관리나 군대를 파견해서 자신들을 보호하여주기를 요청하고 있었다. 이들은 '패하고 남은 청병이 무리를 지어 러시아군이 오면 후퇴하여 해산하고 러시아 병사들이 가면 토문강 동쪽 변에 모여들어서' 크나큰 위협을 받고 있다며 본국의 지원을 요청하고 있었다.

때마침 대한제국 지방 정부 역시 이러한 간도 방면 한인들의 통제권을 두고 청의 단련들과 신경전을 벌이고 있었다. 본격적인 무력 충돌은 1901년 5월 이후, 길림성 서남부를 거점으로 하여 저항하던 충의군이 러시아군에게 대패하면서부터 시작되었다. 패퇴한 충의군은 압록강을 넘어 자주 대한제국 관내를 침입했고, 이 과정에서 크고 작은 전투가 벌어졌다.

삼수와 갑산 방면 역시 전투가 진행됐다. 이 지역에는 주로 적송을 벌목해 생계를 유지하는 청국인들이 거주하였는데, 이들은 길림 장군이나 혼춘부도통 등 청의 지방 행정기구로부터 그 어떠한 통제도 받지 않았다. 이에 이들은 자체적인 무장 조직인 단련을 편성하고 있었고, 800여 명의 병력을 유지하고 있었다.

대한제국 원수부는 이러한 침공에 대해서 대응은 하되, 군이 도강하지 말라는 훈령을 내렸다. 이는 확전에 대한 문제 때문이었으며, 당초 간도에 군정관을 파견한 러시아의 심기를 건드리지 않으려는 목적도 있었다. 러시아군이 개입한다면 자국이 위험해질 것이라는 판단이 있었기 때문이었다.

대한제국 외부 역시 원수부에 국경에서 벌어지는 교전에 대한 주의 사항을 전달하기도 하였다. 대한

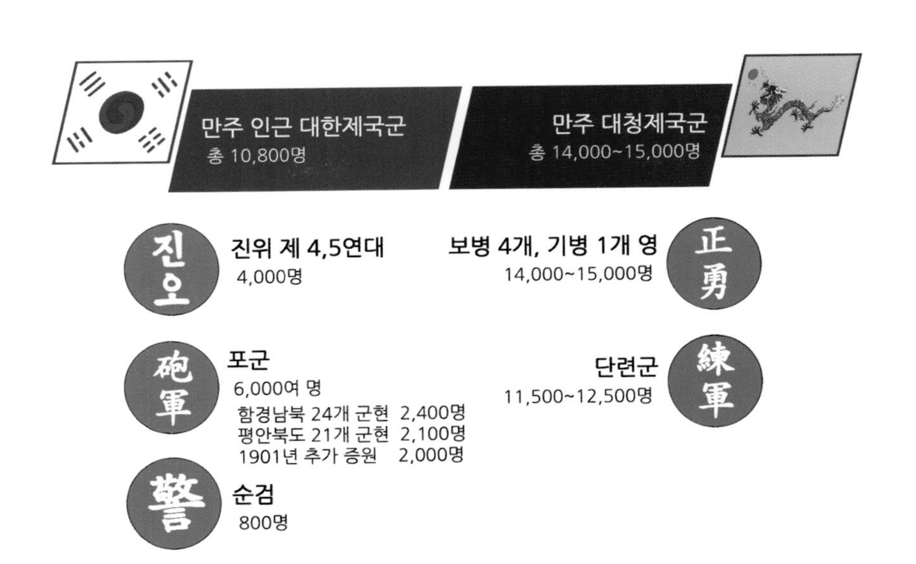

1900~1901년 만주에서 대한제국과 청국군의 배치 전력

제국 군대와 포군들이 강을 건너 청의 단련들과 전투를 벌인다면 이것은 1899년에 체결된 한청통상조약을 어기는 문제로 이어졌다. 이에 따라 국경을 넘어오는 적들을 격퇴하는 것은 허용하되, 이외에는 굳이 도강하여 사태를 크게 만들지 말라는 것이었다. 이는 외부대신 박제순이 직접 원수부 군무국 총장 심상훈에게 전달하였으며, 원수부는 이를 받아들여 평북 일대의 주둔군에게 명령하여 도강하지 말 것을 주문했다.

그러나 제6 진위연대가 창설되고 추가적인 포군 조직들이 편성되면서 가용 병력이 늘어나자 상황이 점차 변하기 시작했다. 무엇보다도 같은 해 5월 충의군이 격파당하고 청의 행정권이 공백 상태에 빠지면서 대한제국 군대와 경찰, 그리고 포군들은 적극적으로 도강하여 교전을 시도했다.

3월에는 무산 방면에서 가장 큰 전투가 벌어졌다. 3월 31일 대한제국 진위대 및 포군을 포함한 800여 명의 병력이 도강을 시도하여 청국 단련들에 선제공격을 감행했다. 이는 약 1개 대대에 해당하는 규모였으며, 이는 오랫동안 준비되었던 공격이었다고 볼 수 있었다. 포군까지 소집한 대한제국군은 곧바로 지체 없이 강을 건너 국경을 넘었고, 이후 치열한 교전을 이어 나갔다.

이때 150여 명의 청국 단련들이 진위대를 기습 공격하자, 보복을 위해 진위대는 포군까지 포함한 병력으로 야간에 습격을 감행했다. 이때 청국 단련들이 방어하던 지역이 파괴되었고, 교전 과정에서 37명이 전사하는 등 피해가 발생했다. 이때 포격을 가해 단련 주둔지를 공격하기도 했다.

날이 밝은 직후 100여 명 규모의 청국 단련들이 두만강 연안에 집결해 다시 진위대에 반격을 가했으나 13명이 전사하고 대한제국이 군마와 군수품을 노획하는 등 전투 규모는 상당했다. 이 전투로 무산 방면의 청 지방군은 사실상 와해되었고, 이 지역에서 유일한 무력 집단은 대한제국 군대 및 포군 조직뿐이었다.

이를 두고 당시 대한제국 언론과 원수부는 승리를 거둔 지휘관에 대한 포상을 건의하고, 군대를 재조직한 이후 가장 큰 놀라운 일이라 보도하기도 하였다. 이러한 무력 충돌에 러시아가 중간에 개입을 시도하기도 하였다. 러시아는 당시 혼춘에 주둔하고 있던 1개 보병 중대 및 코사크 기병 100여 명을 긴급히 파견하려 했으나 대한제국군이 전투에서 승리한 이후 철수하자 파병을 철회했다. 그러나 사태가 계속해서 악화하자 2개월 뒤인 6월에 400명의 병력을 보내 양측의 충돌을 중재하고자 하였다.

대한제국군은 계속해서 도강을 시도하며 청의 국경 일대를 공격했고, 청은 이를 방어하기 위해 다시 단련을 조직하거나 마적들과 연대하여 보복을 가하는 등 악순환이 이어졌다. 주한 청국 공사 허태신은 간도 방면에서 벌어지는 대한제국 군대와 경찰, 관리

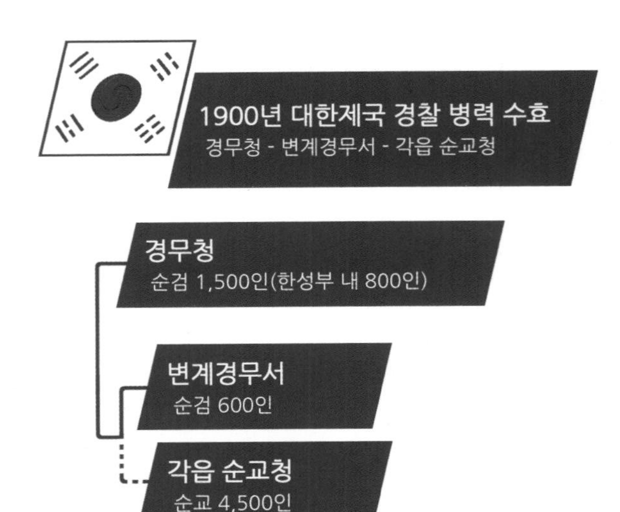

의 도강에 항의하기도 하는 등 외교적인 분쟁도 이어졌다.

그러나 대한제국 정부는 청국의 외교적 항의에 미온적인 반응을 보일 뿐이었다. 오히려 델카세가 플랑시 공사로부터 수신받은 문서에는 대한제국 정부가 직접 한-만 국경 일대에 원정 계획을 세우고 있으며, 특히 두만강 유역에 대한 자국 영토 편입을 준비하고 있다고 보았다. 또한 당시 병기창에서 근무하던 프랑스인 고문인 페이외르 대위를 필두로 한 시찰단을 파견할 것이라는 계획을 보고하기도 하였다. 플랑시 공사는 러시아와의 대결을 피하려면 무모한 원정 계획을 포기하라고 조언할 정도로 간도에 대한 대한제국의 진출 열망은 상당하였다고 볼 수 있었다.

중앙정부와 내부적인 지지는 잇따른 군사행동의 실마리가 되기도 하였다. 1901년 10월에도 진위대 및 포군 200여 명이 무산 방면으로 도강하여 청국 단련을 공격하기도 했다. 이때 진위대는 안원보의 4개 지역에 침입하여 단련을 패퇴시키고 약탈하다가 인근 지역에 주둔하던 러시아 관리 및 군대가 개입하자 그제야 철수하기도 하였다.

평안북도 일대의 압록강 역시 1901년 11월에 전투가 이어졌다. 청국 마적 500여 명이 후창군 일대에 나타나 약탈을 일삼자, 후창 군수가 지휘하는 포군 80명과 후창군에 주둔한 진위대 50명이 도강하여 마적들과 격돌했다. 이들은 20여 명의 마적들을 사살하고 포로로 잡힌 주민들을 구해 왔다.

이렇듯 청일전쟁 이후 국경 일대에서 큰 교전이 벌어진 것은 대한제국과 청 사이의 영토에 대한 인식 문제도 있었다. 대한제국은 '各理各民' 의 방침을 주로 하였다. 이는 자국민이 사는 곳이 곧 자국 영토라는 인식이었으며 여기에 내셔널리즘이 더해졌다.

이미 1896년부터 청일전쟁 이후 청의 약화에 따른 반청의식과 고토 회복이라는 명제가 대두되기 시작했고, 이에 언론 및 지식인들이 찬동하면서 국내적으로도 군대를 보내 간도 방면의 한인들을 보호해야 한다는 분위기가 조성되고 있었다.

반면 청은 '各守各界'의 방침으로서 영토를 중심으로 하여 대한제국 측의 방침에 대응하고 있었다. 이는 간도 일대의 한인들을 보호하기 위한 대한제국의 군사행동에 대한 반격의 근거로 사용되었다. 이렇듯 양측의 국경선은 견해 차이로 인한 설정의 문제가 있었고, 충돌이 끝날 기미는 보이지 않았다.

대한제국 정부는 공식적으로는 간도 방면으로 진위대를 파견하는 것에는 반대했지만, 포군들의 화력을 강화하고 병력을 늘리는 것에는 지원을 지속하고 있었다. 이때 대한제국 원수부는 포군 창설에 필요한 후장식 소총들을 북방으로 보냈다. 이때 보낸 장비 대부분이 마우저 소총 등 독일제 장비들이었다. 진위대와 포군이 같은 장비를 공유하였으며, 유사시 보부상도 편성하여 군수지원 및 전투지원부대 임무를 수행하도록 하기도 하였다.

한 편 1902년으로 접어들면서 양측의 대립은 더욱 첨예하게 이어졌다. 특히 이범윤이 시찰사로서 간도에 파견된 것은 무력 충돌의 확대를 가져왔다. 이범윤의 파견 목적은 80세 이상의 노인 인구를 파악하는 것이었지만, 실제로는 북간도의 호구조사를 통한 영토 편입을 꾀하는 의도였다.

이범윤은 포군들을 인솔하여 함경도 방면의 북간도 일대로 진입했고, 세금 수취 및 향약을 설치하여 본격적인 자국령 편입을 시도했다. 이러한 움직임에 청국 단련들이 공격을 가해 사상자가 발생하는 등의 전투가 벌어지자, 포군 전력이 증강되고 진위대와 순검, 포군으로 구성된 혼성부대가 경계를 강화하는 등의 조치가 이어졌다.

한편 압록강 일대의 평안북도 일대에도 서상무

청국 단련과 교전하는 대한제국 진위대 및 포군

가 파견되어 이범윤과 비슷한 업무를 개시했다. 그 역시 평안북도 일대와 맞닿은 서간도 일대를 자국령으로 편입시키기 위해 호구조사 및 향약을 설치하는 등의 조치를 실시했다.

그러나 이 시기에서 청의 지방통제력과 군사력이 회복되고 있었다. 1903년에 들어서서 길림 장군은 연길군에 병력을 주둔시켰으며, 1901년 전투로 와해되었던 무산 일대의 단련 역시 재조직함으로서 군사력을 재건하고 있었다. 북간도 일대의 청군은 보병 4개 영, 기병 1개 영을 포함 약 2,500명 규모였으며 단련 등을 포함한다면 14,000~15,000명 규모로 늘어났다.

이렇듯 1903년에 청이 대대적으로 간도 방면의 군사력을 강화한 것은 1901년 체결된 신축조약의 '2년간 무기 및 탄약 수입, 제조 금지' 조항이 종료되었기 때문이다. 이에 따라 1902년 9월을 전후로 길림 장군은 북간도 일대를 4개 행정구역으로 재편하였으며, 본격적인 방어에 나섰다. 이에 따라 전투의 규모는 나날이 커져 나갔다.

청이 지방군 규모를 확대하면서 대한제국 측의 영토 편입 시도에 대응하자, 간도 시찰사 이범윤은 1902년 7월부터 내부에 변계경무서와 종성 방면 진위대의 미온적인 대응을 비판하며 본격적으로 군대를 파견하고 지휘권을 내리도록 요청했지만 기각되었다. 1903년 5월 북간도 일대에서 관아 및 군대 주둔을 요구한 이범윤은 이번에는 대한제국 내부의 지원을 받아 시찰사에서 관리사로 승진, 본격적으로 증강된 청의 지방군과 전투를 준비했다.

친위대나 변계경무서로부터 증원을 받을 수가 없다 보니, 북간도 일대에서 17호당 1명씩을 차출하여 1,000여 명의 병력을 모았고, 이들은 충의대라는 명칭의 포군 조직을 구성했다. 이들의 구성은 상당히 특이했는데, 과거 1894년 청일전쟁 당시 소집된 조선인 단련 출신자들이 많았다. 당초 청의 지방군으로 편성되었던 이들은 청의 지방 통제력을 상실하면서 보호를 받을 수 없게 되자 편을 바꾸어 대한제국에 의탁했고, 이에 따라 충의대의 기간 병력을 형성하였다.

청군으로부터 무기와 훈련, 부대 편성을 받았던 이들의 조직은 그대로 대한제국 측에 흡수되었고, 도리어 간도에서 벌어진 청 지방군과의 대결에서 총부리를 겨누는 상황이 되었다. 1,000여 명의 병력은 무산 일대에서 군사훈련 및 중앙으로부터 지원받은 마우저 소총 500여 정을 지급받은 뒤, 북간도 방면의 요소에 배치되었다.

1903년 10월, 삼수 일대에 청의 단련이 침입하여 삼수성을 공격하여 주둔군 1명을 살해하고 소총 34정과 소 4마리를 노획하는 사건이 벌어지자, 대대적인 보복전이 이어졌다. 삼수 주둔군 및 포군 800여 명이 소집되어 신설된 봉천성의 임강현 일대에 공세를 가했다. 이에 따라 청군 수십 명이 전사하는 일이 벌어졌다. 또한 추가적인 조치로서 강을 따라서 참호선을 구축하고 청군이 접근하면 가차 없이 공격을 가했고, 국경 너머에 다수의 검문소를 설치해 청군의 이동을 제지하는 등 공격적인 군사행동이 벌어지고 있었다.

이 사건에 대해 주한청국공사 허태신은 항의서한을 보내 봉천성의 임강현 일대에서도 대한제국군 800여 명이 도강하여 공격을 가했다고 비난하기도 하였다. 이에 따라 즉시 북간도의 이범윤과 서간도의 서상무를 철수시키라는 요구를 하였으나, 대한제국 정부는 이를 거부했다. 이러한 군사적인 충돌은 1904년 러일전쟁이 벌어지기 이전까지 격렬하게 이어지고 있었다.

국내 반란 진압과 경찰 조직의 확대

간도 방면에서 치열한 전투가 벌어질 즈음, 국내에서는 해적 및 영학당, 활빈당에 대한 진압 작전도 진행되고 있었다. 해적의 경우 심각한 문제 중 하나였다. 청일전쟁 이후 제물포와 진남포를 포함한 서해안을 장악했던 청의 힘이 약화하고 해상 일대가 공백 상태에 접어들면서 강화도 인근 해역까지 해적 활동이 왕성하게 펼쳐지고 있었다.

1870년대부터 해적들은 서해안 일대에서 크고

작은 문제를 일으키기는 했지만, 이전까지는 북양함대의 보호를 받던 조선 정부가 이를 자체적으로 해결하거나 혹은 청에 지원을 요청하여 진압하는 등으로 대응할 수가 있었다. 하지만 1894년 이후로는 그것이 불가능해졌다. 또한 경복궁 쿠데타 이후 1895년 지방군이 일체 해체되면서 해적을 제어할 수 있는 연해 지방의 수군 및 육군 전력이 사라지면서 더욱 기승을 부리기 시작했다.

따라서 해적의 발흥은 상당히 큰 문제를 가져왔는데, 수도 한성은 한강을 통해 물자와 세금을 조달받다 보니 기선 등 선박 운용에 많은 것을 의지하는 지역이었다. 이러한 지역에 해적이 발흥하기 시작하면서 물가가 상승하고 수도로 흘러드는 물류망이 교란받게 되는 문제가 있었다. 더군다나 강화도 해역을 중심으로 발흥한 해적이 충청도 등 남부 해안 지역으로 서서히 세력을 펼치자 군대와 경찰을 동원해 진압해야 하는 상황에 이르렀다.

그러나 을미사변과 아관파천 등 국내 정치가 매우 혼란스러웠기 때문에 제대로 진압에 나서지 못했다. 그러는 사이 해적들은 정부의 무기고까지 공격할 정도로 세력이 커진 상태였다. 충남의 경우 해미군의 무기고가 해적의 공격을 받아 군수품을 상실했고, 각종 선박 29척을 빼앗기는 사태가 발생했다. 급히 인접한 홍성에서 250여 명의 병력을 차출해 진압을 시도했지만, 해적의 숫자가 너무 많아 중앙의 지원을 다시 요청해야만 했다.

대한제국 정부는 이러한 해적의 발흥에 대해 입체적인 진압 작전을 구사했다. 중앙에서는 우선 경무청 소속의 순검들을 파송하였고, 홍성-해미의 군수들은 소집한 포군들과 보부상들을 무장시켰다. 이외에도 해산되었던 수군 잔존 병력도 소집하는 등 진압군 규모를 확대했고, 전력이 갖춰지자 직접 해상에서 진압을 시도했다.

홍성의 지방군과 순검들은 기선에 탑승해 해상의 해적선을 제압했는데, 지방군 및 포군들이 소총 사격으로 선상의 해적들을 무력화시키는 동안 순검들이 배에 도선하여 도검류와 권총으로 백병전을 통해 진압하는 방식이었다. 또한 지상의 해적 거점들에 대한 공격도 이어 나갔으며 1898년의 해적들은 매우 적극적인 작전을 통해 진압되었다.

해적 진압이 한참 이루어지던 1898년에 이어, 이듬해에는 영학당이 남부 지방에서 봉기를 시작했다.

도검과 권총으로 무장한 순검

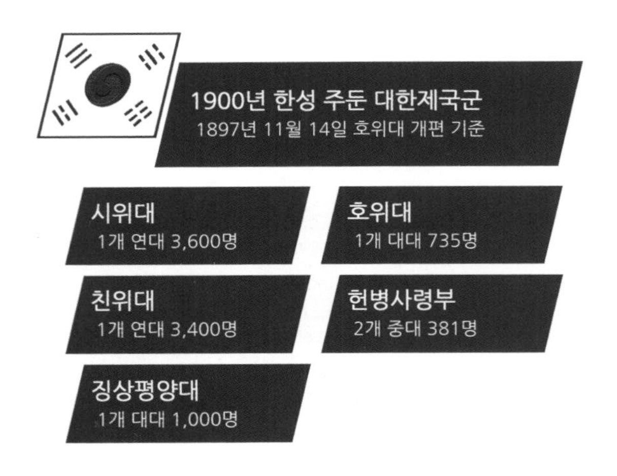

이들은 동학농민군의 잔존세력이었고, 주로 전라도 지방에서 조직을 확대하고 있었다. 이들은 지방관청을 습격하거나 수취한 조세의 이동을 방해했으며 만민공동회 지회와 연계되어 점차 조직화를 이루어 나갔다.

1896년 이래로 각 부, 목, 군에서는 2~8명가량의 순교, 즉 지방경찰을 창설하여 두도록 하였고 각 군에서 10명 규모의 포군 및 수성군들을 둠으로써 지방 치안 등을 유지하였다. 이 당시 대한제국의 경찰은 크게 3개로 나뉘었다. 수도 한성 및 경기도 일대에서 활동하는 경무청과 국경을 중심으로 활동하는 변계경무서, 기타 지방의 치안을 책임지는 순교청이었다.

1900년 6월, 의화단이 북경을 장악하면서 대한제국 역시 비상시국으로 접어들기 시작했으며, 군대와 더불어 가장 많은 변화가 있었던 것은 바로 경찰조직인 경무청이었다. 갑오개혁 이후 줄곧 근대식 경찰제도를 대표해 왔던 경무청은 당초 내부에 소속되어 있었으나, 이 시기에 경부로 확대되었다. 이는 황제권을 강화하려는 목적도 있었으나, 국내 반란 및 음모에 대한 정탐 활동 및 대외적인 정보 수집과도 연관이 있는 조치였다.

이에 따라 내부에서 독립하여 하나의 부로서 국내의 모든 경찰 사무를 담당하도록 하였으며, 병력 역시 증강되었다. 1900년도에 들어서서 전국의 경찰력은 순검 2,100명과 순교 4,500명을 포함해 6,600명가량이었다. 1895년에 비해 8배 가까이 늘어난 경찰 병력이었지만, 여전히 전국 치안을 유지하기에는 턱없이 모자란 병력이었다.

따라서 지방의 순교 및 포군 병력으로는 영학당의 봉기를 감당할 수 없었다. 300여 명의 영학당이 고부군을 장악하고 고창을 공격하였고, 부족한 순교 및 포군 전력으로는 이들을 막기가 어려웠다.

이에 따라 대한제국 정부는 강화 지방대 200명을 급히 파송하도록 하는 한편, 전주진위대 병력 210명을 차출해 고부와 태인 등 6개 지역에 분산 배치하였다. 비록 300명 규모의 무장봉기였으나 동학의 잔존세력이었고, 해산된 독립협회 세력과 연계하여 수도 내의 분란을 일으킬 수 있었기 때문에 즉각적인 군사적 대응이 이루어진 것이었다.

이들은 단시간 내로 진압되었지만, 이들의 잔당이 다시 활빈당 등 화적으로 넘어가면서 1900년부터 1905년까지 전국적인 토벌 작전이 전개되었다. 활빈당은 주로 3개 지역에서 활동하고 있었다. 충청도와 경상도, 그리고 전라-경상도를 이어 주는 소백산맥 일대에서 주로 활동이 이어졌는데 일부는 경기도까지 북상하는 등 문제를 끊임없이 일으켰다.

대한제국 정부는 이들이 일본으로 망명한 이들 혹은 도주한 유인석 등의 세력과 연계되어 있다고 인식하였으며, 연해 지방에서 1898년 이후 진압된 해적 활동을 활빈당이 다시 시도하였다.

전체 병력의 60%가 북방에 집중된 상황에서 중앙군인 시위대와 친위대 역시 수도 한성 방위에 집중하고 있었다. 편제상 삼남 지방의 활빈당을 진압할 수 있는 군 병력은 2,000여 명 가량에 불과했으나, 중앙의 순검 파송과 지방 경찰인 순교, 그리고 포군과 수성군의 대대적인 동원과 보부상들의 군수 지원을 통해 활빈당의 활동을 진압할 수 있었다.

기본적으로 대한제국의 군대는 전투 및 반란을 진압할 때마다 군대와 경찰, 그리고 민병대의 혼성 편제를 기본으로 하였다. 부족한 정규군의 숫자로 전국을 방어할 수가 없었기 때문이었다. 이에 중앙의 군대와 순검이 파송할 때마다 군복과 군수품을 가지고 지방에 내려왔고, 해당 지역에서 포군과 수성군, 보부상들을 무장시킨 뒤 진압에 나서는 방식이었다. 수성군과 보부상들은 전투 병력보다는 전투지원 병력으로서 물자를 수송하는 역할을 하였으며, 직접 전투에 나서는 순검과 정규군, 포군 등을 지원하고 지역을 방어

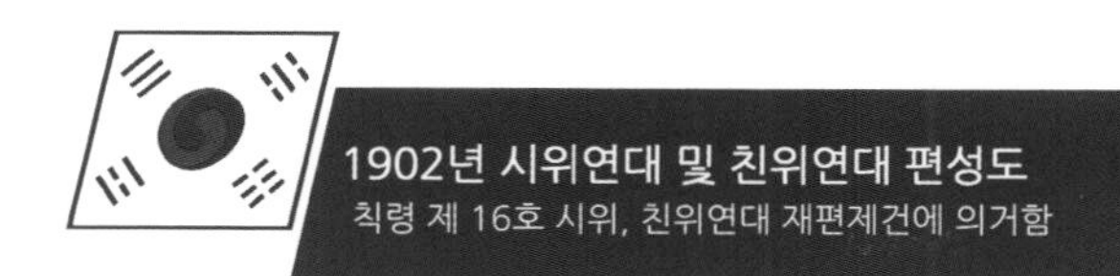

시위 및 친위연대 기본 편성
연대본부+2개 대대 총 2066인

시위 제1연대 편성
연대본부+포병대대+2개 대대 총 2392인

대대 편성
대대본부+곡호대+5개 중대 총 1029인

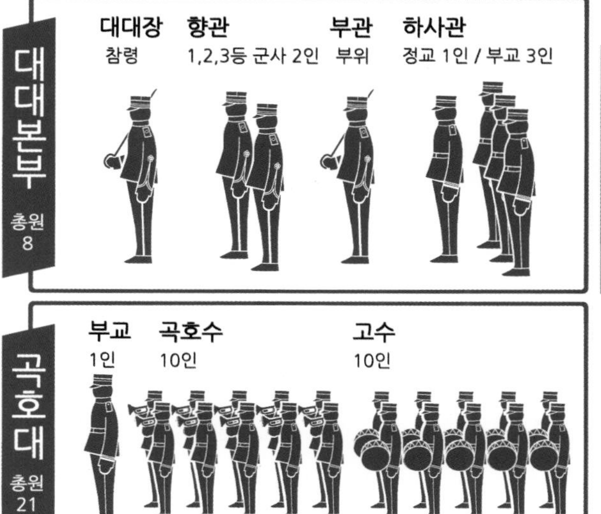

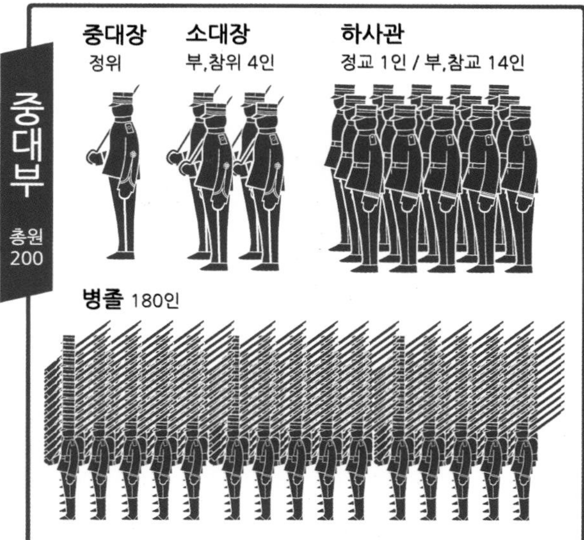

하는 임무를 수행했다.

또한 진위대 역시 분대 혹은 소대 단위의 분견대를 각 지방에 파병하여 치안을 유지하기도 하였다. 이를 통해 도주로를 차단하거나 혹은 각 지역에서 소집되는 포군과 보부상들을 위한 집결지 역할을 함으로써 준동하는 활빈당 등에 대처할 수 있었다.

1901년 제주민란 역시 대한제국의 진압 능력을 시험하는 무대가 되기도 했다. 내장원에서 파견한 봉세관의 과도한 수탈과 막중한 세금, 외국인에 대한 반감 등이 반란의 원인이 되었으며 일본 상인들로부터 밀수한 무기 등을 중심으로 대대적인 무장봉기를 일으켰다.

이들은 프랑스 신부 및 천주교도들에 대한 공격을 개시했고, 이 과정에서 프랑스인이 사망하자 프랑스 정부는 대한제국 정부에 무력 진압을 요청했다. 이에 따라 궁내부 고문 샌즈는 100명의 순검을 지휘하여 제주도로 긴급히 출발했으나 진정되지 않자 증원군을 추가로 파견했다. 수원에 주둔한 진위대 병력과 순검 400여 명이 제주도 재차 이동했으며 프랑스 해군 역시 개입하면서 강경하게 대응했다.

약 1달간의 진압 작전을 통해 진위대와 순검은 민란을 진압하고 지도부를 체포하였으며, 이외에도 성진민란으로 인해 진위대 1개 소대가 출동하고 농상공부에서 원수부의 요청에 따라 함경도 관내의 보부상들을 소집해 이들을 지원하는 등 다수의 군사작전이 1898년부터 1903년 사이에 이루어졌다. 이렇듯 대내외적으로 대한제국은 군사적인 업무를 최우선으로 할 수밖에 없는, 원수부 중심의 정국이 이어지고 있었다.

1894년 조선 경무대 순검

초기의 순검들은 더블 버튼 형태의 복장을 입었다. 그림의 두 순검은 지방 소속 순검으로 구식 갓형 모자를 썼는데, 순검 역시 이후에는 군과 마찬가지로 케피 스타일의 근무모를 쓰고 모자에 이화문을 달았다. 무장면에서 초기에는 세이버로만 무장했지만, 총을 가진 외국인들-주로 일본 낭인들이었다-과의 충돌이 잦아지자 자체적으로 권총을 구매해 사용하기 시작했다. 이들은 검과 권총으로 해상 백병전을 벌여 해적을 소탕하곤 했다. 본문 155p 하단 좌측 그림의 순검대원이 든 권총은 웨블리 리볼버이다.

1900년 대한제국군 군복
일등병 군장 차림

1900년 육군복장규칙이 개정되었지만 하사 이하 병사의 상복은 별도의 규정이 없어 이전과 동일한 군복을 입었을 것으로 보인다. 다만 상복에도 소례견장을 달게 되었고 모자는 동일한 케피 스타일이어도 기존은 사다리꼴이었던 반면 우리가 흔히 아는 역사다리꼴 모자가 보급되었다.

1900년 대한제국군 군복
육군 부장 정장 차림

1900년 대한제국은 육군복장규칙을 부분 개정했다. 가장 큰 변화가 있던 부분은 상의의 여밈 형태 변경이다. 예복과 정복은 늑골식 매듭 단추 대신 7쌍의 무궁화 문양 단추가 달리는 더블 브레스티드 방식으로 변경되었고, 상복은 싱글 버튼이 되었다. 그림은 민영환 부장의 대례복을 모델로 하였다.

진위대/순검/포군/보부상 혼성부대

간도 지역에서 충돌이 격화되자 대한제국은 중앙에서 진위대와 순검을 올려보내고 지역 포군을 소집하여 방어에 나섰다. 보부상 조직 역시 유효한 전력으로 남아, 후방 보급을 맡았다. 이들 진위대-순검-포군-보부상으로 구성하는 혼성부대는 지방의 민란 진압에도 역량을 발휘했다.

◀ 대한제국 헌병대

헌병대 복제는 1903년의 규정으로 추가했다. 견장에 헌(憲)자를 수놓았고, 장교의 소매깃은 흰색, 병사 상복의 수장은 백색으로 규정했다. 타 병과가 홍색 띠를 두른 검은 모자였던 것과 달리 헌병은 홍색 바탕에 흰 띠를 두른 모자를 쓰고 상의에는 장화를 신었다. 그림의 병사는 헌병 상등병으로, 헌병은 최소 상등병 이상으로 편성되었다.

대한제국 군악대 ▶

대한제국 군악대원의 군복 규정은 1901년에 추가되었다. 바지와 모자의 색깔은 붉은색으로 규정했고, 바지는 붉은색에 검은색 띠를 넣었다. 예복 칼라 좌우에 악기 모양의 금사 의령장을 달도록 했는데, 이 그림처럼 상복에는 기존대로 별 모양의 의령장을 달기도 했음이 사진 자료로 남아 있다. 행사시에는 군모에 깃털을 꽂았다.

07

근대해군 창설 노력

양무호와 광제호

1894~1905

양무호(揚武號) 함장 신순성(愼順晟)

1897~1905

근대해군 창설 노력

양무호와 광제호

19세기 말~20세기 초 건함경쟁과 대한제국

대한제국의 해군 사업에 관해 이야기한다면 대부분 사람은 양무호를 생각할 것이다. 여기서 조금 더 나아간 이들은 광제호까지 이야기를 할 수도 있다. 그리고 양무호에 대한 사람들의 인식은 매우 좋지 않다. 일본에 속아 고철 화물선을 사 온 사기극이라는 식으로 이야기하기도 하는데, 이렇게만 설명하게 되면 당대 대한제국이 왜 양무호를 구입했는가에 대해서 설명할 수가 없다.

대한제국의 해군 사업을 알아보려면 20세기 중반 열강 해군의 증기선 도입과 19세기 말부터 시작된 극심한 건함경쟁과 연관을 지어서 보아야 할 것이다. 많은 이들이 의문을 표하는, 청과 일본은 해군력 건설에 성공했는데 조선은 왜 실패했는가? 에 대한 답을 찾기 위해서는 19세기 말과 20세기 초에 이어진 전 세계적인 건함경쟁을 유념해야 한다.

우선 열강의 해군은 1860년대부터 프랑스와 영국의 장갑함 개발을 시발점으로 하여 증기 추진 장갑함의 숫자가 해군력의 척도가 되었다. 이는 범선시대의 종언을 고하는 것이기도 하였다. 특히 세계 2위와 3위 해군력을 자랑하던 프랑스와 러시아의 성장은 영국에게 큰 불안감을 주었고, 해군 군비 경쟁의 신호탄으로서 작용했다.

특히 1880년대에 들어서서 나폴레옹 시대의 관영 공방에서 선반/밀링식 기계공업이 들어서면서 육군의 개인화기에 큰 변혁을 가져왔고, 이는 당연히 해군의 건함 사업에도 큰 영향을 가져왔다.

이미 대규모 전쟁을 치르면서 각국은 수공업으로 생산되는 장비에 한계를 느끼고 있었다. 후장식 소총이나 야포의 등장에도 불구하고 수공업으로 느리게 생산되는 장비들은 국민 총동원령에 따라 편성된 대규모 군대를 무장시키기에는 역부족이었고, 이는 프로이센에서 제작한 드라이제 소총에서 가장 극명하게 드러났다. 초기에는 1년에 약 1만 정 가량 생산할 수 있던 데 불과하였으나, 미국식 선반 기술이 들어오면서 1년에 25만 정을 양산할 수 있는 수준이 되었고, 이는 제국주의 국가들이 거대한 자국의 군대를 충분히 무장시킬 수 있는 기반이 되었다.

이러한 기술의 혁신은 당연히 해군에도 영향을 주고 있었다. 기술적인 혁명은 해군에 어떠한 영향을 주었느냐는 질문의 핵심은 대량생산이 가능해지니 불황이 들 때 각국이 선택하는 선택지가 다양해졌다는 것을 의미했다.

이전까지만 하더라도 불황이 들면 자연스럽게 예산을 줄이도록 하였지만, 이때부터는 조선소들에 불황이 오더라도 일감을 주는, 즉 해군을 위한 함선 수주를 각 조선소에 내주면서 불황에도 이들이 버틸 수 있는 환경을 조성하게 되었다. 이 때문에 각국의 해군은 대규모 함대를 구축할 수 있었으며, 단순한 해군력 경쟁으로만 말미암은 문제가 아니었던 셈이다.

이러한 시대적 배경을 틈타 청은 기존의 목조 전함들을 포기했다. 대신 독일과 프랑스로부터 방호순양함 등 당시로서 최신 함선들을 도입했고, 일본 역시 비슷한 움직임을 보였던 것도 이러한 영향을 받았던 것이라고 볼 수 있었다. 조선 역시 이로부터 큰 영향을 받았다.

청과 일본에 비해 조선은 개항이 느렸으나 근대적인 해군에 대한 열망은 대단했다. 원래대로면 조선은 목조 전함, 즉 범선들을 구매하여 자국의 해군을 단계적으로 양성하는 것이 맞았다. 하지만 본격적으로 해군에 열망을 가지게 된 80년대의 상황을 보면 그럴 수가 없는 상황이었다. 이즈음 등장한 후장식 함포들과 대형화되는 함선들의 영향이 그러했고, 무엇보다도 조선에는 세창양행이 들어가 있었다는 점을 감안해야 할 것이다.

세창양행은 조선의 민간 발전 속도를 국영 주도의 발전 속도보다 빠르게 만든 장본인이었다. 가장 대표적인 것은 바로 증기선의 도입이었다. 세창양행은 조선에 목조선이 아닌 증기선을 먼저 판매했다. 여기서 조선은 증기선의 유용성을 받아들였다. 기존의 목조선박과는 달리 더 작은 선체임에도 불구하고 많은 물자를 실을 수 있었으며, 더 이상 바람이나 인력에 의지하지 않아도 안정적인 해로 확보를 통해 전국적인 물류 재분배에 나설 수 있었기 때문이었다.

이에 따라 조선은 자국의 근대적 해군 양성에 있어서 목조 선박이 아닌, 증기선을 중심으로 편성하고자 하였으며, 영국에게 방호순양함 구매를 추진하기도 하였다. 그러나 이때의 함선 가격은 가난한 조선이 감당하기에는 상당히 비쌌다. 예시로 영국은 1884년부터 1889년 3월까지 해군에 총 550만 파운드를 지출했으나 89년 4월, 2,150만 파운드의 예산을 해군에 지출하였다.

4년 뒤인 93년에는 무려 3,100만 파운드에 해당하는 대규모 건함 프로젝트가 이어졌다. 이는 자연스럽게 함선 가격의 상승을 야기하였고 이는 조선의 재정으로는 감당하기 힘든 수준으로 이어졌다. 영국제 순양함 구매가 거절된 이유도 조선이 함선 가격을 제대로 지불할 수 없을 것이라는 판단 때문이기도 하였다.

그렇기 때문에 조선은 93년에 청이 제안한 2척의 순양함 공여 제안을 받아들여 해군의 기초를 잡고자 한 것이었다. 그러나 이는 동학농민운동과 청일전쟁의 여파로 계획 자체가 백지화되었으며, 자연스럽게 천진에서 구매한 함포 6문 역시 구매가 물거품으로 돌아갔다.

결국 전통적인 수군에서 근대적인 해군으로 발전하는 데 가장 큰 저해 요소는 외부적인 요인이 상당했다는 의미이기도 했다.

구(舊) 수군의 존폐와 행방

그렇다면 조선 초기와 임진왜란 때 맹위를 떨쳤던 수군은 어디로 갔을까? 이는 많은 사람이 궁금해하는 부분이기도 하다. 제국주의 시기에 들어선 조선 역시 수군에 대한 중요성을 인지했고, 수군진들을 계속해서 유지하고 있었다.

오히려 1880년대에는 수군진을 늘리기도 하였다. 그러나 전통적인 편제에서의 수군은 육군화가 되어가는 특징을 보였다. 그것이 바로 포군으로의 전환이었다. 대원군 시기 군제 개편 과정에서 총기로 무장한 포군들은 내륙뿐만 아니라 이양선이 등장하는 해안 일대에서도 집중적인 배치가 이루어졌다.

이 과정에서 기존에 선박을 활용하던 수군들이 포군으로 개편되어 해상 방어보다는 해상에서 오는 적의 상륙을 저지하는 방향으로 역할이 바뀌었다. 염창항에서 프랑스 해군에게 경기수영 소속의 수군이 대패한 것도 하나의 원인으로 지적될 수 있다.

실제로 1894년 동학농민운동 당시 전라좌수영을 공격하던 동학군을 막아선 부대가 약 200명의 좌수영병이었다는 기록이 있다. 여전히 삼도수군통제사 직책이 남아 있었고, 각 수영이 존속해 있었다는 것을 보아 1895년 갑오개혁의 일환으로 구식 병영/수영이 폐지되기 전까지 이러한 수군들은 여전히 존속하였다.

이들 이외에도 기연해방영에 소속되어 중앙의 육군으로 존속하는 경우가 있었고, 친군경리청 에서 운영하던 경리회사 즉 기선회사에 소속되는 이들도 있었다. 이렇듯 구식 수군들은 육군이 되어 가거나 혹은 국영 기선회사에서 일을 보게 되는 상황이 되어 간 것이다. 그럼에도 1895년 수영의 해산 이후에도 수군 조직은 존속했다.

이는 당시 조선의 혼란스러웠던 정치적 문제로 인한 사회 혼란에 따른 것이었다. 을미사변 이후 의병의 발호와 아관파천이 이어지면서 지방에 대한 통제력이 약화하자 해산되지 않았던 구 수군 소속이던 이들이 계속해서 주둔지를 장악하고 이전과 같은 시스템을 유지하고 있었다.

어느 정도 정국이 정리된 1896년부터 해산되지 않은 구 수군에 대한 중앙정부의 정리사업이 본격적으로 들어가기 시작했고, 1899년까지 완료되었다. 이렇듯 역사를 풍미했던 조선의 수군도 세월과 근대라는 속성 앞에서 사라지게 되었다.

조선의 수군이 쓰던 개인화기들

개항기 조선 수군은 다양한 화기로 무장하고 있었다. 수군은 양요를 거치면서 국가적으로 재건이 되기 시작했고 그 결과 1880년대 신규 수군진의 설립, 화기의 추가 배치 등이 이루어졌다. 이 과정에서 수군의 편제 변화는 매우 중요하다. 가장 주목할 것은 각 수군진의 포군화와 1880년대 기연해방영으로 경기 일대의 수군이 개편된 것, 그리고 강화 통제영 학당의 설립 등을 꼽을 수 있다. 물론 개항기 수군이 사용한 화기 이야기를 하면서 부대 개편을 다룬다는 것에 의문을 가질 수 있다.

그러나 수군이 개항을 맞이하며 전체적으로 변화되는 과정은 필연적으로 장비의 도입과도 큰 연관을 가진다. 앞서 이야기한 수군진의 포군화와 기연해방영의 등장은 수군이 점차 육군화되어간다는 것을 반증하며, 강화 통제영 학당의 설립은 근대식 해군이 어떠한 화기를 쓰고자 했는지 알 수 있는 대목이다.

당연하게도 대부분의 수군 병사는 기존의 화승

마우저와 피바디 마티니

조선은 1894년 청을 통해 모슬양총(毛瑟洋鎗), 즉 마우저를 구매했다. 이때 청군으로부터 구매한 마우저는 청국 내에서 생산하던 Gew71 소총이었다.

피바디 마티니는 마티니-헨리와 거의 같은 총이다. 다만 해군이 무장한 피바디 마티니는 영국이 아니라 오스만 투르크에서 생산한 소총으로, 러시아군에게 노획되었다 일본에 팔리고, 다시 조선으로 건너와 해군의 손에 쥐여졌다.

식 소총을 사용하였다. 가장 조달하기 쉬우며, 무엇보다도 군수보급에 있어서 굉장히 이점이 있었다. 하지만 일부 지역의 수군들은 조금 다른 장비를 조달받았다. 가장 대표적으로 중앙군에 소속되었던 기연해방영의 경우 육군과 동일하게 피바디 마티니(Peabody-Martini) 소총을 운용하였다. 이는 1894년 통제영 학당 교관으로 부임한 콜웰 대위의 증언과도 일치한다.

주조선 미국 대리 공사였던 포크 역시 조선의 수도를 지키는 군대가 유럽식으로 조직되었으며, 신식 장비로 무장했다고 언급했다. 수도를 지켰던 군대들은 당시 도입할 수 있는 최신 장비들을 주로 지급받았으며 수도 방어에 필수적이었던 기연해방영도 여기에 포함되었다. 이에 따라 피바디 마티니 소총들이 수군에서 활용되었다.

한편 지방의 경우 일본에서 구입한 퍼커션 캡 소총과 기존의 화승총이 그대로 운용되었다. 특히 조선의 주요 무기 거래처였던 나가사키와 고베에서 구입한 중고 퍼커션 캡 소총들은 경상도와 전라도 지역 지방군의 주요 장비로써 활용되었다.

남부 지방 수군의 무장에 있어서 이처럼 일본의 존재는 매우 컸다. 중앙의 군대와는 달리 지방의 군대, 특히 남부 지방의 경우는 자체적으로 무기를 조달해야 하는 필요성이 많았다. 이 때문에 각 감영과 병영, 수군진에서는 상인들과 거래하며 무기를 마련했다.

특히 일본인 상인들은 무기 거래에 있어서 중추적인 역할을 하였다. 페리 함대의 내항 이후 서양식 총기에 대한 관심은 가히 폭발적이었고, 일본 각 번에서는 서양식 총기와 철제 대포 생산 및 구매에 큰 노력을 기울였다. 특히 보신전쟁 등 일련의 내전을 거치면서 구입한 중고 무기들이 다시 잉여품으로 전락했다. 일본에는 새로운 거래처가 필요했고, 그곳이 바로 조선이었다. 동아시아 병기 시장에 있어서 조선은 중고 물자를 빠르게 흡수할 수 있는 국가였던 셈이다.

1873년부터 소총류는 이미 왜관에서 조선으로 서서히 흘러 들어갔고, 각종 장비가 매매되었다. 작게는 탄약과 소총부터 크게는 박격포와 대포까지 개항장은 물론 내륙의 각 관청에서 거래되었다.

수군 역시 마찬가지였다. 중앙의 군대가 근대식 장비를 사용한 것에 비해, 자체적으로 무기 조달을 하던 지방 수군의 경우 싸고 유지보수가 쉬운 장비들을 원했다. 그리고 그것이 바로 일본 상인들이 불하받은 퍼거션 캡 소총들이었다. 실제로 동학농민운동 등에서 출동한 수군의 주력 화기는 기존의 화승식 소총과 퍼거션 캡 소총들이었다는 것을 알 수 있다.

조선의 최초 근대식 해군 설립 시도라 볼 수 있는 강화도의 통제영 학당은 앞서 말한 장비들이 뒤섞여 있었다. 통제영 학당 교관으로 부임한 영국 해군의 콜웰 대위는 조선인 생도 및 수병들의 훈련 장면을 묘사하며 '피바디 마티니 소총 몇 정과 머스킷으로 사격훈련을 했다.'라고 언급했다.

최초의 근대식 해군 모체는 다양한 화기로 무장한 셈이었다. 물론 이렇게 다양한 화기를 오랫동안 섞어 쓸 생각은 하지 않았던 모양이다. 실제로 1894년 4월 10일, 해군을 담당하던 해연총제사 민응식이 강화 통제영학당에서 사용할 소총을 도입하기 위해 청의 원세개와 접촉했다. 그는 북양해군이 쓰는 버전과 같은 300정의 마우저 소총을 도입하고자 했다.

이는 동학농민운동 및 청일전쟁으로 인하여 무산되었지만, 조선의 수군은 다양한 화기로 무장했고, 점차 시간이 지남에 따라 통일된 장비로 넘어가려고 했음을 알 수 있다. 이처럼 수군의 화기 구매는 이처럼 단순하게 무기 하나를 구매한 것이 아니라 육군화되어만가는 수군과 그런 수군을 무장시키기 위한 각 지방관 및 군 지휘관들의 노력이 동아시아 병기 시장과 연결되어 하나의 시장을 구성했다는 것을 감안해야 한다.

그리고 조선 역시 개항을 맞이하여 국제 시장에 동참하며 시대의 조류에 탑승했다는 것을 어렴풋이 알려주는 대목이기도 하다.

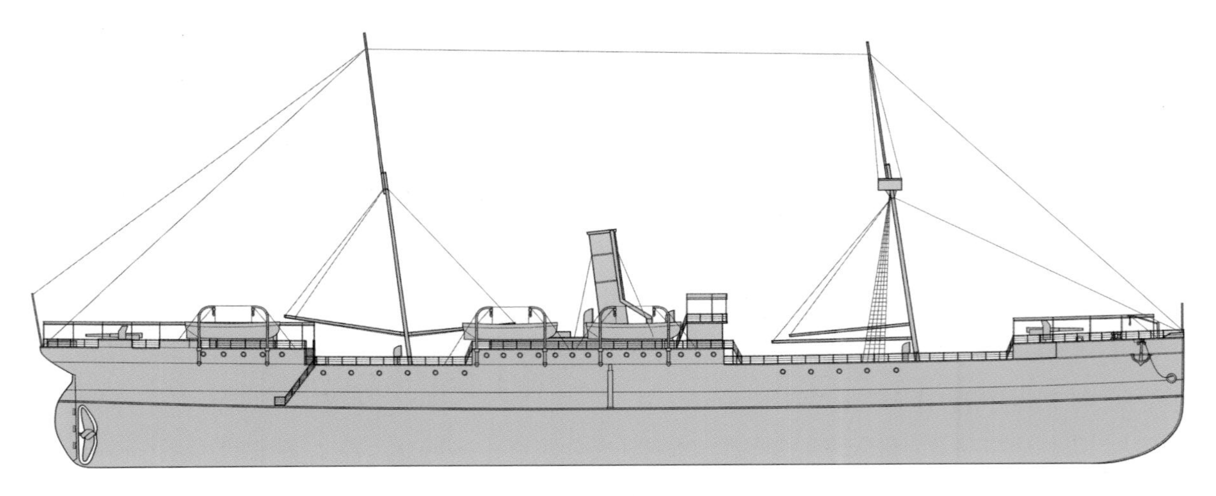

양무호

陽武號 / KIS Yangmu

▪전장 105m ▪전폭 12.5m ▪흘수 4.2m, 만재시 7.3m ▪최대속도 13.5노트
▪배수량 3,487톤 ▪3실린더 1축 증기기관, 1,750마력
▪암스트롱 12pdr 단장포 4문, 호치키스 3pdr 속사포 4문

1903년 일본 미쓰이 물산으로부터 구입한 대한제국군 최초의 근대적 함선. 영국의 Sir Raylton Dixon & Co. 에서 Pallas라는 선명으로 건조한 화물선을 개장하였다.
양무호는 당시 기준으로 꽤 큰 선박이었으며, 76.2mm 12파운드 단장포 4문과 부포 4문을 장착하였다. 자매함이 없고 기록이 미비하여 양무호의 제원에 대해서는 여러 이견이 있다.

대한제국의 해방(海防)담론과 해군 건설론자들

대한제국 시기로 넘어온 근대 해군의 길은 1902년 고종 즉위 40주년을 앞두게 되면서 그 절정에 이르게 되었다. 대외적으로 자국의 권위와 힘을 보여줄 수 있는 가장 좋은 대상은 바로 대양에서 항해할 수 있는 함선을 가진 해군이었다.

이는 고종의 의도대로 대한제국이 주권을 가진 하나의 국가라는 것을 자신의 40주년 즉위 기념행사와 함께 대내외적으로 알릴 기회였다. 또한 의화단 운동을 지켜보며 청이 8개국 연합국에 의해 함락당하는 것을 보았고 이러한 시점에서 군비의 전반적인 증강은 피할 수 없는 선택이었다. 이에 따라 자국의 해방(海防)에 대한 담론도 점차 바뀌고 있었다. 군부대신 윤웅렬은 다음과 같이 상소를 올렸다.

> 지금은 천하 각국이 서로 관계를 맺으며 경쟁하고 있으므로 해군(海軍)과 전함(戰艦)을 제압과 방어의 좋은 계책이라고 여기지 않는 나라가 없습니다. 그런데 당당한 우리 대한제국(大韓帝國)은 삼면이 바다인데도 한 명의 해군과 한 척의 군함도 없어 오랫동안 이웃 나라에 한심스럽다는 빈축을 사고 있으니 무엇이 이보다 수치스러운 것이 있겠습니까. 지금 논의하는 자들은 모두 '국가 재정에 여유 자금이 없으니 해군에 대해 갑자기 논의해서는 안 된다.'고 하는데, 이것은 스스로 한계를 짓는 견해입니다.

칭제건원 이후로 대한제국의 해방 담론은 당대의 여느 국가와 같이 함대와 해군으로 구성하여 해상을 방어하는, 이른바 육군 중심의 내선 방어로 대표되는 19세기와 달리 적극적인 방어 전략을 원하고 있었다. 무엇보다도 수군의 부재로 인한 해적의 발흥 역시 대한제국에 있어서 심각한 골칫거리로 떠오르고 있었다.

해운국으로 발돋움하기 시작한 대한제국에 있어서 해군이라는 존재는 자국 선박을 보호하고 물류선을 보호할 수 있는 무력 집단으로서 반드시 있어야 하는 조직이 되어 가고 있었다. 1898년에도 일본의 해외 함선 구매를 주의 깊게 보던 대한제국은 계속해서 해군 건설을 준비하고 있었고, 1895년 동경선박학교에 생도들을 보낸 것을 시작으로 1898년 칙령 17호에 의거한 해군 창설 명령과 함께 차근차근 준비해 나갔다.

마침내 1901년 해군유학명부 100명의 명단이 확인되는 등 준비는 차근차근 이루어졌다. 이러한 담론에 맞춰 해군 건설 논의는 무르익어 갔다. 대표적으로 빠질 수 없는 인물 중 하나를 고른다면 이근택과 미 군사교관단장 다이 준장이었다.

이근택은 해군을 건설하고자 하는 노력을 했던 인물 중 하나이다. 일본 공사관기록에는 군부대신이던 그에 대한 정보들이 단편적으로 남아 있으며, 특히 러시아로부터 해군 교관단 및 해군사관생도를 위탁하기 위한 접촉을 했다는, 이른바 밀약에 대한 의심을 받고 있었다.

1888년에 군사교관단 임무를 가지고 내한한 다이 준장 역시 근대 해군 창설에 많은 영향을 끼쳤다. 그는 조선 방어 계획을 세우며 근대적인 해군이 있어야 한다고 판단했고, 실제 1893년 11월에는 미 해군사관학교가 있는 아나폴리스로 조선인 해군사관생도들을 유학보내려는 일련의 시도를 하기도 하였다. 물론 워싱턴에서는 정치적인 이유로 이를 거절하였으나 근대 해군 창설에 있어서 이근택과 다이 준장의 역할은 상당히 컸다. 특히 다이 준장의 시도 및 조선 방어 계획은 근대해군의 시작점이 되었다고 볼 수 있다. 이외에도 더 많은 사람이 대한제국의 해군 창설을 위하여 투신했고, 1903년 양무호의 구매는 노력의 절정으로 갈 수 있는 수순이었다.

그러나 해군 함선을 구매할 곳은 여의찮았다. 대한제국은 자국 해군을 구성할 함선들의 경우 대형함을 선호하였는데 황천이나 주로 작전을 담당할 서해 지역에 있어서 어지간한 소형함선들로는 감당이 안 될 것으로 보았기 때문이었다. 1880년대 영국에게서 방호순양함을 요청했을 때와 같은 이유였다.

하지만 대형함선들의 가격은 상술했듯이 매우 비쌌고, 대한제국의 재정은 그것을 감당하기에는 너무나도 벅찼다. 이에 따라 가장 가까웠던 일본으로부터 함선을 구매하는 방안이 논의된 것으로 추정된다. 특히 이전부터 대한제국에 다수의 군수품을 판매했던 미쓰이 물산 등이 있었다. 물론 군비 증강 자체에는 반대가 많았다. 대한제국 내에서는 군비 증

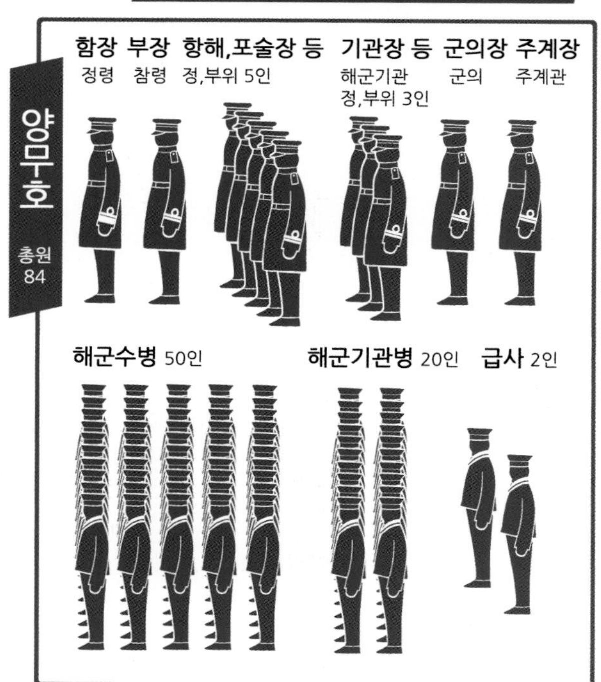

1903년 5월 27일 미쓰이 물산의 서신에 양무호 선원에 대한 자료가 남아 있다. 양무호의 정상 운용을 위하여 사관 25인 및 수병 200명이 필요했지만 함장 등 사관 13명과 수병 및 기관병 70명만이 우선 충원되었으며, 이는 정상 운용을 위한 인원의 절반 이하에 불과했다.

강과 군비 감축을 두고 치열한 여론전이 펼쳐지고 있었고, 여기에는 의정부 대신들의 반대도 있었다.

대한제국의 군대는 비적과 치안을 유지할 정도면 충분하며, 현재의 군비 증강은 낭비라는 내용이었다. 하지만 황실과 원수부를 위시한 이들은 지금은 군비를 감축할 시점이 아니라 증강할 시점이라고 지적했고, 여기에 미쓰이를 위시한 일본 기업들은 대한제국을 자신들의 가장 큰 군수 시장으로 인식하면서 이러한 군비증강 사업에 적극적으로 동참하였다. 게다가 모국인 일본 정부가 미쓰이 물산으로부터 군수품이나 함선 구매에 그다지 적극적이지 않았다. 이 때문에 미쓰이는 대한제국과의 군수품 거래가 매우 중요한 상황이었다.

미쓰이 물산의 경우 대한제국의 해군 건설에 있어서 많은 지원을 해줄 수 있는 능력을 갖추고 있었다. 이들은 가와사키 조선소로부터 함선을 건조할 수 있었으며, 이후 대한제국이 구매하게 될 양무호

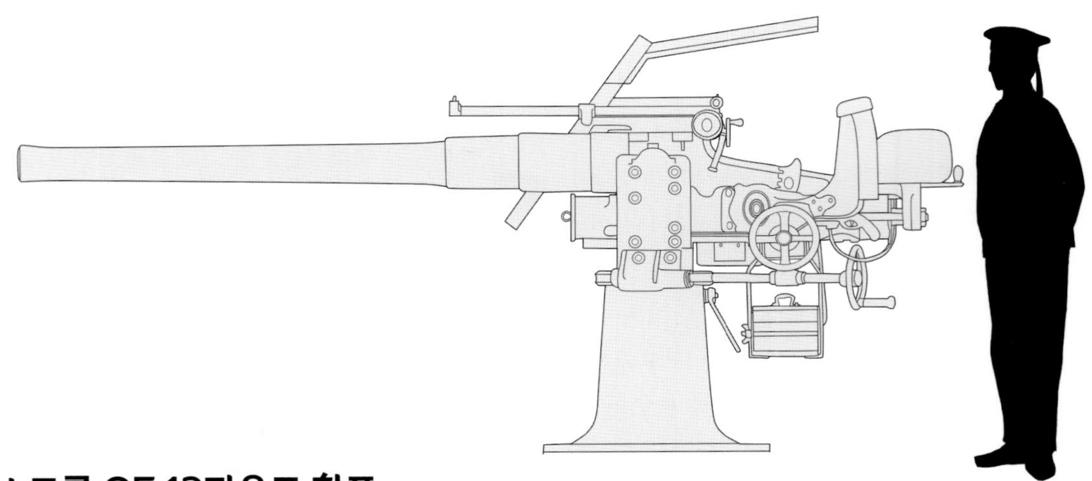

암스트롱 QF 12파운드 함포

영국의 암스트롱사가 개발한 함포로 영국 해군에서도 채택되었다. 암스트롱사의 함포는 1858년 이전까지 전장식에서 후장식으로 전환하였으나, 사쓰에이 전쟁 등에서 문제를 드러냄에 따라 1864년에 전장식으로 다시 회귀하였다.
이후 대형화 및 장포신화를 거치면서 안정적인 후장식 함포로 변환되었고, 1894년 대수뢰정용 경량속사포 목적으로 많은 국가의 해군에서 구축함부터 대형함선들에 이르기까지 다양하게 모습을 드러내었다. 일본 해군에서는 「40구경 안식 12근 속사포」라는 이름으로 운용하다 1908년 국산화하였으며 양무호 역시 동경해군공창에서 해당 함포를 장착하였다.

에 대한 개량도 지원할 수 있었다.

물론 러시아로부터 해군 함선 건조를 지원받을 수도 있었다. 블라디보스토크의 조선소 등지에서 건조가 가능했고, 앞서 이근택이 그러했듯 해군 교관단 고용 및 해군사관생도를 위탁하려는 시도도 있었으니 불가능한 접촉은 아니었다.

그러나 여기에는 문제가 있었는데 블라디보스토크의 조선소에서는 대한제국이 원하는 함선을 건조하는 데 많은 시간이 소요된다는 점이었다. 게다가 1902년 드라이 독까지 지은 가와사키 조선소와는 달리 당시 20여 년 전에 지어진 블라디보스토크 조선소는 구식이라는 점도 지적되었다.

프랑스 역시 적절한 해답을 주진 못했다. 프랑스가 당시 판매할 수 있는 함선은 비교적 소형인 구축함과 어뢰정 수준이었다. 당시 청년학파의 영향을 받아 소형함 위주의 전력을 구축하던 프랑스 해군이 1898년 파쇼다 사건 이후로 다시 대형함 중심으로 선회하면서 대한제국이 원하는 함선을 건조하기 여의찮은 상황이었다. 게다가 판매할 수 있는 구축함이나 어뢰정 역시 한반도 수역까지 원양항해를 해야 했는데, 그 사이에, 함선에 가해질 피로도 및 해난 사고 등의 우려 때문에 적절한 함선 공급처가 되어 줄 수가 없었다.

이에 따라 양무호를 비롯해 해군 양성 계획에 있어서 주요 함선 공급처는 일본이 가장 유력하게 되었다. 대한제국의 최종적인 해군 양성 목표는 12척의 함선과 3만의 수병을 갖춘 소함대를 운용하는 것이었으며, 1906년부터 진해와 영흥만 일대를 중심으로 해군기지를 갖출 예정이었다.

1903년 양무호의 구매와 오해들

양무호는 당초 영국의 미드스버그의 딕슨 조선소에서 건조된 3,400톤급 화물선 팰라스로, 당시로서는 상당히 큰 선박이었다. 그러나 이 선박의 엔진은 600톤급의 배수량을 감당할 수 있는 정도의 마력만을 낼 수 있었는데, 이의 5~6배에 달하는 배수량을 감당해야 하는 문제를 안고 있었다.

팰라스는 1893년 미쓰이 물산이 구매하여 카치다테마루라는 선박명으로 운용하다가 1894년 청일전쟁 당시 가장 순양함으로 일본 해군에서 사용되기도 하였다. 일각에서는 화물선을 순양함으로 위장해서 일본이 대한제국에 일종의 사기극을 했다고 주장하지만, 오히려 이러한 일반 상선을 함선처럼 개량하여 운용한 전적은 많았다.

1894년 황해 해전에서 북양함대에 맞서 싸운 일본연합함대의 사이쿄마루가 대표적인 예시이며, 2,900톤급의 이 선박은 당초 일본 운선주식회사 소속의 화물선으로 운용되고 있었다. 그러나 전쟁이 급해지면서 기존의 국영, 민영 기업 소속의 화물선들을 징발해 무장을 장착하는 방식으로 정식함대에 편성해 운용하고는 하였다.

양무호가 될 카치다테마루 역시 마찬가지의 길을 걸었다. 양무호가 판매될 시점, 동경해군공창에서는 120mm 단장포 4문과 47mm 속사포 4문을 장착하도록 하였다. 이는 사이쿄마루와도 유사한 무장이었으며, 이 당시 상선 규격의 선박을 군함으로 개조하는 것은 드문 일이 아니었다.

국내에 기록된 양무호에 장착한 무장은 80mm 단장포 4문과 47mm 속사포 4문으로 기록된 것이 많다. 일부 기록에서는 4.7mm 속사포라고 언급된 부분이 있지만, 이는 47mm의 오기로 당대 각국 해군에서 범용적으로 사용했던 호치키스사의 3파운드 속사포를 장착한 것이었다. 해군사관학교에서는 50mm 기관포라고 언급하고 있으나, 시기상 호치키스 사의 속사포가 장착되었을 가능성이 매우 높다.

한편 양무호의 주포가 어떠한 것인지에 대한 주장은 상당히 많이 존재한다. 『한국근대해군창설사』에서는 양무호에 장착된 단장포 4문이 일본 해군 소속의 포함 아카기에서 떼어낸 크루프 사의 120mm L/22 함포라고 언급하고, 해군사관학교에서는 80mm 함포라고 언급한다. 대체로 해군사관학교에서 언급한 80mm로 많은 연구자가 추정하는 편이기도 하다.

그러나 이 두 가지 주장은 실제 양무호의 무장과는 거리가 있는 것이라고 볼 수 있다. 우선 『한국근대해군창설사』에서 언급한 퇴역 포함 아카기의 120mm L/22 크루프포는 그 시기상으로 보아 양무호에 달릴 수 없었다. 아카기가 퇴역하고 실제 무장을 탈거한 시기는 1911년이다. 게다가 1904년 러일전쟁에도 2등 포함으로 참전하였으며, 여순 일대에서 작전을 벌이기도 했다. 1903년에 판매되었던 양무호의 무장을 제공하기에는 시기적으로 그 시간대가 맞지 않는다.

그렇다면 실제 양무호가 장착한 함포는 무엇일까. 여기에는 당시 일본측 기록에서 그 해답을 찾을 수 있다. 양무호에 대한 언급에서 12근 대포를 달았다고 했는데, 보통 이러한 표기는 12파운드 함포를 의미하는 경우가 많음에 주목해야 한다. 그렇다면 이는 당대 가장 많은 해군이 사용했던 암스트롱사의 QF 12파운드 함포를 의미할 가능성이 아주 높다.

그렇다면 양무호의 무장은 QF 12파운드 함포라고 보는 것이 타당할 것이다. 당대 해군에서 범용적으로 사용된 단장포이면서도 일본 해군이 사용하는 것이기도 하였으며, 무엇보다도 개량을 맡은 일본의 동경해군공창에서 가장 접하기 쉬운 함포였기

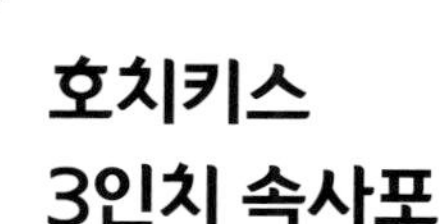

1886년 개발된 대 소함정용 경량속사포로 프랑스 호치키스사에서 개발하였다. 이후 전 세계 많은 해군이 사용한 베스트셀러가 되어 러시아 측 해군 문서에서도 해당 함포 사격 훈련 등의 모습을 엿볼 수 있다. 일본에서는 야마노우치 마스지가 일부 개량하여 '야마노우치식 속사포'로 채용하였다.
조선은 1894년 근대 해군을 창설하려고 할 당시 청국으로부터 크루프사의 37mm 속사포를 도입하려던 시도를 하였으나, 이어진 청일전쟁으로 인하여 실패했다. 하지만 양무호를 도입하면서는 당대 베스트셀러였던 호치키스사의 3파운드 경량속사포 4문을 역시 동경 해군공창에서 장비할 수 있었다.

때문이다. 따라서 실제 QF 12파운드 함포의 직경을 보았을 때 3인치, 즉 76.2mm 함포를 장착했다고 보는 것이 더 정확할 것이다.

이러한 양무호는 1903년 1월경에 미쓰이 물산과 접촉한 대한제국 정부가 구매를 체결하는 계약을 성사시켰다. 계약서에서 양무호의 용도는 순양함 또는 연습함의 목적으로 변통하기 위해 선체와 무장을 군용에 알맞게 개량하도록 하였으며, 동년 4월 20일경에 제물포에서 인도시키는 것을 목적으로 하였다.

가격은 일본 화폐로 55만 엔을 지불하게 되어 있었으며, 3년간 분납하는 것을 원칙으로 하였다. 이에 대하여 1903년 대한제국의 군사비가 412만 3,582원이라는 점과 연계하여, 군사 예산의 26.7%를 사용한 것이라는 이야기가 정설처럼 돌고 있다. 하지만 이는 3년간 분할이라는 측면에서 볼 때 억측에 불과하다. 1903년 20만 원, 1904년 17만 5,000원, 1905년 17만 5,000원으로 분할 납부하는 형식이었기 때문이었다.

또, 이러한 구매에 대해서 강매라는 추측들이 난무하지만, 실제로 계약서의 내용을 보면 강매와는 거리가 멀었다. 오히려 양무호 구매에 있어서 함선의 안전성 등을 5년간 보증하도록 계약서상에 명시한 것은 일본 해군과 미쓰이 물산이었다. 만약 이 거래가 사기였더라면 미쓰이 물산과 일본 해군이 5년간 보증을 서 주지 않았을 것이다.

또한 미쓰이 물산과의 계약 과정에서 유지보수 및 교관단 파견을 함께 아우르는 패키지 계약에 가까운 모습을 보인 것도 두드러지는 점이다. 미쓰이 물산은 한국 해군의 기초를 양성시키기 위해 1903년 선원 31명을 고용하는 것을 계약에 포함하였으며, 여기에 장교 양성을 지원할 수 있는 조교수 8명과 선박의 기관실을 다룰 수 있는 이들을 양성시키기 위해 조교수 2명을 포함해 2년 과정의 교육을 제공할 수 있도록 지원했다. 그뿐만 아니라 3년 과정의

조선의 수군들 (1894~1903)

육군과 마찬가지로 조선 및 대한제국 해군도 처음에는 친군영 군복을 준용하였고, 이후에는 일본 해군 복식을 그대로 받아 사용했다. 양무호와 광제호의 조선인 수병 및 선원들이 일본 해군 복식과 동일한 군복을 착용했다는 기록이 남아 있다.

교육을 통해 각종 신호 및 선상 의료 지원 활동 등을 교육할 수 있는 전문 인력을 제공하는, 굉장히 다채로운 계약이었다.

또한 대한제국 해군의 기초를 제공할 수 있는 인원 선정 역시 계약에 포함된 내용이었다. 해군에 첫발을 내딛는 대한제국에 있어서 미쓰이 물산은 해군을 지휘할 수 있는 장교단 선정의 기준을 제공하기도 하였으며, 실제로 72명의 선원이 양무호에서 종사하기도 하였다.

이러한 양무호는 함장 신순성을 비롯해 함선 부장 역할을 맡은 해군 참령 1명, 항해장과 포술장 역할을 맡은 해군 정위와 부위 5명, 해군 군의 1명, 해군 주계관 1명 및 기관병 20명, 수병 50명과 급사 2명 등 72명의 선원을 유지하였다.

당초 미쓰이 물산은 양무호가 정상적으로 운용되려면 장교 25명 및 수병 200명이 필요하다고 언급했지만, 기간요원을 양성해야 하는 문제가 우선되었기 때문에 함장 등 장교 13명과 수병 및 기관병 70명을 우선적으로 교습하도록 하였다.

이는 양무호를 정상적으로 운용해야 하는 인원의 1/3에 불과했지만, 이후 미쓰이 측에서 고용할 교관단의 양성, 그리고 추후 대한제국 정부가 진행할 해군 수병 모집 등을 통해 서서히 충당하려고 하였다. 양무호에서 근무할 수병은 대부분 제물포에서 모집되었다.

이러한 패키지 계약은 현대에도 상당히 많이 사용되는 군사용 장비 계약과 흡사한 것이었다. 미국 등 서구 국가가 무기를 판매하면서 유지 보수 요원 및 교관단까지 같이 파견해 주는 패키지 옵션이 이러한 방식에 해당하며, 가장 가까운 예시로 2010년대 중반 중동에서 IS와의 내전을 벌이던 이라크 군대가 체코와 중고 전차 구매 계약을 맺는 동시에 전차부대를 교육할 체코군 교관단을 함께 패키지로 계약하던 방식과도 일맥상통한다.

이러한 중고 함선 구매, 그리고 교관단 파견을 통한 근대 해군의 기초를 닦는 것이 쓸모없는 예산을 사용한 것이라면, 이와 비슷한 계약을 맺었던 근현대의 모든 군대는 비판받아 마땅할지도 모른다. 하지만 이러한 형식의 계약과 중고 무기 거래는 근현대에 존재한 수많은 군대에 있어서 매우 흔한 일이었으며, 비단 대한제국의 해군 함선 구매가 '고철 선박을 구매했다'라는 이유만으로 비난받을 지점은 아니라는 것을 의미했다.

또 다른 근대의 함선, 광제호(光濟號)

대한제국의 근대 해군 함선에는 비단 양무호만 있는 것이 아니었다. 가와사키 고베 조선소에서 1904년 10월 건조가 완료된 광제호는 같은 해 12월 대한제국 측에 인도되었다. 대한매일신보 등에서는 '대한해관 순시선'이라고 명칭하였으나 실제 일본 공사관 등에서는 엄연히 함선으로 분류하였다.

상선 기반이었던 개장 군함 양무호와는 달리, 광제호는 처음부터 군용 목적 함선으로 설계되었다. 이에 따라 양무호가 가진 결점들로부터 자유로울 수 있어 양무호의 대표적인 문제였던 체급에 비해 작은 엔진과 선체 불균형 등의 문제는 없었다. 그러한 광제호의 초임 함장으로는 신순성이 내정되었다.

양무호의 초임 함장이었던 그는 러일전쟁으로 일본 해군이 해당 함선을 징발해 가면서 광제호로 옮기게 된 것이다. 함선의 주요 임무는 서해 일대에 대한 초계 작전 및 밀수 및 해적 단속 등이었다. 이들이 무장한 3인치 함포 3문은 해상 경비를 위하여 탑재된 것이기도 했다. 때마침 러일전쟁 직후 다시 해적들이 서해상에 들끓기 시작했고 이를 억제해야 하는 임무가 이들 함선에 있었다.

때마침 군제의 개편도 이루어졌으며, 원수부 및 군부에도 해군 관련 직제를 설치하며 본격적인 '근대의 바다'에 광제호를 앞세워 발을 내딛고자 했다. 양무호와는 달리 본격적인 군함이라는 점에서 광제호는 많은 희망을 품고 있었다. 그러나 이러한 임무도 1905년 12월 5일 해제되었다. 일본은 1905년 11월 을사조약을 체결한 후, 광제호에 자국 해군 장교를 고용하여 지휘권을 빼앗아 갔다.

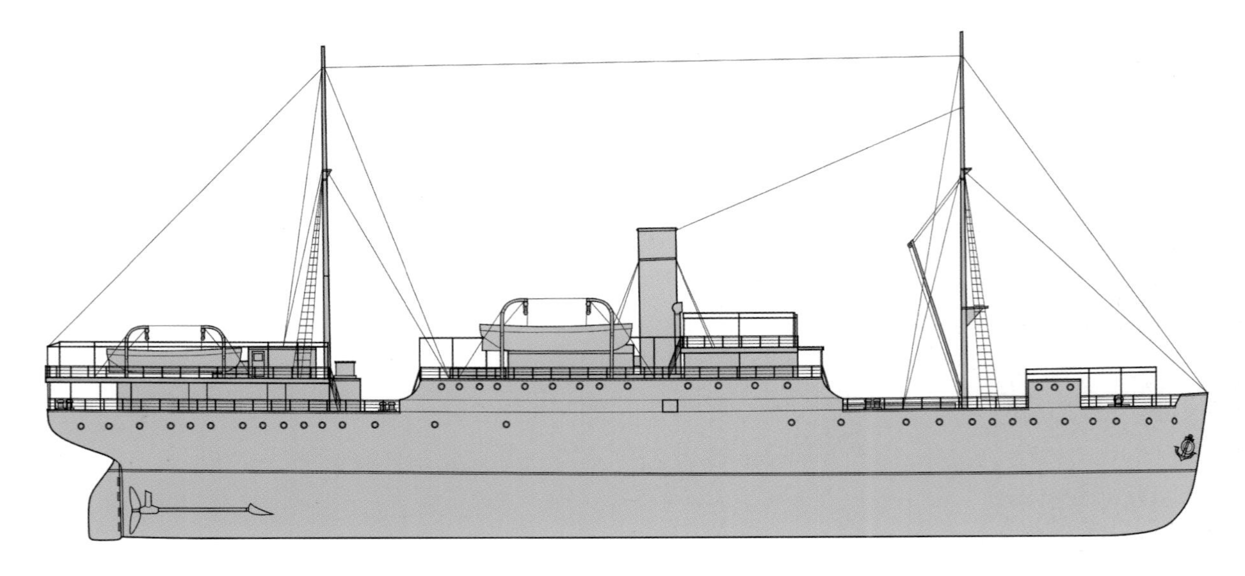

광제호

廣濟號 / KIS Gwangje

- 전장 67.1m ▪ 전폭 9.1m ▪ 흘수 6.4m, 만재시 9.3m ▪ 최대속도 14.8노트
- 배수량 1,057톤 ▪ 3실린더 2축 증기기관, 2,437마력
- 47mm 속사포 2문, 이후 76mm 3문으로 환장

양무호와 달리 처음부터 군함으로 사용할 목적으로 일본 가와사키 조선소에 발주했다. 1904년 진수하여 12월 대한제국 해군에 인도되었으나 군이 해산되며 군함이 아닌 세관 감시선이 되었다. 한일병탄이 일어나자 '고사이마루'라는 이름으로 조선총독부의 여객선 및 화물선으로 운용되었다. 1930년에는 일본 해군에 징발되어 예인선 및 수송선으로 쓰였으며, 2차 세계대전 종전까지 살아남았다. 그러나 1947년 요코스카로 항해 도중 침몰하여 제적되었다.

일본은 해군 소좌 1명과 해군 대위 2명 등을 한국 정부가 강제로 고용하게 하여 급여를 지불하도록 했다. 또한 소속 역시 탁지부 관세국 소속의 연안 세관 감시선으로 변경되어 더 이상 해군 함정의 역할은 수행하기 어려웠다. 근대 해군의 꿈은 이러한 방식으로 좌절되었다. 국권 피탈 이후 광제호는 광제환으로 개명되어 조선총독부 체신부로 소속이 변경되었고 1930년에는 일본 해군으로 이관되어 진해-사세보를 운항하는 선박으로 사용되었다.

1947년 오사카에서 요코스카로 항해하던 도중 좌초하기 전까지, 광제호는 불과 1년이라는 아주 짧은 시간 동안만 본격적인 해군 함선으로서 운용되는 불운을 겪었다. 그러나 양무호와 광제호의 의의는 지울 수 없는 것이다.

근대 제국주의 시대에서 대한제국이 새로운 해운 국가로 살아남기 위한 하나의 여정이었고, 동시에 근대의 바다를 지키기 위한 노력이었기 때문이다. 물론 조선 초기부터 시작하여 임진왜란 등 국가의 위기에서 활약했던 바다의 군대, 즉 해군의 소멸은 초라했다.

근대의 바다에는 이순신도, 거북선과 판옥선도 존재하지 않았다. 하지만 여전히 바다의 중요성은 이들에게도 인식되었고, 끊임없이 도전하고 나아가려 했다는 노력이 이루어졌음을 알아야 할 것이다.

왼쪽은 1894년 11월 전라좌수영병
오른쪽은 1893년 해군통제영학당 수병

1894~1903년
대한제국 해군 복장 변화

왼쪽은 1903년 양무호 수병.
오른쪽은 1903년 양무호 사관.
동학군이 동학농민전쟁의 진압에 투입된 좌수영병을
일본 해군 육전대로 오인하여 도주한 기록이 있다.
해군통제영 학당의 수병은 1893년 창설 당시 사진 및
일본 측이 남긴 정탐보고서에 따라 각각 군모와 군복을
추정하였으며, 양무호 사관 및 수병 역시 1906년
광제호 사관 및 수병복을 근거로 추정하였다.

광제호의 태극기

광제호의 함장으로 내정되었던 신순성은 경술국치 이후에도 광제호에서 근무했다. 그는 광제호에 게양되었던 태극기를 간직하여 유품으로 남겼으며, 그의 손자 신용석 씨가 2010년 인천시에 기증함으로서 후대에 그 흔적을 남겼다.

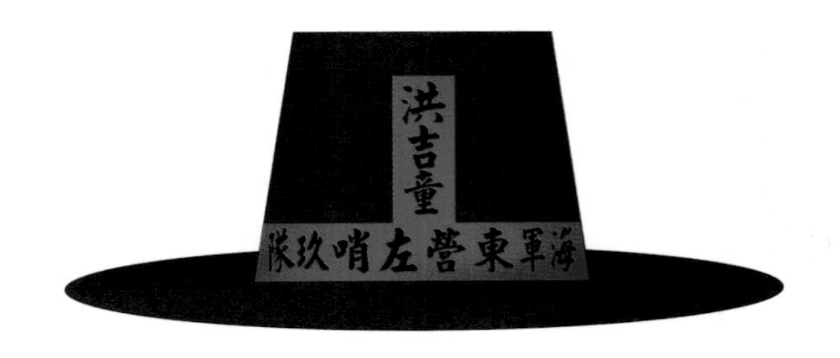

통제영 군모

양무호 수병모

해군통제영 군모는 일본 정부가 남긴 정탐 보고서를 기반으로, 양무호 수병 페넌트 및 해군 사관 모장은 광제호 사관 및 수병 사진 자료와 일본 제국 해군 수병 페넌트를 근거로 했다.

조선 해군 사관모장

양무호 페넌트

참고문헌

1. 史料

『고종왕조실록』
『국립 러시아 해군성 문서 II』
『宮內府去來案文牒』
『승정원일기』
『양호초토등록』
『양호전기』
『이홍장전집』
『주한일본공사관기록』
『프랑스외무부문서 1~9』
『해은일록』
『漢城旬報』
『Papers Relating to the Foreign Relations of the United States』

2. 단행본

강덕수 등, 『2014 러시아는 어디로 가는가?』, 한울아카데미, 2019.
김정자, 『한국군복의 변천사 연구』, 민속원, 1998.김재승, 『한국근대해군창설사』, 혜안, 2000.
국방군사연구소, 『韓國의 軍服飾發達史. Ⅰ, 古代-獨立運動期』, 국방부군사연구소, 1998.
국방부군사편찬연구소, 『한국무기발달사』, 국방부군사편찬연구소, 1994.
국방대학교, 『일본제국 해군의 발전사』, 국방대학교, 2003
국방부전사편찬위원회, 『병인, 신미양요사』, 국방부전사편찬위원회, 1989.
나애자, 『한국근대해운업사연구』, 국학자료원, 1998.
배항섭, 『19세기 조선의 군사제도 연구』, 국학자료원, 2002.
백기인, 『한국근대 군사사상사 연구』, 국방부군사편찬연구소, 2012.
서인한, 『대한제국의 군사제도』, 혜안, 2000.
손정숙, 『한국 근대 주한 미국공사 연구 : 1883-1905』, 한국사학, 2005.
신용하, 『초기 개화사상과 갑신정변연구』, 지식산업사, 2000.
심헌용, 『한말군근대화연구』, 국방부군사편찬연구소, 2005.
연갑수, 『대원군집권기 부국강병정책 연구』, 서울대학교출판부, 2001.
——, 『고종대 정치변동 연구』, 일지사, 2008.
육군군사연구소, 『청일전쟁(1894~1895)』, 육군군사연구소, 2014.
이광린, 『한국개화사연구』, 일조각, 1969.
임재찬, 『구한말 육군무관학교 연구』, 제일문화사, 1992.
유승주, 『조선후기 군수광공업사연구』, 고려대학교민족문화연구원, 2022.
조필군, 『일본육군조전』, 박영사, 2021.
최병옥, 『개화기의 군사정책연구』, 경인문화사, 2000.
현광호, 『대한제국의 대외정책』, 신서원, 2002.
현명철, 『메이지 유신 초기의 조선 침략론』, 동북아역사재단, 2019.
Donald. M. Bishop, 『Shared Failure: American Military Advisors in Korea, 1888-1896』, Royal Asiatic Society, Korean Branch, 1985.
Harold F. Cook, 『Pioneer American Businessman in Korea: The Life and Times of Walter David Townsend』, Royal Asiatic Society, Korean Branch, 1981
John Charles Davis, 『U.S. ARMY RIFLE AND CARBINE ADOPTION BETWEEN 1865 AND 1900』, Northern Illinois University, 2007.
Robert Erwin Johnson, 『Rear Admiral John Rodgers, 1812-1882』, United States Naval Inst.; 1st edition, 1967.
Spencer J. Palmer, 『Korean American Relations, V2: The Period Of Growing Influence, 1887-1895』, Literary Licensing, 2012.

3. 논문

권용식, 「朝鮮末 水師海防學堂에 관한 硏究」, 인하대학교 교육대학원 석사학위논문, 2003.
강정일, 「지정학으로 본 러시아제국의 對한반도정책(1884-1904) : 팽창원인과 실패과정을 중심으로」, 고려대학교 사학과 박사학위논문, 2014.
강효숙, 「제2차 동학농민전쟁 시기 일본군의 농민군 진압」, 『한국민족운동사연구』 52, 한국민족운동사학회, 2007.
김성학, 「군대식 학교규율의 등장과정과 사회적 기능, 1880~1910」, 『한국교육사회연구』 16, 한국교육사회학회, 2006.
김연희, 「고종 시대 근대 통신망 구축 사업 : 전신사업을 중심으로」, 서울대학교 대학원 협동과정 과학사 및 과학철학전공 박사학위논문, 2006.

김영림, 「淸朝의 근대식 함선 도입과 동아시아의 충격」, 동국대학교 사학과 석사학위논문, 2006.
김영태, 「대원군 집권기의 국방력 강화 정책 = A study on the national defense enhancement policies during the regency of Daewongun(1863-1873)」, 부산대학교 사학과 석사학위논문, 2015.
김정기, 「1880년대 기기국·기기창의 설치」, 『한국학보』 10, 1978.
김정자, 『조선 중·후기 訓鍊都監의 군사복식에 관한 연구』, 『대한의상학회지』 63, 한국복식학회, 2013.
김종학, 「개화당의 기원과 비밀외교, 1879-1884」, 서울대학교 사학과 박사학위논문, 2015.
김지혜, 「한국의 관악 발전사와 제주의 관악 발전사에 대한 비교 연구」, 경원대학교 대학원 음악학과 석사학위논문, 2007.
김진성, 「1882년 임오군란 직후 조·청 관계와 변법개화파의 대청(對淸) 인식」, 성균관대학교 사학과 석사학위논문, 2011.
김현숙, 「개항기 '체육' 담론의 수용과 특징」, 『한국문화연구』 27, 이화여자대학교 한국문화연구원, 2014.
모동주, 「육군박물관 소장 주요 고화기」, 『학예지』 1, 육군사관학교 육군박물관, 1989.
박장희, 「영국 성공회의 강화도 선교와 특징 : 1890-1910」, 동국대학교 사학과 석사학위논문, 2018.
박한민, 「朝日修好條規 체제의 성립과 운영 연구(1876~1894)」, 고려대학교 한국사학과 박사학위논문, 2017.
손명숙, 「壬午軍亂의 性格에 관한 硏究」, 숙명여자대학교 사학과 석사학위논문, 1989.
신동규, 「갑신정변 체험기 『遭難記事』 필사 원본의 발굴과 사료적 특징」, 『한일관계사연구』 47, 한일관계사학회, 2014.
신효승, 「1871년 미군의 강화도 침공과 전황 분석」, 『역사와 경계』 93, 부산경남사학회, 2014.
연갑수, 「병인양요 이후 수도권 방비의 강화」, 『서울학연구』 8, 신구문화사, 1997.
———, 「대원군 집권기 무기개발과 외국기술 도입」, 『학예지』 9, 육군사관학교 육군박물관, 2002.
이강칠, 「임오군란 후 친군제도와 군복에 대한 소고」, 『학예지』 3, 육군사관학교 육군박물관, 1993.
———, 「한국의 화약병기」, 『학예지』 9, 육군사관학교 육군박물관, 2002.
이상태, 「제너럴 셔먼호 사건과 신미양요」, 『군사』 14, 국방부군사편찬연구소, 1987.
이소영, 「근대 국가음악기관의 변천」, 이화여자대학교 한국학과 석사학위논문, 1998.
이종진, 「고종시대 근대적 군사제도의 수용 : 교련병대(별칭 별기군, 왜별기)의 설치와 운영」, 서울대학교 정치외교학부 석사학위논문, 2014.
이희근, 「東學敎團과 甲午農民蜂起」, 단국대학교 사학과 박사학위논문, 1997.
이현아, 「1884년 甲申衣制改革 연구」, 단국대학교 사학과 석사학위논문, 2016.
임경희, 「開港以後 負褓商의 政治化過程 硏究」, 이화여자대학교 정치외교학과 박사학위논문, 1996.
장경호, 「고종의 미국인식에 대한 연구 : 고종과 미국 공사관원·고문관간의 관계를 중심으로」, 강원대학교 사학과 석사학위논문, 2013.
정민호, 「19세기 후반 조선의 대러(對露) 인식의 변화와 조·러(朝露) 관계」, 강원대학교 교육대학원 역사교육전공 석사학위논문, 2017.
정찬도, 「화약 무기와 제국주의 : 19세기 후반 영국군의 아프리카 원정을 중심으로」, 경희대학교 사학과 석사학위논문, 2002.
조기정, 「美國 軍事敎官 招聘을 通한 韓美關係 : 1883~1899」, 이화여자대학교 사학과 석사학위논문, 1980.
조재곤, 「병인양요와 한성근 -한 전기소설을 통해 본 분식된 '전쟁영웅'의 일대기-」, 『군사』 50, 국방부군사편찬연구소, 2003.
———, 「동학농민전쟁과 전운영(轉運營)-송문수의 활동을 중심으로-」, 『역사연구』 34, 역사학연구소, 2018.
최규남, 「舊韓末 外國 機械技術의 受容 過程 : 大院君의 執權(1864년)後부터 甲午更張(1894년)前까지」, 충남대학교 공업교육학과 석사학위논문, 1991.
최은영, 「조선후기 江華 鎭撫營 개편과 首都防禦策」, 홍익대학교 교육대학원 역사교육 전공 석사학위논문, 2006.
최창묵, 「東學農民軍의 全州城 占領에 관한 硏究」, 원광대학교 사학과 박사학위논문, 2009.
토마스 듀버네이, 「A Comparison of Firearms Used in the Shinmiyangyo」, 『민족문화논총』 제44호, 2010
——————, 「Empirical Research on the 1871 U.S. Military Action in Korea : 신미양요시 미군의 작전과 무기에 대한 연구」, 영남대학교 사학과 박사학위논문, 2013
하명준, 「朝鮮後期~近代改革期 平安道의 政治·文物 伸長 硏究」, 서울대학교 사회교육과 박사학위논문, 2016.
한보람, 「고종대 전반기 시무개혁 세력 연구」, 서울대학교 국사학과 박사학위논문, 2019.
현광호, 「1880년대 후반～1890년대 전반기 조선의 프랑스 인식」, 『인문학연구』 44, 조선대학교 인문학연구원, 2012.
현광호, 「미국공사 허드의 조선 인식과 외교 활동 (1890-1893)」, 『인문과학』 94, 연세대학교 인문학연구원, 2011.